AF107535

www.ingramcontent.com/pod-product-compliance
Lightning Source LLC
LaVergne TN
LVHW010203070526
838199LV00062B/4485

9789358722215

کچلا ہوا پھول

(ڈرامے)

مرتبہ:

سید معزالدین احمد فاروق

© Taemeer Publications LLC
Kuchla hua Phool (Urdu Dramas)
by: Syed Moizuddin Ahmad Farooq
Edition: April '2024
Publisher :
Taemeer Publications LLC (Michigan, USA / Hyderabad, India)

ISBN 978-93-5872-221-5

9 789358 722215

مرتب یا ناشر کی پیشگی اجازت کے بغیر اس کتاب کا کوئی بھی حصہ کسی بھی شکل میں بشمول ویب سائٹ پر اَپ لوڈنگ کے لیے استعمال نہ کیا جائے۔ نیز اس کتاب پر کسی بھی قسم کے تنازع کو نمٹانے کا اختیار صرف حیدرآباد (تلنگانہ) کی عدلیہ کو ہوگا۔

© تعمیر پبلی کیشنز

کتاب	:	**کچلا ہوا پھول** (ڈرامے)
مرتب	:	**سید معزالدین احمد فاروق**
کمپیوٹر کمپوزنگ	:	ساحل کمپیوٹرس، مومن پورہ، ناگپور
پروف ریڈنگ / تدوین	:	اعجاز عبید
صنف	:	ڈراما
ناشر	:	تعمیر پبلی کیشنز (حیدرآباد، انڈیا)
سالِ اشاعت	:	۲۰۲۴ء
صفحات	:	۲۲۲
سرورق ڈیزائن	:	تعمیر ویب ڈیزائن

مرتب : سید معز الدین احمد فاروق

فہرست

(۱)	پیش لفظ	محمد امین الدین	6
(۲)	مور پنکھی	ڈاکٹر محمد حسن	8
(۳)	مولسری کے پھول	ڈاکٹر محمد حسن	50
(۴)	کچلا ہوا پھول	ڈاکٹر محمد حسن	69
(۵)	جونک	اوپندرناتھ اشک	100
(۶)	ٹرنک کال	اوپندرناتھ اشک	125
(۷)	کشمکش (مجلس سوم)	سید رفیع الدین اشفاق	143
(۸)	مقابلے اور فیصلے	ابراہیم یوسف	168
(۹)	محلے کی ہولی	اطہر پرویز	186
(۱۰)	روشنی اے روشنی	منظر کاظمی	205

پیش لفظ

ڈراما یونانی زبان کے لفظ ''ڈراؤ'' سے مشتق ہے۔ جس کے معنی ہیں عمل یا ایکشن، ہر ملک اور ہر زبان کی تعریف کے مطابق ڈراما انسانی زندگی کی عملی تصویر مانا گیا ہے۔ قدیم زمانے سے لے آج تک فنی اصطلاح میں ڈراما کا اطلاق اس صنف ادب پر ہوتا ہے۔ جس کے الفاظ میں گفتار کی متحرک قوت اور کردار میں عمل اور ارادہ کی کیفیت موجود ہے۔

آج اردو ڈراما کا تذکرہ کرتے ہوئے صرف ماضی کی داستان اور قدیم اسٹیج اور تھیٹر کی کہانیاں دہرائی جاتی ہیں۔ اس کا سب سے بڑا سبب اسٹیج اور تھیٹر کی عدم موجودگی ہے۔ کیونکہ ڈراما صرف لفظی و کاغذی پیرہن سے مکمل نہیں ہوتا۔ یہ آرٹ زندگی کی سچی نقالی ہے اور اس کی تشکیل و تکمیل کا دارومدار نقل و حرکت پر ہے۔ یعنی ڈراما کی برکت اسٹیج اور تھیٹر کی تمثیلی حرکت ہی سے ہے۔

ڈراما خواہ اسٹیج کا ہو یا ریڈیو کا جہاں تک فنی لوازم و عناصر کا تعلق ہے اس کے ترکیبی اجزا سوا معدودے چند ہیئتی تبدیلیوں کے یکساں ہوتے ہیں۔ جب ہم فن ڈراما کا ذکر کرتے ہیں تو لازمی طور پر ہمارے سامنے تھیٹر اور اسٹیج کی تشکیل ہوتی ہے۔ ہر ڈرامے میں حسب ذیل اجزا یا عناصر ترکیبی کا ہونا ضروری ہے۔ اگر ان میں سے ایک بھی کمزور یا غائب ہو تو وہ ڈراما مکمل شکل اختیار نہیں کر سکتا۔

۱۔ کہانی کا مرکزی خیال یا تھیم ۲۔ پلاٹ ۳۔ آغاز

۴۔ کردار وسیرت نگاری ۵۔ مکالمہ ۶۔ تسلسل، کشمکش اور تذبذب

۷۔ تصادم ۸۔ نقطہ عروج وکلائمکس(Climax)) ۹۔ انجام

سید معزالدین فاروق صاحب نے جس ماحول میں آنکھیں کھولی وہ گھرانہ ایک تعلیم یافتہ اور نہایت ہی مہذب گھرانہ ہے۔ انھوں نے موروثی وضعداری کو قائم رکھا اور ایم اے (اردو) کا امتحان امتیازی حیثیت سے کامیاب ہو کر ناگپور مہاودیالیہ (ماریس کالج) میں بحیثیت لکچرار ملازمت کا سلسلہ شروع کیا۔ بچپن سے مطالعہ کا شوق رہا اس لئے مختلف اصناف ادب کا مطالعہ رہالیکن خصوصیت سے ان کا رجحان فن ڈراما پر رہا۔

اس کتاب میں شامل تمام ڈرامے بھی ان شہرہ آفاق ڈرامہ نگاروں کے ہیں جنھوں نے اس فن کو عروج کی منزلوں تک پہنچانے میں کسی قسم کی کوئی کسر نہیں چھوڑی ہے۔

ان ڈراموں کے انتخاب کو مرتب کرنے کا ان کا مقصد یہ تھا کہ بعض کتب نایاب ہو چکی ہیں۔ جو ڈھونڈنے سے بھی نہیں ملتی۔ ایم اے کے نصاب میں ایک پرچہ ڈرامہ اور فکشن پر ہوتا ہے۔ جس کے لئے طلباء و طالبات کو دشواریوں کا سامنا کرنا پڑتا ہے۔ اگر اس طرح کا ایک انتخاب منظر عام پر آجائے تو طلباء و طالبات ایک بڑی پریشانیوں سے نجات پاجائیں گے۔

محمد امین الدین

ایڈیٹر قرطاس، ناگپور ۳۰/اپریل۲۰۰۶ء، ناگپور

مور پنکھی

ڈاکٹر محمد حسن

(یہ ڈراما بارہ مناظر پر مشتمل ہے۔ اس میں پانچ سے سات سیٹ تک کی ضرورت ہو گی۔ اسمٰعیل کا خیمہ۔ خیمے کے باہر کا میدان۔ مور پنکھی اور سر فراز کے خیمے۔ نواب کا خیمہ۔ تالاب۔ بعض مناظر مختصر ہیں۔)

کر دار:

مور پنکھی: ایک الہڑ خوبصورت لڑکی عمر ۱۷ سال۔

سر فراز: ٹھگوں کا نو عمر سر دار عمر ۲۶ سال۔

اسمٰعیل: ٹھگوں کا بوڑھا سابق سر دار عمر ۶۰ سال۔

غفور: ٹھگ، عمر ۳۵ سال۔

بدری: ایک اور ٹھگ عمر ۳۰ سے ۳۵ سال تک۔

نواب سبزی بہادر: ۴۰۔۴۵ سال کے ایک عیاش طبع نواب۔

خیرو: نواب سبزی بہادر کا نوکر۔

اور دو تین سوداگر اور دو تین ٹھگ۔

پہلا منظر

(ٹھگوں کے سردار کے خیمے میں۔ وقت، رات ۱۸۳۵ءلگ بھگ)

اسمٰعیل: سب لوگ آگئے۔

بدری: ہاں سردار۔ سب۔

اسمٰعیل: بدری۔ مشعلیں بجھا دو چاندنی رات میں ان کی ضرورت نہیں۔ اگر اور لوبان کچھ اور آگ میں ڈال دو۔

بدری: جو حکم سردار۔

اسمٰعیل: میں نے خیمے کو دلہن کی طرح سجایا اور طرح طرح کے پھولوں سے مہکا دیا ہے۔ یہ رات ہمارے قافلے کی زندگی میں بڑی ہی مبارک ثابت ہو۔ میں نے اپنے سب ساتھیوں کو اس لئے بلایا ہے کہ میں ان سے فیصلہ چاہتا ہوں۔ سرفراز خاں۔

سرفراز: سردار۔

اسمٰعیل: آؤ میرے پاس آکر کھڑے ہو جاؤ۔ ساتھیو! میں بوڑھا ہو چکا ہوں۔ ٹھگی کے پیشے میں میں نے ۴۵ سال گزارے ہیں۔ دیوی بھوانی کے ایک معمولی سیوک کی حیثیت سے میں نے اپنا کام پورا کیا ہے۔۔۔ ٹھگ بڑا پاک لفظ ہے ہم دیوی بھوانی کے سچے بھگت ہیں۔ بھوانی ہمارے ذریعے دنیا سے بدی کو ختم کرتی ہے۔ جب دیوی شگون دیتی ہے تو ہم اس کے حکم سے انسانوں کو موت کا پیغام سناتے ہیں۔ دیوی ہمارا ساتھ نہ دیتی تو ہمارے معمولی رومال میں تندرست سے تندرست انسان کی گردن مروڑنے کی طاقت کہاں سے آئی۔

سب: جے بھوانی کی!!

اسمٰعیل: ہمارے قافلے میں ہندو مسلمان سب برابر ہیں۔ سب دیوی بھوانی کے حکم سے قتل کرتے ہیں۔ اس قتل سے جو مال ملتا ہے۔ اس کا بڑا حصہ دیوی بھوانی کو چڑھاتے ہیں۔

میں بوڑھا ہو چکا ہوں۔ میں تمہاری سرداری کے لئے اپنے لئے پالک بیٹے سرفراز کو پیش کرتا ہوں۔ بھائیو کیا تم سرفراز کو اپنا سردار بنانے پر راضی ہو؟

غفور: جے بھوانی کی!

اسمٰعیل: میں سمجھ گیا غفور! ہاں اگر بھوانی اس معمولی سیوک کو سردار بنانے پر راضی ہو تو کیا تم سرفراز کو اپنا سردار بنالو گے؟

غفور: بے شک، مگر سرفراز کے لئے بھوانی سے شگون لینا ضروری ہے۔

اسمٰعیل: سرفراز تمہارے لئے نیا نہیں ہے۔ تم پچھلے سفر میں اس کے کارنامے دیکھ چکے ہو۔ وہ خوبصورت جوان اور تندرست ہے۔ اس کی باتوں میں جادو ہے۔ قیمتی پوشاک میں وہ نواب زادہ لگتا ہے۔ اس نے پچھلے سفر میں کئی اچھے اسامیوں کی مضبوط گردن میں رومال ڈال کر ایک سیکنڈ میں ختم کر دیا تھا۔

کئی آوازیں: ہمیں معلوم ہے۔

اسمٰعیل: نیزہ بازی میں اس کا جواب نہیں۔ شہسواری میں اسے کمال حاصل ہے۔ پہلوانی میں میرا بیٹا رستم ہے۔ مجھے یقین ہے کہ اس کی سرداری میں ہمارے قافلے پر ہن برسے گا۔ ہن۔

بدری: تو پھر کیا دیر ہے سردار۔ شگون سے لیا جائے۔

اسمٰعیل: (پرارتھنا کے لب ولہجہ میں) دیوی بھوانی ہمیں ہدایت دے! ہمیں راستہ دکھا، اگر تو اپنے سیوک سرفراز کو اپنے گروہ کی سرداری کے لئے قبول کرتی ہے تو ہمیں شگون دے اجازت دے دیوی! دیوی!!

اسمٰعیل: (تھوڑی دیر کے بعد) ہم خاموشی سے تیرے اشارے کا انتظار کریں گے۔

(تھوڑی دیر خاموشی چھائی رہتی ہے پھر اچانک کہیں قریب ہی سے الو کے بولنے کی آواز

سنائی دیتی ہے۔ دیر تک یہ آواز آتی رہتی ہے۔)

سب لوگ: (خوشی سے مست ہو کر) جے بھوانی مائی کی! جے بھوانی مائی کی۔

اسمٰعیل: شکر ہے لاکھ لاکھ شکر ہے بھوانی مائی نے میری لاج رکھ لی۔ سرفراز میرے بیٹے آ میرے سینے سے لگ جا۔

غفور: مبارک ہو سرفراز۔

اسمٰعیل: میرے بیٹے سرداری مبارک ہو، خدا نے آج بڑے ارمانوں کے بعد مجھے یہ دن دکھایا ہے۔

سب: مبارک، سلامت۔

اسمٰعیل: سرفراز آؤ۔ میرے سامنے آ کر کھڑے ہو جاؤ۔ خدا کے سامنے قسم کھاؤ حلف اٹھاؤ کہ تم ٹھگی کے اصول پر چلو گے۔

سرفراز: میں قسم کھاتا ہوں۔

اسمٰعیل: ماتا بھوانی کے اس مقدس نشان پر ہاتھ رکھ کر قسم کھاؤ کہ اپنے رومال سے ہر اس انسان کی جان ضرور لو گے جس کے لئے ماتا بھوانی کا اشارہ مل جائے۔

سرفراز: میں قسم کھاتا ہوں۔

اسمٰعیل: قسم کھاؤ کہ جہاں تک ہو سکے گا عورت کے قتل سے ہاتھ نہ رنگو گے بلکہ اس کی عزت کرو گے۔ دھوبی، نائی، کنجڑے وغیرہ کے قتل سے باز رہو گے اور ٹھگی کا راز کبھی کسی کو نہ بتاؤ گے۔

سرفراز: میں قسم کھاتا ہوں۔

اسمٰعیل: اور اگر تم نے کبھی یہ راز فاش کیا تو تمہاری سزا ٹھگی کے قانون کے مطابق موت ہو گی۔

سرفراز: مجھے منظور ہے۔

اسمٰعیل: قسم کھاؤ کہ اگر عورت، مرد یا سمجھدار بچہ میں سے۔۔۔ کوئی تمہارا بھید جان لے گا تو تم اسے ٹھگی کے قانون کے مطابق جان سے مارنا اپنا فرض سمجھو گے۔

سرفراز: میں خدا اور بھوانی ماتا کے سامنے قسم کھاتا ہوں۔

اسمٰعیل: بھائیو۔ تمہارا سردار تمہیں مبارک ہو۔

سب: بھوانی ماتا کی جے۔

اسمٰعیل: اب تم سب بھی پاک نشان پر ہاتھ رکھ کر بھوانی ماتا کے سامنے قسم کھاؤ کہ جب تک وہ ٹھگی کے اصول پر چلے گا تم سرفراز کی سرداری قبول کرو گے اور جب وہ اس راستے سے ہٹنے کی کوشش کرے گا۔ تم اسے بھوانی کی بھینٹ چڑھا دو گے اور اس کے خون کا تلک لگاؤ گے۔

سب: ہم سب قسم کھاتے ہیں۔ ہم سب پر تگیا کرتے ہیں۔

(اچانک ڈھول پر زور کی چوٹ پڑتی ہے اور جھانجھ کی آواز آتی ہے۔)

اسمٰعیل: جاؤ سب جشن مناؤ۔

(جشن شروع ہوتا ہے لوگ ناچ گانے میں محو ہو جاتے ہیں یہ آوازیں پس منظر سے آتی رہتی ہیں۔ سب لوگ خیمے سے باہر چلے جاتے ہیں اور ناچ گانے میں مصروف ہو جاتے ہیں صرف غفور، اسمٰعیل اور سرفراز رہ جاتے ہیں۔)

(موسیقی فضا میں بکھر جاتی ہے ایک مردانہ آواز سرگم کی تان لیتی ہے۔ جھانجھ اور گھنگھروؤں کی آواز سماں باندھ دیتی ہے۔ یہ کیفیت کچھ دیر جاری رہتی ہے پھر دھیرے دھیرے موسیقی کی لے مدھم ہونے لگتی ہے اور اسمٰعیل کی آواز ابھرتی ہے جو سرگوشی میں سرفراز سے کچھ گفتگو کر رہا ہے۔)

اسمٰعیل: سب جشن منا رہے ہیں۔ میرے بیٹے۔ کل تمہارے امتحان کا دن ہے۔

سرفراز: میں تیار ہوں۔

اسمٰعیل: غفور کل ہی نیا شکار پھانس کر لاؤ۔ قافلے والوں کو فوراً سرفراز خاں کی سرداری کا تحفہ ملنا چاہیئے۔

غفور: خان غفور آپ کی سب باتیں مانے گا مگر اس بار تو سرفراز خاں کو شگون کے لئے اپنا شکار خود ہی پھانسنا چاہیئے۔

سرفراز: مگر یہ تو سوٹھائی کا کام ہے۔

غفور: ہاں میں سوٹھائی اہوں۔ میرا یہی کام ہے مگر سردار کو سوٹھائی سے لے کر بھٹوئی ۲ اور لگھائی ۳ تک سب کے کام آنے چاہئیں۔

سرفراز: یعنی میں اپنے آپ شکار پھانسوں۔ خود انھیں موت کے گھاٹ اتاروں اور خود ہی قبر کھود کر دفن کروں تو پھر تم کیا کروگے ؟

غفور: جو مجھے کرنا چاہیئے۔

اسمٰعیل: غفور! تمہیں اپنے سردار کی مدد سے انکار ہے ؟

غفور: میری کیا مجال!

اسمٰعیل: پھر کیا چاہتے ہو ؟

غفور: میں سرفراز کے ساتھ جانے کو تیار ہوں مگر شکار پھانسنے کا کام سردار کو کرنا ہوگا۔

سرفراز: مجھے منظور ہے غفور! زندگی میں، میں نے کبھی ہار نہیں مانی۔ تمہارے ساتھ چلنے کی ضرورت نہیں۔ میں تمہیں دکھادوں گا سوٹھائی کسے کہتے ہیں۔ (بلند آواز میں) جاؤ۔

غفور: بہت اچھا، جب میری ضرورت ہو مجھے یاد کرلیا جائے۔

اسمٰعیل: میرے بیٹے۔۔۔ یہ تم نے کیا کیا؟

سرفراز: میں اپنی قسمت آزمانا چاہتا ہوں ابا جان۔ میں غفور کو اور سارے قافلے والوں کو دکھا دینا چاہتا ہوں کہ سرفراز کے پاس ہمت بھی ہے اور قابلیت بھی۔ آج آپ دیکھیں گے ابا جان مجھے زندگی کی دوسری شاندار کامیابی ہو گی۔

اسمٰعیل: بھوانی ماتا کی یہی مرضی معلوم ہوتی ہے۔

سرفراز: آپ کا بیٹا صرف خدا اور بھوانی پر بھروسہ کرنا جانتا ہے۔ انسان تو کھلونا ہے جسے تباہ کرنا میرا فرض ہے۔

اسمٰعیل: کل اس کا فیصلہ ہو جائے گا۔

---

۱ سوٹھائی: ٹھگی کی اصطلاح میں وہ شخص ہے جو شکار پھانس کر لائے۔

۲ بھٹوئی: وہ شخص جو شکار کی گردن میں رومال ڈال کر اس کو گلا گھونٹے۔

۳ لگھائی: جو قبر تیار کرے۔

دوسرا منظر

(خیموں کے باہر میدان میں صبح ہونے والی ہے۔)

غفور: صبح ہو گئی۔ ابھی تک سرفراز نہیں آیا۔

بدری: سرفراز نہیں سردار کہو، غفور، سردار۔

غفور: ابھی نہیں، آج کی سوٹھائی کے بعد دیکھنا کون کس کو سردار کہتا ہے۔

بدری: کس طرف کا ارادہ ہے؟

غفور: غفور کو نہیں جانتے بدری۔ میری پانچوں انگلیوں پر لوک کے بھید ہیں۔ وہ غلطی پر

ہیں جو غفور کو آزماتے ہیں۔

بدری: مجھے معلوم ہے۔

غفور: میں گھر پھونک کر رکھ دیتا ہوں اور کوئی میری چنگاری کو نہیں دیکھ سکتا۔

بدری: اس کا مطلب ؟!

غفور: مطلب وقت بتائے گا۔۔۔ وہ دیکھو سامنے گھوڑے پر سرفراز آرہا ہے۔

بدری: سوداگروں کے لباس میں تو باء کی مہاراجہ لگ رہا ہے۔

غفور: اونہہ مہاراجہ !؟ تم سب لوگ چڑھتے سورج کے پجاری ہو تم ہر چمکتی ہوئی چیز کو سونا سمجھتے ہو۔

بدری: بندہ پروری! ذرہ نوازی!! آخر شریف ہیں، بھلی پوشاک پہن لیں۔ تو ایک ذرا میں کچھ کی کچھ صورت نکل آتی ہے۔

سرفراز: کون کہتا ہے کہ ٹھگی جرم ہے۔ ٹھگی فن ہے۔ لباس کی تبدیلی، چہرے مہرے اور شکل و صورت کی تبدیلی، پھر ہر قبیلے کی چال ڈھال، بول چال برتنا، کوئی ہنسی ٹھٹھا ہے۔ میں اس فن کو کمال تک پہنچاؤں گا۔۔۔ غفور گھوڑے تیار ہیں؟

غفور: جی ہاں سردار۔۔۔ ہم لوگ آپ کے ہمراہ چلنے کے لئے تیار ہیں۔

سرفراز: نہیں میں تنہا جاؤں گا۔

غفور: بے کار ہے۔ اکیلے جانے سے کام نہ بنے گا۔

سرفراز: خاموش۔ جھرنی کا انتظار کرو۔۔۔ بھوانی ماتا کے اشارہ کا انتظار کرو۔

بدری: وہ دیکھئے بگلوں کی قطار پورب سے اڑتی چلی آرہی ہے۔

سرفراز: شگون بہت اچھا ہے بھائیو۔۔۔ اچھا خدا حافظ۔ میں قسمت آزمائی کرتا ہوں۔ آج سے ہمارے قافلے میں ہن برسے گا۔ میں بھوانی ماتا کی قسم تم سب کو مالا مال کر دوں گا۔

بدری: آپ کس طرف جائیں گے سردار۔

غفور: یہاں کے راستے بڑے ٹیڑھے میڑھے ہیں۔

سرفراز: میں اکثر ٹیڑھے میڑھے راستوں سے گزرا ہوں غفور۔۔۔ میں تالاب کی طرف جارہا ہوں۔

(چلا جاتا ہے تھوڑی دیر دونوں اس کی طرف دیکھتے رہتے ہیں۔)

غفور: چلا گیا، چلو ہم واپس چلیں۔

بدری: کیوں؟

غفور: آج کا دن بھی بیکار گیا۔ کیا مرغابیوں کی گردن میں رومال ڈال کر شکار کرے گا!! تالاب اونہہ !! تالاب کے کنارے اسے کون ملے گا۔ سوٹھائی بڑا مشکل کام ہے تجربہ چاہئے۔

بدری: مگر بھوانی ماتا کا شگون اچھا ہے۔

غفور: بھوانی ماتا بھی کبھی کبھی اپنی مایا دکھاتی ہے آؤ چلیں۔

تیسرا منظر

(جنگل میں تالاب کے کنارے صبح کے ۸ بجے)

نوجوان لڑکی: اے۔۔۔ اے۔۔۔ سنو۔۔۔ بات سنو۔

سرفراز: مجھ سے کچھ کہا تم نے۔

نوجوان لڑکی: ہاں ہاں تم سے کہا۔ کوئی غضب ہو گیا۔ آدمی آدمی سے بات کرتا ہے۔

سرفراز: کیا کام ہے؟

لڑکی: ارے اب میل بھر دور سے تھوڑا ہی بتاؤں گی کیا کام ہے۔ ذرا پاس آؤ۔ ایک نظر

دیکھوں تو، شریف آدمی ہو کہ یوں ہی چلتے پھرتے چورا چکے ہو۔

سرفراز: آپ کی تعریف؟!

لڑکی۔: میرا نام ہے مور پنکھی، شریف گھرانے کی باندی ہوں۔ نواب سبزی خاں کا نام سنا ہے۔ میری ماں کریمہ ان کی پرانی کنیز ہے۔۔۔ اور تم۔

سرفراز: میرا نام ایسا خوبصورت تو نہیں ہے۔

لڑکی: وہ تو صورت سے ظاہر ہے۔ ہو گا یہی کلو خاں۔ حشمت بیگ وغیرہ۔

سرفراز: میرا نام ہے سرفراز مرزا۔

لڑکی: کام؟

سرفراز: بھٹکے ہوؤں کو راستہ دکھانا۔

لڑکی: یا راستہ چلتے ہوؤں کو ہسکانا۔

سرفراز: آپ کہئے۔ کیا ارادہ ہے؟

لڑکی: میرا ارادہ، دیکھئے اعلیٰ حضرت۔ نواب سبزی خاں بہادر سفر پر نکلے ہیں۔ مجھے نگوڑا یہ جنگلوں میں مارے مارے پھرنا اچھا نہیں لگتا۔ نواب صاحب سال بھر میں ایک دفعہ سسرال جاتے ہیں تو شکار کی دھت میں جنگلوں میں ٹھہرتے ہوئے جاتے ہیں، تم بھی شکاری ہو؟

سرفراز: ہاں شکار سے مجھے شوق ہے مگر بڑے شکار سے۔

لڑکی: تم نے کبھی شکار کیا بھی ہے؟

سرفراز: شکار کرنے کا ارادہ ہے۔

لڑکی: تم نے خون کا مزہ چکھا ہے کبھی، اس جانور کی آنکھوں میں آنکھیں ڈالی ہیں جس کی گردن مروڑ دی گئی ہو اور جو گھائل ہو کر پھٹی آنکھوں سے زمین اور آسمان کو دیکھ رہا ہوں

اور اپنے جوڑے پر حسرت کی نظر ڈال رہا ہوں۔

سرفراز: موت میں یہ سب کچھ ہوتا ہے۔

لڑکی: میرا دل پھٹتا ہے۔ نواب سبزی بہادر کا سارا قافلہ تو روانہ ہو چکا ہے۔ بس میں اور خیر و نواب صاحب کے ساتھ ہیں۔ تنہائی میں دم بولا یا جاتا ہے۔ میں ذرا خیمے سے نکلی تو راستہ بھول گئی مجھے خیمے تک پہنچا دو گے؟

سرفراز: تمہیں یوں اکیلے نہیں پھرنا چاہئے۔

لڑکی: کیوں؟

سرفراز: تم جوان ہو۔

لڑکی: بس۔۔۔؟!

سرفراز: خوبصورت ہو۔

لڑکی: بس۔۔۔

سرفراز: کم عمر ہو، حسین ہو، تجربہ کار ہو، کامنی ہو، چنبیلی کی ڈالی اور گلاب کے پھول کی طرح نرم و نازک ہو۔

لڑکی: اوہو سچ مچ، کیا میں سچ مچ خوبصورت ہوں؟ سب یہی کہتے ہیں۔ کوئی نہیں بتاتا خوبصورتی کسے کہتے ہیں۔ تمہیں معلوم ہے؟

سرفراز: ہاں معلوم ہے۔

لڑکی: بتاؤ۔

سرفراز: خوبصورتی اس شراب کو کہتے ہیں جو ایک نظر میں مست کر دیتی ہے اور جس کا نشہ زندگی بھر نہیں اترتا۔

لڑکی: ارے ارے۔۔۔ تب تو چلو، میں تمہیں نواب سے ملاؤ گی وہ بھی شاعر ہیں۔ کیا کیا

غزلیں لکھتے ہیں۔ غضب کرتے ہیں اماں کہتی ہیں بہت قابل آدمی ہیں ایک غزل لکھی تھی:

چھپا ہے مانگ میں دل اب بتاؤ ڈھونڈوں کدھر
کہ آدھی رات ادھر ہے اور آدھی رات ادھر

سرفراز: اہاہاہا مزا آگیا۔۔۔ چلو میں تمہیں خیمے کے راستے کی طرف لے چلتا ہوں۔ بتاؤ تو سہی کدھر ہے وہ خیمہ؟

لڑکی: یہ جو سامنے شیشم کے پیڑ ہیں ان سے بائیں طرف جا کر دائیں کو مڑتے ہیں تو ڈھاک کا جنگل آتا ہے بس وہیں۔ مگر مجھے ٹھیک راستہ نہیں آتا۔

سرفراز: میں راستہ ڈھونڈھ لوں گا۔ چلو۔

(تھوڑی دیر تک خاموش چلتے رہتے ہیں۔)

لڑکی: تمہیں گانا آتا ہے۔

سرفراز: ہاں کچھ کچھ۔

لڑکی: تم جوان ہو، خوبصورت ہو، کم عمر ہو، ناتجربہ کار ہو پھر گانا بھی آتا ہے۔ ارے تم مجھے پہلے سے کیوں نہیں ملے۔ میں تم سے پیار کرتی تمہیں چرا کر لے جاتی۔۔۔ ایک بات بتاؤں۔ سچ کہنا ٹھیک ہے نا تم سوداگر ہو (ہنستی ہے) ہے نا یہی بات۔

سرفراز: ہاں اور اس وقت جان اور مال کا سوداکر رہا ہوں۔

لڑکی: لاؤ۔ ہم خریدتے ہیں۔

سرفراز: گانا آتا ہے تمہیں؟

لڑکی: ہاں ناچنا بھی آتا ہے۔ وہ کتھک ناچتی ہوں کہ کالکا اور بندا دین میرے سامنے پانی بھریں۔

سرفراز: تو کب؟

لڑکی: آج رات کو؟ دیکھو وہ خیمے نظر آنے لگے۔ چلو تمہیں نواب سے ملواؤں۔

چوتھا منظر

(نواب صاحب کا خیمہ۔ دن کے یہی کوئی ۹ بجے)

نواب: کیا شربت ہے۔ خیر و مگر کریمہ کے ہاتھ سے ان کی لذت ہی کچھ اور ہو جاتی ہے۔ اہاہا۔ خدا کی قسم اگر ہم سکندر اعظم ہوتے اور ساری دنیا پر ہماری حکومت ہوتی تو سبزی کے لئے ہم اپنی آدھی حکومت بخش دیتے۔ ایک پیالہ اور۔۔۔ اور یہ مور پنکھی کہاں چلی گئی۔ واللہ رات اس نے کیا کتھک ناچا ہے۔

مور پنکھی: یہ دیکھئے۔ سوداگروں کے بادشاہ سرفراز مرزا!

نواب: آیئے حضرت۔ یعنی جنگل میں بھی سوداگری۔ بھئی حد ہے۔ دنیا کام کی دیوانی ہے۔ اس کی قسمت میں عیش نہیں۔ میاں مسافر یہ مور پنکھی تمہیں کہاں سے پکڑ لائی۔

سرفراز: یہ راستہ بھول گئی تھیں۔

نواب: یہ بھی خوب ہے۔ یہ تو دوسروں کو راستہ بھلانے کے لئے کافی ہے۔ بھئی ایمان سے کہنا یہ سج دھج یہ الہڑ پن یہ قیامت کی شوخی، مستی، البیلا پن خوبصورتی، گلاب کی پنکھڑی کی سی نزاکت، کہیں دیکھی ہے تم نے۔ اس کی آنکھیں شبنم سے بھرے کنول۔ اس کے بال برسات کی کالی گھٹا۔۔۔ اور ناچنے میں بھی قیامت ہے۔ بجلی ہے۔ طوفان ہے۔۔۔ تم نے اسے دیکھ کر خدا کی قدرت کے سامنے سجدہ کیا تھا یا نہیں؟!

سرفراز: آپ کے انتخاب کی داد دیتا ہوں۔

نواب: اچھا یہ بتاؤ کیا شغل کروگے سبزی ا پیوگے۔

سرفراز: جی نہیں۔ اس نعمت سے محروم ہوں۔

نواب: لاحول ولا قوۃ۔ اس کو زندگی اس لئے دی گئی ہے کہ عیش کرے۔ سوداگری تو مرنے کے بعد بھی ہوسکتی ہے۔ عیش کرلو عیش۔

سرفراز: جی ہاں قبلہ صحیح فرمایا۔

نواب: پھر کس چیز سے شغف ہے؟

سرفراز: شکار سے۔

نواب: خوب خوب، چلو خوب گزرے گی جو مل بیٹھیں گے دیوانے دو۔

سرفراز: میرے ساتھ تو کئی دیوانے ہیں۔

نواب: یعنی کہ سوداگروں کا پورا قافلہ ہے۔

سرفراز: جی ہاں۔

نواب: کوئی شکاری بھی ہے۔

سرفراز: ایک سے ایک بڑا شکاری ہے نواب صاحب۔ کیا مجال ہے کہ نشانہ خطا ہو جائے۔ بلم، بندوق، تلوار، لاٹھی، برچھی، تیر، ہر ہتھیار میں ماہر، ہر چیز میں استاد۔

ا: سبزی۔ بمعنی بھنگ۔

نواب: میاں خیرو۔ بستر باندھو۔ ہم ان لوگوں کے قافلے کے ہمراہ جائیں گے۔ کچھ دن سیر شکار ہو جائے۔ کہاں روز روز گھر سے نکلنا ہوتا ہے۔

سرفراز: مگر حضور کے پاس قیمتی سامان ہے۔

نواب: ہے تو کیا ہوا۔

سرفراز: پھر اگلی منزل پر آپ کے ساتھی آپ کی راہ دیکھ رہے ہوں گے۔

نواب: وہ اپنی راہ چلے جائیں گے ہم چند دن بعد پہنچے تو سمجھیں گے شکار چلے گئے۔

سرفراز: نہیں قبلہ میں اس کی رائے نہ دوں گا۔ سفر کا معاملہ ہے اور وہ بھی جنگل کا۔ راستے چوراچکوں سے بھرے ہوئے ہیں۔ کوئی اونچ نیچ ہو جائے تو مجھے شرمندگی ہو گی۔

نواب: (بے فکری سے ہنستا ہے) شکاری ہو کر ڈرتے ہو۔ ارے موت سے آنکھیں لڑاتے ہیں میاں خیر و سامان باندھو۔

مور پنکھی: لیجئے۔ حقہ حاضر ہے۔

نواب: لو میاں سوداگر مور پنکھی نے تمہارے لئے خود حقہ تازہ کیا ہے پیو۔

سرفراز: میری خوش قسمتی۔

نواب: تم سچ مچ بڑے خوش قسمت ہو۔

پانچواں منظر

(اسمٰعیل کا خیمہ۔ دن چڑھ آیا ہے۔ سہ پہر کا وقت)

سرفراز: میری بڑی خوش قسمتی کہ آپ سے نیاز حاصل ہوا۔۔۔ یہ ہیں ہمارے خیمے۔ یہ ہمارے سوداگر بھائی ہیں۔

اسمٰعیل: نیازمند کو اسمٰعیل مرزا کہتے ہیں۔

نواب: سبحان اللہ آپ لوگوں نے تو جنگل میں منگل کر دیا ہے۔ بس صرف خواتین کی کمی ہے۔ ورنہ گھر کا مزا آتا۔

اسمٰعیل: جی ہاں مگر سوداگر بچے کہاں اپنے خاندان کو لئے لئے پھریں ہمارا کیا ہے آج یہاں

ہیں کل وہاں ہیں۔

نواب: مور پنکھی۔۔۔ تم آ گئیں۔

مور پنکھی: میں نہ آتی۔ میں نے ہی تو ڈھونڈھا ہے سر فراز مرزا کو۔ ٹھگوں اور چوروں کے جنگل میں اکیلے بڑا ڈر لگتا تھا۔ خدا کی قسم میں تو سہم گئی تھی۔

سر فراز: ڈرنے کی کوئی بات نہیں۔

نواب: سبزی اور خوبصورت لڑکی سے موت بھی بھاگتی ہے۔۔۔ ارے بھائی اب کیا دیر ہے سب کو بلاؤ۔ بھائی برادروں کو جمع کرو۔ میاں خیرو سے کہو طبلہ لائیں سازندہ تو یہاں کوئی نہ کوئی مل ہی جائے گا۔ جم جائے محفل ہمیں سونے پن پر نفرت ہے خدا کی قسم اپنی زندگی تو رنگ رلیوں ہی میں کٹ گئی۔

سر فراز: جو ارشاد، استاد غفور خان۔ نواب صاحب کے پاس بیٹھو۔ سیٹھ بدری پرشاد۔

نواب: آیئے سیٹھ جی آپ ادھر آیئے۔ بخدا ہم بہت خوش ہیں۔ آپ لوگ مل گئے۔ سفر جنت بن گیا۔ میاں زندگی کیا ہے یہی دو گال ہنسنا بولنا۔ مور پنکھی۔ آج کوئی پھڑکتی ہوئی چیز سناؤ کہ روح جھوم اٹھے۔

(مور پنکھی کی آواز رس گھولتی ہوئی فضا میں پھیل جاتی ہے۔)

(رقص)

سر فراز: حضور تعریف نہیں ہو سکتی۔ چھلاوا ہے بجلی ہے کرشمہ ہے۔

نواب: مور پنکھی، ہماری سب سے بڑی دولت ہے۔ تم جانتے ہو سر فراز۔۔۔ ہم دو چیزوں سے زندہ ہیں۔ تم کہو گے پانی اور ہوا۔ نہیں ہم وہ نہیں ہیں (گدھا رینکتا ہے) وہ گدھے اور ہوں گے ہم تو سبزی اور مور پنکھی سے زندہ ہیں۔

سر فراز: غفور خاں۔ یہ کس جانور کی بولی تھی۔

غفور: جھرنی ا۔

نواب: یہ کون جانور ہوتا ہے۔

---۔ا: ٹھگی کی اصطلاح میں کسی جانور کی آواز جو مبارک شگون مانی جاتی ہے۔

سرفراز: یہ خاص اسی جنگل کا جانور ہے۔ بڑا لذیذ ہوتا ہے اور اس کے شکار میں وہ مزا ہے کہ حضور شیر کا شکار بھول جائیں گے۔ سچ عرض کرتا ہوں۔ عجیب و غریب چیز ہے مگر ذرا دو چار دن میں قابو میں آتا ہے۔ بڑا ہانکا کرانا پڑتا ہے۔

نواب: کوئی بات نہیں۔ مور پنکھی۔ تم یہاں رہنا۔ شام تک خیرو کو بھیجیں گے نہیں تو یہ سب شریف آدمی ہیں یہ بوڑھے باپ کے برابر اسمٰعیل مرزا ہیں۔ گھبرانا مت۔ ہم شکار سے واپس آکر تمہیں لے چلیں گے دراصل ہم نے بڑی غلطی کی تمہیں پہلے قافلے کے ساتھی بھیج دینا چاہئے تھا۔

مور پنکھی: ہم آپ کے ساتھ شکار پر چلیں گے۔ ہم سے نہیں رہا جائیگا۔

نواب: اچھا دیکھا جائے گا تم تھوڑی دیر آرام کرلو تھک گئی ہو گی۔

سرفراز: تمہارے لئے خیمہ سجادیا گیا ہے۔ جاؤ آرام کرو۔

مور پنکھی: دیکھئے میرے پیچھے شکار پر نہ چلے جایئے گا۔

نواب: پگلی۔ جا آرام کرلے۔

اسمٰعیل: سفر آپ کی وجہ سے بڑا اچھا کٹ رہا ہے۔

نواب: یہ آپ کیا کہتے ہیں حضرت۔ یہاں تو مستقل دم حلق میں اٹکا رہتا تھا۔ سارے ہتھیار پاس اتنے آدمی ساتھ مگر سفر میں خطرہ لگا ہی رہتا ہے۔ اب آپ ایسے لوگوں کا ساتھ ہوگیا۔ خطرہ نہیں رہا۔ کچھ سبزی کا شغل رہا۔

اسمٰعیل: حقہ ملاحظہ کیجئے۔

نواب: خوب (حقہ کا کش لگاتے ہیں) جناب سبزی بھی خوب چیز ہے۔ چلو میں الو۔ نہ غم زر دنہ غم کالا۔ ایک دفعہ کا قصہ ہے کہ دو پیالے غٹا غٹ چڑھا کر جو شیر کے شکار کو نکلا تو ٹانڈ تک پہنچنے بھی نہ پایا کہ کیا دیکھتا ہوں کہ شیر ببر ایک ایک کلا دس دس من کا اینڈ تا اکڑ تا چلا آرہا ہے۔ مجھے دیکھتے ہی چنگھاڑ ماری جست مار کر حملہ کرنا ہی چاہتا تھا کہ ڈپٹ کر جو میں نے لنگڑی ماری ہے تو دھوبی پاٹ پر کس لیا۔ چت کر کے وہ گھونسے وہ لاتیں ماریں کہ چیں بول گیا۔ میرا بھی شباب تھا۔ زمین پر ٹھوکر ماردوں تو پانی نکل آئے۔ ایسا دم دبا کر بھاگا کہ آج تک صورت نہیں دکھائی۔

سرفراز: سبحان اللہ سبحان اللہ۔ نواب صاحب آپ پان سے شوق فرمائینگے۔

اسمٰعیل: پان حاضر ہیں۔۔۔ مگر تمباکو (بلند آواز میں) ارے ہے کوئی تمباکو لاؤ۔

(تھوڑی دیر گڑبڑ اور ہلچل مچتی ہے نواب کا گلا سرفراز رومال سے گھونٹ دیتا ہے۔ نواب بے دم ہو کر گر پڑتا ہے لوگ اس کی لاش لے جاتے ہیں۔)

سرفراز: مر گیا کم بخت۔ رومال کی گرفت کافی دیر سخت کرنی پڑی۔

اسمٰعیل: مبارک ہو سرفراز مبارک ہو۔ پہلا شکار مبارک ہو۔ شاباش میرے بیٹے شاباش۔

غفور: مبارک۔

بدری: مبارک ہو

سرفراز: اگر تم دونوں نواب کے پیر اتنی اچھی طرح نہ پکڑتے تو اس قدر تیزی سے میں اس کی گردن کو رومال میں نہ جکڑ سکتا۔ میرے بھائیو۔ یہ ہم سب کا حصہ ہے۔

بدری: اور اس کا نوکر خیرو؟

سرفراز: اسے دوسرے خیمے میں قتل کر دیا گیا۔

بدری: قبر؟

سرفراز: لگھائیوں نے قبریں تیار کر رکھی ہیں ابھی ایک منٹ میں ہم ان دونوں کا نشان ختم کر دیں گے۔

غفور: مور پنکھی کا کیا ہو گا؟

سرفراز: عورت کا قتل نہیں ہو گا۔ ہم اس سے کہہ دیں گے کہ نواب صاحب شکار چلے گئے۔

غفور: اور مال؟

سرفراز: پانچ ہزار روپیہ نقد اور دس ہزار کا سامان۔ یہ سب ہمارا ہے۔ ہم سب کا ہے۔ یہ میری سرداری کا پہلا تحفہ ہے۔ آج یہ سب بانٹا جائے گا۔

بدری: مبارک ہو۔ سردار کی پہلی کامیابی مبارک ہو۔

سرفراز: بدری۔ میرے بھائی یہ میرا فرض تھا۔ میں بھوانی کا ادنیٰ سیوک ہوں۔۔۔ جلدی کرو۔ لگھائیوں سے کہو قبریں پاٹ کر زمین ہموار کر دیں اور اس پر فرش بچھا دیں۔ آج رات کو اس جگہ مور پنکھی پھر ناچے گی اور سنو غفور تم قافلے کے تین چار آدمیوں کو سفر پر روانہ کر دو۔ مور پنکھی سے کہہ دیں گے کہ ہمارے آدمیوں کو بھی نواب صاحب شکار پر لے گئے ہیں۔

بدری: بہت اچھا۔

سرفراز: یہ سب کام فوراً ہونا چاہئے۔

بدری: ابھی ہو جائے گا۔

سرفراز: ابا جان آپ سارا مال جمع کر کے اس کے بٹوارے کا انتظام کریں۔

اسمٰعیل: ابھی بٹوارہ ہوا جاتا ہے۔۔۔ بیٹے تو نے آج میرے بڑھاپے کی لاج رکھ لی۔ میں

بھی جوانی میں اسی طرح رومال کے ایک جھٹکے سے گردن کو چٹخا دیا کرتا تھا۔ میرا سر آج غرور سے بہت اونچا ہو گیا ہے۔

سرفراز: آج میں نے پہلی بار انسانی خون کا مزا چکھا ہے۔ پہلی بار میں نے انسان کو اپنے ہاتھوں مرتے دیکھا ہے۔ یہ انسان قدرت کے ہاتھ کا کھلونا انسان۔

(قہقہہ لگاتا ہے۔)

اسمٰعیل: بھوانی تیرے دل کو سکون اور تیرے ہاتھوں کو طاقت دے میرے بیٹے۔

سرفراز: انسان جو مغرور گھمنڈی، فرعون، خدائی کا دعویٰ کرنے والا انسان ایک معمولی سے کپڑے کی گرفت میں دم توڑ دیتا ہے۔ اس کا سارا گھمنڈ، ساری چالاکی، ساری دانشمندی اور علمیت بس رومال کے ایک پیچ میں ختم ہو جاتی ہے۔ کیسی آنکھیں ابل آئی تھیں۔ کیسے نرخرا خرخر کرنے لگا تھا۔ کس طرح رگیں پھٹنے لگی تھیں اور اشرف المخلوقات کی ساری شیخی کرکری ہو گئی۔ انسان تو دنیا کا سب سے بڑا اعجوبہ ہے انسان۔

(پھر قہقہہ لگاتا ہے۔)

بدری: سب ٹھیک ہو گیا ہے۔

سرفراز: زمین برابر کر دی گئی۔

غفور: جی ہاں۔ فرش بچھا کر لوبان اور اگر سلگا دیا گیا۔

سرفراز: یہ اس قافلے کا سات سو انیسواں شکار تھا۔

(ایک دم مور پنکھی بھاگتی ہوئی آتی ہے شام ہونے لگی ہے۔)

مور پنکھی: نواب صاحب سچی بڑا اچھا خواب دیکھا ہے۔ میں نے بڑا اچھا سا خواب۔۔۔

ایں۔۔۔ نواب صاحب کہاں ہیں۔

سرفراز: آؤ۔ اندر آؤ مور پنکھی۔

مور پنکھی: نواب صاحب کہاں گئے۔

سرفراز: نواب صاحب۔

مور پنکھی: مجھ سے چھپا رہے ہو نا! چلے گئے ہوں گے شکار پر۔ مجھ سے چوری چوری چلے گئے۔ کہہ دیا تھا میں نے کہ مجھے لے کر جایئے گا۔ بہانے بنانا تو کوئی ان سے سیکھے۔ مجھے بیٹی کی طرح پالا پوسا لاڈ کیا مگر مجھے چھوڑ کر چلے جانے کی عادت نہ گئی۔

سرفراز: گھبرانے کی کوئی بات نہیں مور پنکھی! وہ شکار سے جلد واپس آجائینگے۔

مور پنکھی: ان کا کوئی ٹھیک نہیں۔ اگر لمبے نکل گئے تو بھلا میں گھر کیسے پہنچوں گی۔

سرفراز: کیا سچ مچ تمہیں گھر پہنچنے کی فکر ہے؟

مور پنکھی: کیسے نہیں ہوتی!

سرفراز: بہت سے لوگوں کو گھر کی فکر ہوتی ہے مگر کچھ ایسے ہوتے ہیں جو جہاں رہتے ہیں وہیں گھر بنا لیتے ہیں۔

مور پنکھی: (کھسیانی ہنسی ہنستی ہے) اچھا۔۔۔؟ (پھر اس طرح ہنستی ہے) اچھا۔۔۔ نواب صاحب کہتے ہیں۔

سرفراز: کیا کہتے ہیں۔ نواب صاحب۔

مور پنکھی: کہتے ہیں۔۔۔ اچھا تم بتاؤ کیا کہتے ہیں۔

سرفراز: مجھے کیا معلوم؟!

مور پنکھی: کہتے ہیں۔ مور پنکھی کے ہاتھ تو مور جیسے خوبصورت آدمی کے ہاتھ میں تھماؤں گا۔ اس کے ہاتھ پیلے کر دوں گا تو مجھے بے فکری ہو اور نہ جانے کیا کیا کہتے ہیں۔۔۔ مجھے شرم آتی ہے۔

سرفراز: تمہیں اور شرم؟!

مورپنکھی: کیوں؟ کیا میں عورت نہیں ہوں۔ کیا میں دل نہیں رکھتی۔

سرفراز: تمہارے دل بھی ہے؟

مورپنکھی: بہت بڑا۔ بہت اچھا سا دل۔ بڑا چنچل دل ہے۔ ایک بات تمہیں بتاؤں؟

سرفراز: بتاؤ۔

مورپنکھی: جب میں تالاب کے کنارے پانی میں پاؤں لٹکائے بیٹھی تھی اور میں نے تمہیں اس طرح آواز دی تھی "اے۔۔۔ اے۔۔۔ ذرا سننا" تو میں نے تمہیں تھوڑی ہی آواز دی تھی۔

سرفراز: اور کس نے آواز دی تھی؟

مورپنکھی: میرے چنچل دل نے!

سرفراز: کیوں؟

مورپنکھی: بس یوں ہی۔ ہمیں اچھے لگے۔ ہم نے بلا لیا۔ دل نے کہا اس آدمی کو لے لو۔ اسے ہتھیا لو۔ اسے اپنا لو۔

سرفراز: سچ؟

مورپنکھی: ہاں سچ؟! ہم جھوٹ نہیں بولتے۔ کبھی کبھی بولتے ہیں بہت کم۔

سرفراز: پھر تمہارا کیا فیصلہ ہے؟

مورپنکھی: ہم نے اپنا لیا۔ ہتھیا لیا۔ تم ہمارے قبضے میں ہو۔ بولو منظور۔

سرفراز: تم جلد باز ہو بہت جلد باز ہو مورپنکھی۔ تمہیں کیا معلوم میں کون ہوں۔

مورپنکھی: اچھے نیک دل شریف آدمی ہو۔

سرفراز: تم نے میرا دل کہاں دیکھا ہے۔

مورپنکھی: تمہارے ماتھے پر۔ ہر ایک کا دل اس کے ماتھے پر صاف دکھائی دیتا ہے۔

سرفراز: تم میرے بارے میں کچھ بھی نہیں جانتیں۔
مورپنکھی: اس کی ضرورت بھی نہیں۔ میں نے انسانوں پر بھروسہ کرنا سیکھا ہے۔
سرفراز: تم میرے اوپر بھروسہ کرو گی۔ میرے اوپر؟
مورپنکھی: (ہنستی ہے) کیوں نہیں۔ اس میں تعجب کی کیا بات ہے۔ انسان انسان پر بھروسہ کرتا ہے۔
سرفراز: میرے پاس دولت نہیں۔
مورپنکھی: میرے پاس ہے۔ نواب صاحب نے اپنی ساری جائداد میرے نام لکھ دی ہے۔
سرفراز: مورپنکھی!!
مورپنکھی: تمہیں کیا ہوا۔ تم گھبرائے ہوئے کیوں ہو۔ تم آرام کرو میں تمہیں پنکھا جھلوں گی۔
سرفراز: انسان تو دنیا کا سب سے بڑا عجوبہ ہے۔
غفور: میں اندر آ سکتا ہوں۔
سرفراز: آؤ غفور۔ کہو کیا بات ہے۔
غفور: دادا نے آپ کو بلایا ہے۔
سرفراز: اباجان نے بلایا ہے مورپنکھی، تم یہیں ٹھہرو میں ابھی آتا ہوں۔

چھٹا منظر
(اسمٰعیل کا خیمہ۔ سر شام)
اسمٰعیل: ہاں میں نے تمہیں بلایا تھا۔

سرفراز: جی۔

اسمٰعیل: اس لڑکی کو کیوں قتل نہیں کیا گیا۔

سرفراز: آپ نے کہا تھا عورت کا قتل جب تک ضروری نہ ہو نہ کیا جائے۔

اسمٰعیل: مگر اس کی موت ضروری ہے۔

سرفراز: کیوں؟

اسمٰعیل: یہ بھید اس سے چھپنا مشکل ہے اور اگر بھید اس پر ظاہر ہو گیا تب بھی اس کی جان لینی ہم پر فرض ہو جائے گی۔

سرفراز: اس پر کوئی بھید ظاہر نہیں ہو گا ہم اسے قافلے کے ساتھ اس کے گھر پہنچا دیں گے۔

اسمٰعیل: یہ ہماری ذمہ داری نہیں ہے۔ سرفراز! ایک بات بتاؤ۔

سرفراز: جی!

اسمٰعیل: تمہیں اس کے بونج اقرار دیئے جانے پر اعتراض ہے۔ تم اس کی موت روکنا چاہتے ہو۔

ابونج: وہ شخص ہے جسے ٹھگی کے قانون کے مطابق واجب القتل قرار دیا گیا ہو۔

سرفراز: میں؟ میں نہیں جانتا۔

اسمٰعیل: (گرج کر) صاف صاف جواب دو۔

سرفراز: میں کچھ نہیں کہہ سکتا۔

اسمٰعیل: عورت زہر کا پودا ہے۔ عورت ناگن کی پھنکار ہے۔

سرفراز: مگر بھوانی ماتا خود بھی عورت کا سروپ ہے۔

اسمٰعیل: دیویوں کی باتیں نہ کرو۔

سرفراز: ہوسکتا ہے مور پنکھی بھی دیوی کا سروپ ہو۔

اسمٰعیل: تمہارا دماغ پھر گیا ہے۔۔۔ اس لڑکی کی موت ضروری ہے اور وہ بھی تمہارے ہاتھ سے۔

سرفراز: ابا جان!!

اسمٰعیل: کیا ہوا؟ ڈرتے ہو؟

سرفراز: نہیں۔

اسمٰعیل: پھر کیا عورت کے حسن کا جادو تم پر چل گیا ہے۔

سرفراز: نہیں۔

اسمٰعیل: پھر۔۔۔ میں کہتا ہوں اس کی موت ضروری ہے اور اسے تمہارے ہاتھ سے مرنا ہے۔ مت بھولو کہ تم نے ٹھگی کے قانون پر عمل کرنے کا حلف اٹھایا ہے اور اس حلف سے پھرنے کی سزا موت ہے۔

سرفراز: میں سمجھتا ہوں اس کی موت ضروری نہیں۔

اسمٰعیل: بالکل ضروری ہے۔۔۔ موقع کی تاک میں رہو۔ اسے بونیج قرار دو۔ ضروری ہدایت دو۔ سارا انتظام کر لیا جائے۔

سرفراز: ابا جان یہ ظلم ہے!

اسمٰعیل: یہ فرض ہے سرفراز!!

سرفراز: آپ نے کبھی میری بات نہیں ٹالی۔ آج میری ایک بات مان لیجئے۔

اسمٰعیل: کہو۔

سرفراز: مور پنکھی کو اس وقت تک زندہ رہنے دیجئے جب تک اسے ہمارے بھید کی خبر نہ ہو۔ جس وقت اسے ہمارا بھید معلوم ہو گیا میں قسم کھاتا ہوں میں خود اسے اپنے ہاتھ سے مار ڈالوں گا۔ میں اسے بونیج قرار دے دوں گا۔

اسمٰعیل: بیکار ہے۔۔۔

سرفراز: صرف ایک بار موقع دیجئے۔ آئندہ کبھی آپ کے حکم سے انکار نہ کرونگا۔

اسمٰعیل: ضد کرتے ہو۔۔۔ چلو آزما دیکھو۔۔۔ مگر جس لمحے اسے راز معلوم ہو گا اوقت سے بونیج قرار دے کر جان دے مارنا ہو گا۔

سرفراز: مجھے منظور ہے۔

ساتواں منظر

(خیموں کے باہر کا میدان وہی وقت)

(غفور کا قہقہہ سنائی دیتا ہے۔)

غفور: (قہقہہ لگا کر) تین دن کی سرداری۔

بدری: غفور! تم پھر الٹی سیدھی باتیں کرنے لگے۔

غفور: ایک۔ دو۔ تین۔۔۔ تین دن کی سرداری اور پھر اندھیری رات۔ میں بھوانی کی قسم کھا کر کہتا ہوں سرفراز کی نیت صاف نہیں۔ وہ ٹھگی کے قاعدوں سے ہٹ رہا ہے۔

بدری: کیا مطلب؟!

غفور: اس لڑکی کے جال میں پھنس کر وہ ٹھگی کے قانون بھول رہا ہے۔ اسے لڑکی کے بھید معلوم ہونے کا خطرہ ہے۔ اسے کیوں چھوڑ دیا گیا ہے۔ اس کی موت ضروری ہے۔ اس کے پاس قیمتی زیور ہیں۔ اچھی پوشاک ہے۔ پیسہ ہے۔ اس کی موت ضروری ہے۔

بدری: تم سردار پر الزام لگا رہے ہو۔

غفور: میں قانون سے ہٹنے والوں کو سردار نہیں مانتا۔ اپنے سردار سے پوچھو لڑکی قتل کیوں نہیں کی گئی۔ صرف اس لئے کہ تمہارے سردار اس کے ساتھ گلچھرے اڑا رہے ہیں۔ عیش کر رہے ہیں۔ یہ ظلم ہے۔ ہم سب کے ساتھ بے انصافی ہے۔

بدری: اور سردار پر شک کرنا بے انصافی نہیں؟

غفور: اگر وہ لڑکی قتل نہ کی گئی تو میں سرفراز کو سردار ماننے سے انکار کر دوں گا۔

بدری: چلو۔۔۔ مور پنکھی کا ناچ شروع ہونے والا ہے۔

(دور سے رقص کی دھن سنائی دیتی ہے۔ جو دھیرے دھیرے قریب آتی جاتی ہے۔)

غفور: مور پنکھی کا ناچ۔۔۔ نواب صاحب کی قبر پر (پھر اس قدر خوفناک طریقے پر قہقہہ لگاتا ہے) کل مور پنکھی کی قبر پر سرفراز کا ناچ بھی دیکھنا ہے۔

(رقص کی دھن قریب آجاتی ہے دونوں خیمے کے اندر چلے جاتے ہیں۔)

آٹھواں منظر

(رات بھیگ چکی ہے۔ مور پنکھی کا خیمہ)

سرفراز: تمہیں اس خیمے میں کچھ تکلیف ہے؟

مور پنکھی۔: نہیں۔ آج میرا ناچ کیسا تھا؟

سرفراز: بہت اچھا تھا۔

مور پنکھی: کیسے مرے ہوئے دل سے تعریف کر رہے ہو۔

سرفراز: ہاں میں تم سے ایک بات کہنا بھول گیا۔

مور پنکھی: کیا؟

سرفراز: نواب صاحب نے آدمی بھیجا ہے۔ ان کی طبیعت شکار میں خراب ہو گئی ہے۔ وہ گوالیار چلے گئے ہیں۔ وہیں سے گھر چلے جائیں گے۔ میری رائے میں تمہارے لئے بھی گھر جانا مناسب ہو گا۔

مور پنکھی: اور تم۔۔۔؟!

سرفراز: مجھے ابھی سوداگروں کی ٹولی کے ساتھ احمد آباد جانا ہے۔ مگر میں تمہیں واپس پہنچوانے کا انتظام کر دوں گا۔

مور پنکھی: میرے گھر؟!

سرفراز: ہاں تمہارے گھر۔

مور پنکھی: مجھے ایک بات بتاؤ گے۔

سرفراز: ضرور۔

مور پنکھی: مگر تمہیں خدا کی قسم سچ سچ بتانا۔ جھوٹ نہ بولنا۔ دغا نہ دینا۔ نہیں تو میں سچ مچ صدمے سے مر جاؤں گی۔

سرفراز: پوچھو۔

مور پنکھی: کیا تم مجھ سے دور رہنا چاہتے ہو کیا تم مجھے پسند نہیں کرتے کیا مجھے اپنے سے ہمیشہ کے لئے دور کر دینا چاہتے ہو؟

سرفراز: مور پنکھی۔

مور پنکھی: بتاؤ۔۔۔ خدارا بتاؤ۔

سرفراز: یہ سب کیوں پوچھتی ہو؟

مور پنکھی: یہ اس لئے پوچھتی ہوں کہ میں تم سے پیار کرتی ہوں۔ تمہیں چاہتی ہوں۔ تمہارے اوپر اپنا مال، اپنی جان، اپنی عزت، اپنی راحت، سب کچھ نچھاور کر سکتی ہوں

میرے لئے تمہاری چاہت انمول ہے۔

سرفراز: مجھ سے کچھ نہ پوچھو۔ مجھ سے کچھ بھی نہ پوچھو۔

مور پنکھی: جواب دینا نہیں چاہتے۔

سرفراز: تم آخر مجھے اتنا اچھا کیوں سمجھتی ہو تم کیوں بن مانگے میرے لئے سب کچھ نچھاور کر رہی ہو۔ میں تمہاری محبت کے قابل نہیں ہوں۔ میں تمہاری پوجا کے لائق نہیں ہوں۔

مور پنکھی تم بہت اچھی ہو مگر میں دیوی کے سنگھاسن پر اپنی ناپاک پر چھائیں کیسے پڑنے دوں۔۔۔ مجھے معاف کر دو دیوی مجھے معاف کر دو۔

مور پنکھی: (ہنستی ہے) تم میری ہنسی اڑاتے ہو سرفراز مرزا (دوبارہ ہنستی ہے) بڑے بے رحم ہو تم، میں تمہاری طرح ہوشیار نہیں ہوں۔ میں کچھ نہیں سمجھتی کچھ بھی نہیں جانتی۔ بس تم سے ایک دلاسا چاہتی ہوں۔

سرفراز: میں تمہیں کیسے دلاسا دے سکتا ہوں مور پنکھی ؟!

مور پنکھی: میں تم سے صرف ایک فیصلہ چاہتی ہوں۔ اگر مجھے اپنے سے دور رکھ کر تمہارا دل خوش ہوتا ہے تو مجھے جہاں چاہو بھیج دو میرے گھر بھجوا دو، گوالیار بھیج دو۔ کہیں بھیج دو میں چلی جاؤں گی مگر تمہارے بغیر خوش نہ رہ سکوں گی۔ مجھے زندہ دیوار میں چن دو۔ میں زبان سے اف نہ کروں گی اور اگر تم مجھے پسند کرتے ہو مجھے چاہتے ہو تو مجھے کنیز کی طرح اپنے پیروں میں پڑا رہنے دو۔ ہم ایک چھوٹا سا گھر بنائیں گے۔ ہمارے بچے اس کچے آنگن میں کھیل کود کر جوان ہونگے۔ میرے لئے یہی خوشی سب سے بڑی خوشی ہے۔۔۔ میں تمہارے فیصلہ کا انتظار کروں گی۔

سرفراز: یہ سب نہ کہو۔ کچھ نہ کہو۔ مور پنکھی میرے پاس الفاظ نہیں۔ جن سے جواب دیا جاتا ہے۔ میرے پاس زبان نہیں ہے جس سے بات کہی جاتی ہے۔ خاموش کھڑی رہو۔

آج میں تمہیں جی بھر کر دیکھ لوں جب تک جتنی دیر میراجی چاہے تمہیں دیکھتا رہوں۔۔۔ دیکھتا رہوں۔

مور پنکھی: (ہنستی ہے) تم بہت عجیب ہو۔ میرا بس چلتا تو خدا سے تمہیں سمجھنے کے لئے ساری دنیا کی عقل مانگ لیتی۔

سرفراز: کاش تم پتھر کی دیوی ہوتیں تو تمہیں سنگھاسن پر بٹھا کر تمہاری پوجا کرتا۔ تم نے انسان کا روپ کیوں لے لیا مور پنکھی۔ تم عورت کیوں بن گئیں دیوی؟! یہ تم نے کیا کیا؟!

مور پنکھی: کیسی الٹی الٹی باتیں کر رہے ہو؟

سرفراز: میری بات مانو۔ میں تم سے درخواست کرتا ہوں تم یہاں سے چلی جاؤ۔ سمجھ لو کہ سرفراز سے کبھی تمہاری ملاقات نہیں ہوئی تھی۔ بھول جاؤ کہ تالاب کے کنارے تمہیں کوئی ملا تھا۔

مور پنکھی: میں تمہاری سب باتیں مانوں گی۔ میری محبت بھوکی شیرنی نہیں سرفراز۔ میری محبت تیاگ ہے۔ وہ تمہارے اوپر سب کچھ نچھاور کرنا چاہتی ہے۔ تم سے کچھ لینا نہیں چاہتی مگر مجھ سے ایسی درخواست نہ کرو۔ جو میرے قابو میں نہ ہو۔ میں نے کہا تھا میرا دل بڑا چنچل ہے۔

سرفراز: دل وہ چیز ہے جس پر قابو پایا جاتا ہے۔

مور پنکھی: مجھے نصیحت نہ کرو سرفراز۔ میرے بس کی بات نہیں۔

سرفراز: پرسوں ایک قافلہ شمالی ہندوستان کے لئے روانہ ہو گا۔ میں تمہیں اس کے ساتھ بھیج دوں گا۔ اچھا خدا حافظ۔

مور پنکھی: جانے سے پہلے ضرور ملنا۔ نہیں تو میں کبھی معاف نہ کروں گی۔ نہیں تو میں

زندگی بھر تمہارے لئے ترستی رہوں گی۔

نواں منظر

(سرفراز مرزا کا خیمہ۔ رات کا پچھلا پہر)

سرفراز: بدری۔

بدری: میرے سردار۔

سرفراز: تم میرے دوست ہو۔ میری مدد کرو۔ مجھے بتاؤ میں کیا کروں؟ کہاں جاؤں؟؟

بدری: مجھے سب معلوم ہے سردار۔

سرفراز: مجھے بتاؤ میں کیا کروں؟

بدری: آپ نے جو کچھ کیا ہے صحیح ہے۔ مگر سردار ہر طرف سازشیں ہو رہی ہیں۔ غفور کے تیور ٹھیک نہیں ہیں۔

سرفراز: تم میری مدد کرو گے؟!

بدری: دل و جان سے۔

سرفراز: تو سنو۔ آج سے پرسوں مور پنکھی کے روانہ ہونے تک اس کے خیمے کی نگرانی تمہارے سپرد ہے۔ مور پنکھی کو ہمارے بھید معلوم نہ ہونے پائیں۔ دن رات پہرہ دینا۔

بدری: میں تیار ہوں۔

سرفراز: اور پرسوں تم اپنے ساتھ مور پنکھی کو اس کے گھر پہنچا دینا۔

بدری: جو حکم ہو دل و جان سے بجا لاؤں گا۔۔۔ مگر غفور سے ہوشیار رہئے گا سردار۔ اس کے ارادے خطرناک ہیں۔

سرفراز: مجھے معلوم ہے۔ وہ سرداری کے خواب دیکھ رہا ہے۔

دسواں منظر

(اسمٰعیل کا خیمہ۔ رات کا وہی وقت)

غفور: سب ٹھونک بجا کر دیکھ لیا ہے۔ کم سے کم دس بارہ ہزار کا مال ہے۔ چار آدمی ہیں چاروں سوداگر۔ مال لے کے دسہرہ کے بعد دکن کے لئے نکلے ہیں۔

اسمٰعیل: تمہارے اوپر پورا بھروسہ ہو گیا ہے۔ ان لوگوں کو۔

غفور: اجی سولہ آنے بھروسہ ہے سردار۔ آدھی رات کو کہئے تو آدھی رات کو بلا لاؤں۔ غفور نام ہے میرا۔ سوٹھائی ہوں کوئی مذاق ہے۔ اس میں عمر گذاری ہے حضور کے طفیل سے۔

اسمٰعیل: تو پھر کیا دیر ہے۔

غفور: حکم کی دیر ہے۔ آپ حکم کیجئے۔

اسمٰعیل: میں حکم کرنے والا کون۔ سرفراز تمہارا سردار ہے۔ اس سے حکم لو اور کام شروع کرو۔

غفور: اب میں اپنی زبان سے کیا کہوں۔ آپ کو تو معلوم ہے کہ وہ رنگ رلیوں میں کھوئے ہوئے ہیں۔ ان دنوں اسے اپنا ہوش ہی کہاں ہے؟!

اسمٰعیل: بڑی خطرناک بات ہے۔

غفور: جی ہاں۔

اسمٰعیل: میں نے کہا دونوں باتیں خطرناک ہیں۔ سردار کا رنگ رلیوں میں کھویا رہنا اور تمہارا سردار پر الزام لگانا۔ دونوں خطرناک ہیں۔ سرفراز تمہارا سردار ہے۔ تمہیں اس کا حکم ماننا چاہئے۔

غفور: میں اس کے حکم پر اپنی جان نچھاور کرنے کو تیار ہوں۔

اسمٰعیل: لو۔ وہ خود ہی آگیا۔ سر فراز غفور کیا کہہ رہا ہے۔

سر فراز: کیا ہے غفور۔

غفور: کل چار سوداگر ادھر سے گزر رہے ہیں حکم ہو تو چاروں کو لے آؤں۔ بڑا مال اسباب ساتھ ہے۔ میں نے استاد سے ذکر کیا تھا۔

اسمٰعیل: میں نے کہا۔ سر فراز سے پوچھو۔

سر فراز: ضرور لاؤ۔ نیکی اور پوچھ پوچھ۔ رات کے کھانے پر ان سب کا تصفیہ ہو جائے گا۔

غفور: بہتر۔

سر فراز: تو کل رات کو۔۔۔ غفور: ہاں کل رات کو۔

گیارہواں منظر

(اسمٰعیل کا خیمہ۔ دوسری رات کے ابتدائی حصے میں)

پہلا سوداگر: چلو اچھا ہی ہے۔ تمہارا ساتھ ہو گیا۔ نہیں تو یہ راستے سنوں ہوں بڑے کھترناک (خطرناک) ہیں۔ چلو جی۔ کس شبھ گھڑی سے کس بھاگیہ وان کا منہ دیکھ کر چلے تھے کہ تم لوگ مل گئے نہیں تو سوداگروں کا سفر تم جانوں بڑا جان جوکھم کا ہووے ہے۔

غفور: سیٹھ جی۔ یہ تو ہمارا سوبھاگیہ ہے کہ ہمارے ہاں آپ پدھارے۔

دوسرا سوداگر: وہ تو پرانی مثل ہے۔۔۔ جواہر کی قدر جوہری جانے یا بادشاہ۔

غفور: آپ نے بھی حضور کمال کیا۔ جوہری بچے ضرور ہیں مگر بادشاہ ہی سے بھلا کیا نسبت ہم لوگوں کو۔ آپ لوگ اونچے سوداگر ہیں۔ آپ کی بات ہی کچھ اور ہے۔

پہلا سوداگر: اجی ایسی بات کیوں سوچو ہو۔ سوداگر بچہ سب برابر ہیں۔ میں تو

شگون کو بہت ہی سمجھوں ہوں۔

غفور: اس میں کیا شک ہے۔

پہلا سوداگر: اپنے منیم جی ہیں پنڈت رام لکھن۔ بھگوان سوگند۔ جب بھی ان کا منہ دیکھ لیا کاروبار مندا ہی رہا کوئی نہ کوئی نکسان (نقصان) کچھ نہ کچھ گھاٹا اور اپنا ایک رسوئیا ہے۔ نام تو اس کا ہے کلوا۔ مگر جب صبح سویرے منہ دیکھ لوں ہوں اس کا تو چاندی برسے ہے چاندی!

غفور: آیئے براجمان ہو جیئے۔ یہ ہمارے استاد ہیں اسمٰعیل، یہ ہیں بڑے بازار کے جوہری سرفراز مرزا اور یہ ہیں لالہ چپت رائے بہت بڑے بیوپاری ہیں۔

پہلا سوداگر: اوہو ہو ہو۔ یہاں تو مانو ساری اپنی برادری ہے۔

اسمٰعیل: ساری اپنی نگری کہئے سیٹھ جی۔

پہلا سوداگر: بڑی سجاوٹ بناوٹ کر کے رکھے ہو استاد اس جنگل میں کوئی خطرہ دترہ نہیں۔

اسمٰعیل: اجی توبہ کیجئے۔ خطرے کا یہاں کیا کام۔

سرفراز: جی ہاں اس لئے ہم لوگ اتنا بہت انتظام کر کے نکلتے ہیں۔

غفور: سیٹھ جی۔ اپنے پاس چار چھ بندوقیں تین چار تلواریں تو ہر وقت جانور رہتی ہیں۔

پہلا سوداگر: تو اچھی سنائی۔ ہم لوگ بھی اب بے پھکر (فکر) ہو گئے۔

دوسرا سوداگر: سفر اچھا کٹے گا اور چور ڈاکوؤں سے بھی حفاظت کا انتظام ہو جائے گا۔

غفور: اجی سیٹھ جی! چور ڈاکو تو ہماری طرف آنکھ بھر کر نہیں دیکھ سکتے۔ دیکھیں تو بھگوان سوگند آنکھیں نکال لیں۔

پہلا سوداگر: (عجب طرح ہنستے ہوئے) اچھا جی تب تو بہت ہی اچھا ہے۔

اسمٰعیل: غفور۔

غفور: جی استاد۔

اسمٰعیل: تم بھی ہو بڑے کاروباری آدمی۔ چار شریف بچے تمہارے مہمان ہیں اور تم نے خاطر تواضع بھی نہیں کی۔ کھانا لگواؤ۔

پہلا سوداگر: نہیں جی۔ کرپا ہے آپ کی۔ بھوجن سے نشچنت ہو کے آئے ہیں۔ اب تو سارے راستے ساتھ رہے گا۔ کیا فکر ہے ایسی باتوں کی۔

اسمٰعیل: پھر بھی کچھ حقہ پانی، کچھ جل پان۔

پہلا سوداگر: نہیں جی یہی کرپا بہت ہے آپ سب کی کہ ہمیں ساتھ لے لیا نہیں تو بھگوان سوگند آج کا زمانہ کلجگ ہے کل جگ۔ کون کس کی بھلائی سوچے ہے۔ سب اپنی اپنی پوری کچوری میں لگے ہیں بھگوان بچائے خون سفید ہو گیا ہے خون۔

اسمٰعیل: آپ نے ٹھیک کہا۔

غفور: استاد یہ کس جانور کی آواز ہے۔

(مور کی آواز سنائی دیتی ہے۔)

اسمٰعیل: مور کی آواز۔

پہلا سوداگر: بڑا اچھا شگون ہے مور کی آواز کان میں آجائے تو مانو ہن برسنے لگے ہے۔ اس دن تو میں پھولوں نہیں سماؤں ہوں۔

سرفراز: شگون اچھا ہے۔

دوسرا سوداگر: اس شگون پر تو سیٹھ جی نے بڑے بڑے کام کئے ہیں۔

پہلا سوداگر: (ہنستا ہے) جی کچھ مت پوچھو۔ ایک دن کا قصہ کیا ہوا کہ ایک دوکان پر بیٹھا تھا لالہ مٹھن لال آئے تھے۔ ان کی لڑکی کا بیاہ تھا میں نے شگون دیکھا تو گڑبڑ۔ میں نے سوچا یہ تو برا ہوا۔ لالہ مٹھن لال کو سمجھایا تو ان کی سمجھ میں نہ آوے۔ آخر ٹھیک بیاہ کے

سے جوان کی پتری کو چھینکیں آنی شروع ہوئی ہیں تو سچ مانیو منڈپ کی آگ مارے چھینکوں بجھ گئی۔

اسمٰعیل:(ہنستا ہے) بہت خوب۔

غفور: تو بڑے تجربے کی بات ہے۔ سیٹھ جی۔ شگون لینا بھی اب آج کل کتنوں کو آتا ہے۔

اسمٰعیل: سیٹھ جی۔ آپ تو واقعی بڑے دل چسپ آدمی ہیں۔ ارے کوئی ہے--- پان تمباکو لاؤ۔

(سیٹھ جی اور ان کے ساتھیوں کے گلے گھونٹ دیئے جاتے ہیں۔ وہ سب بے دم ہو کر گر پڑتے ہیں۔ ان کی لاشیں لے جائی جاتی ہیں۔)

سرفراز: سب ٹھکانے لگا دیئے گئے کم بخت۔

اسمٰعیل: شاباش۔ ساتھیو شاباش۔

سرفراز: قبریں تیار ہیں۔

مور پنکھی: (چیختی ہوئی داخل ہوتی ہے) یہ تم نے کیا کیا ظالمو تم قاتل ہو۔ تم مجرم ہو تم انسانی خون کے پیاسے ہو آہ خدایا تو نے مجھے کن بھیڑیوں میں بھیج دیا ہے۔ تم ٹھگ ہو۔ کہو یہ جھوٹ ہے بتاؤ یہ جھوٹ ہے۔

سرفراز: (چیخ کر) بدری۔

غفور: سردار۔

سرفراز: اسے خیمے سے باہر لے جاؤ۔ یہ یہاں کیسے آگئی؟

مور پنکھی: مجھے کسی نے آواز دی تھی خیمے میں خون ہو رہا ہے۔ میں طنابیں کاٹ کر بھاگی ہوں۔ میں نے اپنی آنکھ سے خون ہوئے دیکھا ہے۔ اپنی ان آنکھوں سے دیکھا ہے۔

سرفراز: غفور اسے خیمے میں لے جاؤ۔

مور پنکھی:(جسے گھسیٹ کر باہر لے جایا جارہا ہے) مجھے مت گھسیٹو۔ مجھے سرفراز سے بات کر لینے دو ظالمو، خونی قاتلو میری بات سن لو۔

اسمٰعیل: میرے بیٹے تجربہ کبھی جھوٹ نہیں بولتا تمہیں اپنا وعدہ یاد ہے نا؟!

سرفراز: ہاں ابا جان۔

(پس منظر میں غفور کے خوفناک قہقہہ کی آواز بلند ہوتی ہے۔)

سرفراز: یہ کون ہنس رہا ہے۔ یہ کون مجھ پر قہقہہ لگا رہا ہے خاموش ہو جاؤ (چیخ کر) سب خاموش ہو جاؤ۔

اسمٰعیل: میرے بیٹے ہمت سے کام لو۔ یہ رومال سنبھالو۔ میں نے لگھائی سے کہہ دیا ہے قبر تیار رہے گی۔

بارھواں منظر

(خیمے کے باہر۔ وہی وقت)

غفور: بدری۔۔۔ آج کس مزے کی ٹھنڈ ہے۔ موسم بہار دکھا رہا ہے۔

بدری: کوئی خاص بہار تو نہیں۔

غفور: چاروں طرف بہار ہے۔ ٹھنڈک دور کرنے کی دو ترکیبیں ہیں۔ انسانی جسم کی گرمی یا انسان کی جان لینے کی خوشی۔۔۔ بھگوان سوگند جب میں موت کا سامان کرتا ہوں تو مجھے ٹھنڈ نہیں لگتی۔

بدری: آج کس کی موت کا سامان ہے۔

غفور: مور پنکھی!! تمہارے دوست کی محبوبہ۔۔۔ کوئی غفور خاں کے چنگل سے بچ کر نہیں جاسکتا۔

بدری: تم نے بڑا ظلم کیا ہے۔

غفور: میں معافی نہیں چاہا کرتا میں کبھی معاف نہیں کرتا۔ میں نے بدلہ لے لیا ہے۔ میرا کلیجہ ٹھنڈا ہو گیا۔

بدری: اب کیا ہو گا۔

غفور: سرفراز کو اپنے ہاتھوں سے مور پنکھی کا خون کرنا ہو گا۔ کتنی عجیب بات ہے۔ مور پنکھی کا خون سرفراز کے ہاتھوں، جن ہاتھوں کو ہاتھ میں لے کر اس نے وفا کی قسم کھائی تھی۔ جن ہاتھوں کو اس نے پیار سے اپنی آنکھوں سے لگایا تھا۔ ان ہی ہاتھوں سے (قہقہہ لگاتا ہے) تم جانتے ہو کس نے اسے پکارا تھا۔ کون مور پنکھی کو وہاں بلا کر لایا تھا۔ سوچو بدری سوچو۔ سوچنے کو بہت کچھ باقی ہے۔

(ایک اور قہقہہ لگاتا ہے۔)

تیرھواں منظر

(مور پنکھی کا خیمہ، مور پنکھی فرش پر پڑی سسک رہی ہے۔)

سرفراز: مور پنکھی!

مور پنکھی: تم ہو؟!

سرفراز: ہاں۔۔۔ میں ہوں۔ تم نے میرا اصلی روپ دیکھ لیا۔

مور پنکھی: ہاں۔

سرفراز: تم نے دیکھ لیا ہم سب ٹھگ ہیں۔ ہم انسانوں کے خون کے پیاسے ہیں۔ ہم لوٹتے ہیں۔

مور پنکھی: ہاں۔ مجھے معلوم ہو گیا۔

سرفراز: میں اسی لئے کہتا تھا میرا اصلی روپ دیکھو گی تو میرے منہ پر تھوک کر چلی جاؤ گی۔ مجھ سے نفرت کرنے لگو گی۔ مجھ سے ہمیشہ کے لئے منہ موڑ لو گی۔

مور پنکھی: تم ٹھگ ہو۔

سرفراز: ہاں۔ ٹھگی میرا پیشہ ہے۔

مور پنکھی: تو مجھے ٹھگ لو۔ میری گردن سے یہ زیور، ہاتھوں کے سونے کے کڑے۔ یہ پازیب، یہ گلے کا جڑاؤ ہار، یہ سب اتار لو۔ میں خوشی سے تمہیں دیتی ہوں۔ لو اسے لے جاؤ۔

سرفراز: ہم خیرات نہیں لیا کرتے۔

مور پنکھی: جاؤ ساتھیو سے کہو کہ نواب نے ساری جائیداد میرے نام لکھی ہے۔ ان کے سارے روپیہ کی وارث میں ہوں۔ میں یہ سارا روپیہ سرفراز کو دیتی ہوں۔ میں یہ سارا روپیہ تم سب میں بانٹنے کو تیار ہوں۔

سرفراز: کیا کہہ رہی ہو مور پنکھی؟

مور پنکھی: میں آج بھی تمہیں چاہتی ہوں سرفراز۔

سرفراز: مور پنکھی؟!!!

مور پنکھی: ہاں میرے ٹھگ! میرے لٹیرے دوست!! میں نے تجھے چاہا ہے۔ میں نے کہا تھا نا میں نے انسانوں پر بھروسہ کرنا سیکھا ہے، محبت زہر نہیں ہے امرت ہے اور اگر میرے پاس امرت ہے تو تمہارے اندر کی سچائی ضرور ابھرے گی۔ تم اتنے پیارے ہو اتنے خوبصورت ہو، تم قاتل اور خونی نہیں رہ سکتے۔ میرا پیار تمہیں جیت لے گا۔ میری محبت تمہیں پاک کر دے گی۔ مجھے بھروسہ ہے مجھے انسان سے پیار ہے۔

سرفراز: قاتلوں میں انسانیت ڈھونڈتی ہو؟!

مور پنکھی: ہاں۔۔۔ میرا خیال غلط ہے؟!

سرفراز: بالکل غلط،

مور پنکھی: تو پھر میرا آخری تیاگ قبول کر لو۔ اپنے ہاتھ سے یہ جڑاؤ ہار اتار لو اور میری گردن میں اپنا خونی رومال ڈال دو۔ اس کی گرہ باندھو۔ "تمبا کو لاؤ" کی آواز دو۔ میں تمہاری آغوش میں ہنستے ہنستے جان دے دوں گی۔۔۔ لاؤ تمہارا رومال کہاں ہے۔

سرفراز: مور پنکھی۔

مور پنکھی: مور پنکھی نے جان کی بازی لگائی تھی۔ وہ اسے ہنستے ہنستے ہار بھی سکتی ہے۔ تم جیت جاؤ گے میرے لئے یہی خوشی کیا کم ہے!!

سرفراز: مجھ سے آج تک کسی نے ایسی باتیں نہیں کیں۔ تم عجیب ہو۔

مور پنکھی: ہاں میں عجیب ہوں۔ کیونکہ مجھے تم پر بھروسہ ہے کہ جب تم میری لاش کو قبر میں لٹکانے لگو گے تو تمہارے اندر کا چھپا ہوا انسان جاگے گا اور تمہارا گریبان پکڑے گا۔ وہ تم سے پوچھے گا تم انسانوں کو کیوں مارتے ہو۔ ان انسانوں کا کیوں خون کرتے ہو۔ جو تمہیں پیارے ہیں۔ جو تمہیں پیار کرتے ہیں۔ جو زندگی کی ایک چھوٹی سی خوشی کے لئے اپنی جان تک نچھاور کرتے ہیں۔ میں تمہارے خوابوں کی ملکہ بنوں گی تمہارے خیالوں پر میرا راج ہو گا میں تمہیں جیت لوں گی میں تمہیں ہمیشہ کے لئے جیت لوں گی۔۔۔ میں تم سے موت مانگتی ہوں میرے شہزادے لاؤ مجھے موت دے دو۔

سرفراز: لاؤ میں تمہارا ہار اتارتا ہوں۔

مور پنکھی: (سر جھکا دیتی ہے) اتار لو۔

سرفراز: (گردن پکڑ کر) اس خوبصورت گردن میں ایک لمحے بعد میرا رومال ڈال دیا جائے گا اور یہ نازنین کامنی ہمیشہ کے لئے موت کی نیند سو جائے گی۔۔۔ میرے ہاتھوں

میرے ہاتھوں!(چیختا ہے) نہیں! نہیں!! نہیں!!! میں نہیں مار سکتا۔ میں اسے نہیں مار سکتا۔۔۔ میں اسے نہیں مار سکتا!۔

(خیمے سے دونوں ہاتھوں سے منہ چھپا کر باہر نکلنا چاہتا ہے کہ اسمٰعیل داخل ہوتا ہے اور اس کے پیچھے پیچھے غفور بھی ہے۔)

اسمٰعیل: سرفراز۔۔۔ خیمے سے باہر کیوں نکلتے ہو؟!

سرفراز: ابا جان میں اسے نہیں مار سکتا میں کسی انسان کو نہیں مار سکتا۔ یہ بھلے برے سب میرے ہیں۔ سب مجھ جیسے ہیں۔ میں ٹھگ نہیں ہوں۔ میں ٹھگ نہیں ہوں۔ میں ٹھگ بننا نہیں چاہتا مجھے انسان بننے دو۔ خدا کے لئے مجھے انسان بننے دو۔

اسمٰعیل: میرے بیٹے کیا کہہ رہے ہو؟! میرے بیٹے؟!

غفور: سردار تم نے حلف اٹھایا ہے تم نے بھوانی ماتا کی سوگند کھائی ہے۔ اس کے غضب سے ڈرو۔

اسمٰعیل: تم نے قسم کھائی تھی۔

سرفراز: میں آج ساری قسمیں توڑنا چاہتا ہوں۔ یہ سب جھوٹی قسمیں ہیں۔ میں آج سے باغی ہوں۔ میں آج سے سارے قول و قرار سے پھر تا ہوں۔ مجھے جانے دو! مجھے چھوڑ دو!!

غفور: سردار تم بھول رہے ہو اس کی سزا موت ہے۔

سرفراز: اگر زندگی کی چاہت کی سزا موت ہے تو یہ مجھے قبول ہے۔ میں زندہ رہنا چاہتا ہوں میں انسانوں کو نفرت کی جگہ پیار دینا چاہتا ہوں اتنا پیار اتنی محبت اتنی ہمدردی کہ یہ دنیا پیار اور خوشی سے بھر جائے۔

اسمٰعیل: اس کا دماغ پھر گیا ہے!

مور پنکھی: ایسا نہ کہو آج شاید زندگی میں پہلی بار یہ ہوش میں آئے ہیں۔

اسمٰعیل: خاموش! لڑکی، ارے کوئی ہے۔۔۔ تمبا کو لاؤ۔
(سرفراز کا گلا گھونٹا جاتا ہے۔)
مور پنکھی: مار ڈالا! بزدلو! تم زندگی بھر اس کی روح کا گلا گھونٹتے رہے۔ ایک بار صرف ایک بار اس کے اندر کا انسان جاگا۔ تم نے اس کا بھی گلا گھونٹ دیا۔ مجھے بھی مار ڈالو۔ میرا بھی گلا گھونٹ دو۔ میں چلاؤں گی۔ فریاد کروں گی۔ میں چیخ چیخ کر آسمان سر پر اٹھالوں گی۔
اسمٰعیل: اس لڑکی کو بھی۔۔۔
(ڈراپ سین)

٭ ٭ ٭

مولسری کے پھول
ڈاکٹر محمد حسن

بڑے سرکار: عبداللہ تم نے منگلا تانگے والے سے کہہ دیا ہے نا۔ کہیں ایسا نہ ہو گاڑی کا وقت نکل جائے۔ آج چھوٹے میاں کو لکھنؤ جانا ہے۔

عبداللہ: ہاں سرکار۔ منگلو تو اب آتا ہی ہو گا۔ لکھنؤ کی گاڑی تو پھر بھی رات گئے جاوے ہے۔ ابھی تو دیر ہے۔

بڑے سرکار: ہاں بھئی ریل کا معاملہ ہے۔ حقہ بالکل ٹھنڈا ہو گیا ہے۔

عبداللہ: ابھی بھر کے لاتا ہوں۔ اوپلا تو دبا آیا تھا۔

بڑے سرکار: نہیں رہنے دو۔ پر چوکس رہنا۔ ذرا سامان و امان ٹھیک کر دینا۔

عبداللہ: اب چھوٹے سرکار کب آویں گے؟

بڑے سرکار: اب یہ کوئی اپنے بس کی بات ہے عبداللہ۔ اونچی پڑھائی پڑھنے جا رہے ہیں۔ جب چھٹی ملے گی تبھی آئیں گے اور بھئی ایمان کی بات تو یہ ہے کہ ماں باپ جو سینے پر پتھر رکھ اولاد کو جدا کرتے ہیں۔ تو یہی سوچتے ہیں کہ لڑکا پڑھ لکھ کر قابل ہو جائے۔ دو تین سال بعد انگریزی کی سند لے آئے گا تو کہیں تحصیل داری ڈپٹی کلکٹری کی سند لے آئے گا۔ گھر بھر کی روٹیوں کا سہارا ہو جائے گا۔

عبداللہ: پر سرکار۔ چھوٹے میاں کی ابھی عمر ہی کیا ہے۔ ساری عمر تو کبھی گھر سے پاؤں

نہیں نکالا۔ اکیلے اتنے بڑے شہر میں ماں باپ سے دور کیسے رہیں گے ؟

بڑے سرکار: جب تک زمینداریاں تھیں بات ہی اور تھی عبداللہ (حقہ گڑگڑاتے ہیں) حقہ بالکل ٹھنڈا ہو گیا کم بخت۔ زمیندار کے بچے کو لکھ پڑھ کر کرنا ہی کیا تھا وہی کنواں کھودنا وہی پیٹ بھرنا۔ اب تو تعلیم نہ ہو گی تو کوئی بھیک بھی نہ دے گا۔ سچ کہا ہے کسی نے:

جن کے رتبے ہیں سوا ان کو سوا مشکل ہے

عبداللہ: بڑا برا زمانہ آن لگا مالک۔ چودھویں صدی ہے سنا تھا۔ اولاد ماں باپ سے بچھڑ جائے گی بھائی بھائی سے الگ ہو گا۔ ماں جائے سے مایا جایا جدا ہو گا۔ سو وہی ہو رہا ہے۔ جو کچھ ہو جاوے تھوڑا ہے۔

بڑے سرکار: ہاں عبداللہ۔ جو کچھ خدا دکھائے سو ناچار دیکھنا۔

حفیظن: چھوٹے میاں کو اندر بلاوے ہیں۔ چھوٹے میاں!

بڑے سرکار: کون پکار رہا ہے۔

عبداللہ: حفیظن بوا حویلی سے آئی ہے۔ چھوٹے میاں کو پکار رہی ہے۔

بڑے سرکار: کہہ دو یہاں نہیں ہیں۔ وہ اندر گھر میں اپنا سامان ٹھیک کر رہے ہوں گے۔ (Change Over)

بیگم: اے ہے بچے اب ہو چکا سامان ٹھیک۔ خدا کے لئے دو گھڑی کے لئے میرے پاس آ بیٹھ۔ اب اتنے دنوں کے لئے نظروں سے اوجھل ہو رہا ہے۔ تجھے کیا معلوم کیسے سینے پر پتھر رکھ کر تجھے لکھنؤ بھیج رہی ہوں۔

چھوٹے میاں: ابھی آیا امی۔۔۔ بولو کیا بات ہے۔

بیگم: دیکھ یہ حفیظن بوا تجھے ڈھونڈتی پھر رہی ہیں باہر مردانے تک میں آوازیں دے آئیں۔ چچی نے بلایا ہے دو قدم پر تو ہے ہی حویلی سلام کرنے تو جانا ہی ہے۔

چھوٹے میاں: نہیں امی اس وقت تو بہت کام پڑا ہوا ہے۔ جاتے میں تانگہ رکوا کر تھوڑی دیر کے لئے وہاں اتر جاؤں گا۔

ریحانہ: اب بتاؤ امی۔ یہ جرابیں کسی کو مل سکتی تھیں بھلا۔ کتابوں کے بیچ میں رکھی ہوئی ہیں۔ میلے کپڑے ڈھونڈتے ڈھونڈتے مر گئی۔ تم ہی بھیا کی بڑی طرفداری کرتی ہو اب بتاؤ صبح سے یہ وقت آگیا۔ قمیص جوتوں میں پڑا ہوا ملا۔ میلا بنیائن تخت کے نیچے پڑا ہوا ہے۔

بیگم: ارے تو کیا ہوا آخر بہن ہے اتنا کام تو کرنا ہی چاہئے۔ سہرا باندھتے وقت حق بھی تو تو ہی لے گی۔

ریحانہ: ارے یہ کیا حق دیں گے۔ صاف آنکھیں پھیر لیں گے۔

چھوٹے میاں: امی یہ تو بے صبری ہے بے صبری اے تو تم ابھی سے حق وق دلا کر کسی اسے ویسے کے سر باندھ کر چلتا کرو۔

ریحانہ: دیکھ لینا امی۔ یہ تو لکھنؤ جا کر سارے کپڑے ادھر ادھر کھو دیں گے۔ وہاں کون ان کی دیکھ بھال کرے گا۔ یہ ٹھہرے لاٹ صاحب وہاں جا کر معلوم ہو گی ریحانہ کی قدر۔

بیگم: ہاں بیٹی۔ یہ تو ٹھیک کہتی ہے۔ پر جیسی پڑتی ہے بھرنی ہی ہوتی ہے کیوں حفیظن بوا۔

حفیظن: ہاں بیٹا تمہارے جی کو شاباش ہے بیگم صاحب کے اکلوتے لال کو آنکھوں سے اوجھل کر کے کالے کوسوں پڑھنے کو بھیج رہی ہو بھلا نوابوں کے خاندان میں اتنی پڑھائی کون پڑھے ہے۔ اپنے جگر کے ٹکڑے کو کون جدا کرے ہے۔

بیگم: لیکن بوا۔ اب زمانہ بدل گیا ہے۔ پہلے کبھی کسی نے ہمارے گھر خاندان میں نوکری کا نام بھی نہ سنا تھا اب اس کے بغیر گذارا مشکل ہے۔

حفیظن: ہائے ہائے کیا زمانہ آن لگا۔ اچھے تھے جو اپنی مزے میں گذار گئے۔ بیگم صاحب۔ ذرا ایک چٹکی تمبا کو دینا۔ خدا تمہارا بھلا کرے۔ اے لو میں تو بھول ہی گئی۔ ہماری بیوی جی نے اپنے بھتیجے کے لئے یہ امام ضامن بھیجا ہے۔

بیگم: ارے یہاں کا ہے کو بھیج دیا۔ وہ خود ہی سلام کرنے جاتا۔ اپنے ہاتھ سے باندھ دیتیں۔

حفیظن: چلتے چلتے کہہ دیا تھا کہ حفیظن اپنے ہاتھ سے بچے کے بازو میں باندھ دینا اور نذر اتار کر آنا۔

چھوٹے میاں: اب کتنے امام ضامن بندھیں گے میرے۔ بھلا دیکھو تو سارا ہاتھ تو جکڑ کر رہ گیا ہے۔

بیگم: چھوٹے میاں ان باتوں میں بولا نہیں کرتے۔

چھوٹے میاں: اچھا لو باندھ دو۔ اور دو۔ چار۔ چھ۔ جتنے امام ضامن چاہو باندھ لو۔ جو ایک حرف زبان سے نکالوں تو جو چور کی سزا وہ میری۔

ریحانہ: ابھی تو میں بھی امام ضامن باندھوں گی بھیا۔

چھوٹے میاں: چل چڑیل۔

ریحانہ: میں تو باندھوں گی۔ امی دیکھو۔۔۔

چھوٹے میاں: اچھا چل باندھ جلدی۔ ہر وقت کترنی کی طرح زبان چلتی ہے۔ شریر کہیں کی۔ تجھے تو ایسے سے بیاہوں گا کہ کبھی میکے بھیجے ہی نہیں۔

ریحانہ: دیکھو امی۔۔۔

چھوٹے میاں: (نقل اتار کر) دیکھو امی۔ ارے دیکھو امی، کیا تو تو بڑی اچھی بہن ہے ہماری۔ میں تو جب بھی لکھنؤ سے آؤں گا تیرے لئے اچھے اچھے دوپٹے۔ جمپر اور سینڈل

خرید کر لاؤں گا ہاتھوں کے لئے خوبصورت خوبصورت چوڑیاں اور جب پاس کر کے تحصیلدار ہو جاؤں گا اور پھر تو ہو جائے گی تحصیلدار صاحب کی بہن پانچوں انگلی گھی میں اور سر کڑھائی میں۔۔۔ کیا سمجھی۔

(ہنستی ہے۔)

بیگم: اے لو وہ تو باغ باغ ہوئی جارہی ہے کیا کیا وعدہ وعید ہو رہے ہیں بہن بھائی میں۔۔۔ اچھا اب چلو ریحانہ ذرا بھیے کے لئے کھانا نکال کر لے آؤ۔ گاڑی کا وقت آن لگا ہے۔ بھوک تو اس وقت کیا لگی ہو گی پھر بھی دو نوالے پیٹ میں ڈال کر پانی پی لے سہارا ہو جائے گا۔ پتہ نہیں راستے میں کھانا ملے نہ ملے۔

ریحانہ: ابھی لائی۔۔۔ امی۔

حفیظن: اچھا بیگم صاحب تو پھر میں چلوں۔

بیگم: ہاں میرا سلام کہنا اپنی بیوی جی سے اور کہہ دینا کہ ان کا بھتیجا ابھی آ رہا ہے سلام کرنے اور ہاں ناہید تو اچھی ہے۔

حفیظن: ناہید بیٹا (آہ) ہاں اچھی ہی ہے۔ بچاری کا روتے روتے برا حال ہے۔ تم جانو دونوں ایک ساتھ پلے بڑھے ہیں۔ بچپن سے کبھی ساتھ نہیں چھوٹا۔ اس نے روتے روتے آنکھیں سجائی ہیں۔ ماں نے جب کل ڈانٹ بتائی تو کہیں آنکھ کا آنسو رکا۔

بیگم: ہاں پہلی بار یہ دونوں الگ ہو رہے ہیں۔ خدا جلد پھر ملائے۔

حفیظن: آمین۔ مگر ایمان کی بات یہ ہے بیگم صاحب کہ غریب بچی ہے۔ لاکھوں میں ایک ہے در نجف ہے۔ عادت کی۔ خصلت کی۔ اچھی شکل و صورت۔ چندے آفتاب چندے ماہتاب۔ تمہارے گھر میں تو ایسے گھل مل جائے گی جیسے بچپن سے یہیں ہی رہو۔ اپنا خون اپنا کنبہ تمہیں تو خدا نے بن مانگے موتی دے دیا۔ اپنے ہاتھ سے جوڑی بنائی ہے

اللہ میاں نے۔

بیگم: میں بھی یہی سوچ رہی ہوں۔ حفیظن بوا۔ ذرا تعلیم سے نبٹ جائے لڑکا تو سیدھی چچی کی چوکھٹ پر پہنچوں گی۔ ریحانہ کھانا نکال لیا تو نے، ارے تو چپکا بیٹھا ہماری باتیں کیا سن رہا ہے۔ میرا لڑکا بھی بڑا بھولا ہے۔ شادی بیاہ کی باتوں سے لڑکیوں کی طرح شرماتا ہے۔

ریحانہ: یہ لو کھانا آ گیا۔

حفیظن: اللہ نظر بد سے بچائے۔ خدا شہر والوں کی آنکھوں میں خاک ڈالے۔ لاکھوں میں ایک لڑکا ہے۔ مگر دیکھنا بھیا۔ شہر والے تو سنتی ہوں حرفوں کے بنے ہوتے ہیں۔ ان سے ذرا ہوشیار رہنا۔ بیگم صاحب تمھیں یاد ہو گا۔ نیاز و میری بھانج بہو کا لڑکا اچھا خاصا تھا۔ شہر گیا تھا بس جو شہر کی ہوا لگی تو اس نے یقین مانو کینچلی بدل لی۔ اب تو وہ نیاز و ہی نہیں رہا۔ سر میں تیل پھلیل۔ آنکھوں میں کجرا۔ ٹیڑھی مانگ نکالے۔ سوٹ بوٹ ڈاٹے، مونچھ داڑھی منڈا وہ تو پورا جنٹلمین ہو گیا وہ تو بہن میری کوڑی کام کا نہیں رہا۔

چھوٹے میاں: میں تو وہاں پڑھنے جا رہا ہوں حفیظن بوا۔ کوئی جادو سیکھنے تھوڑا ہی جا رہا ہوں۔

حفیظن: میرا تو بھیا اسی دن سے شہر کے نام سے جی دھک دھک کرنے لگے ہے۔ طرح طرح کی تو چڑیلیں اپنی صورتیں بنائے پھرے ہیں۔ آڑی مانگیں نکالے ہیں۔ اونچی ایڑی کا وہ کیا ہووے ہے کیا نام اللہ تمہارا بھلا کرے، سینڈل پہنے پھرے ہیں کہ پاؤں ذرا رپٹ جائے تو منہ کھڑاؤں ہو جائے اور جی لبھانے کے گر یاد ہیں کم بختوں کو کہ شریف آدمی کا بچ نکلنا مشکل ہووے ہے۔ اللہ رحم کرے توبہ اللہ میری توبہ۔

بیگم: لو تم کھانا شروع کرو۔

حفیظن: اچھا تو میں چلی بیگم صاحب۔ سلام کہہ دوں گی اور ناہید بیٹا کو پیار کر دوں گی تمہاری طرف سے۔

بیگم: ہاں اور کہہ دینا۔ یہ ابھی آ رہا ہے سلام کرنے۔

حفیظن: اچھا تو میں چلی۔

چھوٹے میاں: میرا ابھی سلام کہہ دینا حفیظن بوا اچھی جان اور۔۔۔

حفیظن: اچھا تو بیگم صاحب سلام۔

بیگم: چھوٹے میاں، سنا تم نے حفیظن کیا کہہ رہی تھی؟

چھوٹے میاں: ہاں امی۔

بیگم: پھر کیا رائے ہے تمہاری۔ مجھے تو بھیا تیری مرضی کا بھی دھیان ہے ناہید بچاری ہے تو غریب مگر اپنا خاندان ہے اپنا خون ہے پھر بچپن سے تیرے ساتھ پلی ہے۔

چھوٹے میاں: اب میں کیا کہوں گا امی۔

بیگم: میں نے تو کہہ دیا ہے کہ تعلیم پوری ہو جائے۔ ابھی سے لڑکی مانگے لیتی ہوں۔ ادھر تیری نوکری پکی ہوئی ادھر بیاہ کا بندوبست ہو جائے گا۔

چھوٹے میاں: جیسا تم سمجھو۔

ریحانہ: اب کیسے شرمائے بیٹھے ہیں بچارے (ہنستی ہے) مگر سمجھ لو لکھنؤ سے پہلے میرے لئے دوپٹہ لانا ہوگا نہیں تو ناہید باجی کا دوپٹہ چھین لوں گی۔

باہر سے آواز: چھوٹے میاں تانگہ آ گیا؟

چھوٹے میاں: ابھی آیا منگلو دادا۔

بیگم: کم بخت نے بچے کے دو نوالے بھی چین سے نہ کھانے دیئے۔ ارے تو نے کھایا ہی کیا ہے؟ یہ لے شامی کباب تو ایک اور لے لے۔

چھوٹے میاں: بس بس امی۔

بیگم: دیکھو بیٹا۔ ہر روز خط لکھنا۔ میں روز تیرے خط کا انتظار کروں گی۔ ہوشیاری سے رہنا خرچہ بھی دیکھ بھال کے کرنا تو تو جانتا ہی ہے۔ آج کل تیرے ابا کا ہاتھ تنگ ہے اور شہر کے اللوں تللوں سے ہوشیار رہنا۔ میرے بچے تیرے اوپر سارے گھر بار کو سنبھالنے کا بار پڑے گا۔

چھوٹے میاں: امی تم اطمینان رکھو۔

بڑے سرکار: ارے بھئی چھوٹے میاں اب جلدی کرو۔ تانگہ کب کا ڈیوڑھی پر لگ گیا۔ بیگم تم ذرا پردہ میں ہو جاؤ تو عبد اللہ آکر سامان اٹھالے۔

بیگم: اچھا۔ ریحانہ تھوڑی دیر کے لئے دالان میں آبیٹھو۔

بڑے سرکار: چھوٹے میاں!

چھوٹے میاں: ابا جان۔

بڑے سرکار: تم سے گھر کی حالت چھپی نہیں بیٹا۔ اپنا پیٹ کاٹ کر جمع جتھا نکال کر تمہیں پڑھنے بھیج رہا ہوں۔ تمہاری اماں کے زیور کا ایک ایک چھلا بیچ کر تمہاری تعلیم میں خرچ کر دوں گا مگر اب اس گھر کی پتوار تمہارے ہاتھ ہے۔ چھوٹے میاں۔ جی لگا کر پڑھنا۔ یہ سمجھ کر پڑھنا کہ تم کسی کی امانت ہو اور تمہارے اوپر سارے گھر کا بوجھ ہے۔ یہ ساری نیا تمہارے ہی سہارے پھر پار لگے گی دیکھو میرے بیٹے کہیں بہک نہ جانا۔ جی جان لڑا دینا۔ میری بوڑھی ہڈیوں میں اب اور کس بل بھی نہیں ہے۔

چھوٹے میاں: ابا جان آپ سے دور رہ کر بھی آپ کے پاس ہمیشہ رہوں گا۔

بڑے سرکار: بیٹا۔ خدا تمہیں خوش رکھے۔ اچھا اب اپنی ماں اور بہن سے بھی رخصت ہو آؤ۔

عبد اللہ: سارا سامان رکھ دیا ہے بڑے سرکار۔ منگلو بیلوں کے لئے بھوسا مانگ رہا ہے۔

بڑے سرکار: دے دیا ہوتا۔

عبد اللہ: میں نے کہا سرکار سے پوچھ لوں۔ گاڑی کا وقت قریب آن لگا ہے۔

بڑے سرکار: اچھا تو کہہ دو لوٹتے میں لے جائے گا۔ چلو چھوٹے میاں گاڑی کا وقت ہو گیا۔

چھوٹے میاں: آیا ابا جان۔

عبد اللہ: چلو بھئی منگلو سوار ہو۔ اب دکھلا اپنی چال اور دیکھ تیری حویلی کے سامنے دو منٹ کو روک لیجو۔ چھوٹے میاں اپنی چچی اماں کو سلام کرنے جائیں گے۔ یہ چل۔ بسم اللہ۔ بسم اللہ۔

ناہید: (آنسوؤں کو روک کر) گاڑی جانے میں بہت کم وقت رہ گیا ہے کیا؟

چھوٹے میاں: کون؟ ناہید۔ ارے تم۔ زینے کے نیچے والے کمرے میں کیا کر رہی ہو؟

ناہید: (سسکی) مجھے انتظار کرنے کی بھی اجازت نہیں ہے کیا۔

چھوٹے میاں: چچی جان کہاں ہیں۔

ناہید: اوپر ہیں۔

چھوٹے میاں: کوئی تمہیں یہاں دیکھ لے گا تو کیا کہے گا۔

ناہید: یہی کہے گا کہ تمہیں رخصت کرنے آگئی تھی۔ تم اتنے بہت سے دنوں کے لئے باہر جا رہے ہو نا۔

(سسکی)

چھوٹے میاں: لیکن ذرا دیکھ تو حالت کیا بنا رکھی ہے اپنی۔ بال بکھرے ہوئے ہیں۔ چہرے پر ہوائیاں اڑ رہی ہیں۔ اسی شکل پر انتظار کرے گی میرا۔ ادھر آ۔ ٹھہر۔ لا میں تیرے بال ٹھیک کر دوں۔ یہ دیکھ ایسے۔ (بالوں کی لٹ چہرے پر سے ہٹا دیتا ہے) ہٹ تیرے کی

پھر وہی لٹ چہرے پر آگئی۔

(ناہید کی ہنسی)

ناہید: میں تمہاری راہ دیکھو گی پردیسی۔ تم مجھے بھولو گے تو نہیں۔

چھوٹے میاں: کوئی اپنے کو کبھی بھول سکتا ہے دیوانی۔

ناہید: میری قسم؟

چھوٹے میاں: لا ہاتھ لا۔ میرا ہاتھ خوب کس کے پکڑنا۔ اس موم بتی کی لو کے اوپر رکھ کر ہم دونوں قسم کھاتے ہیں کہ دونوں زندگی کے سارے دکھ درد ساتھ جھیلیں گے۔ ہمیشہ کے لئے سدا کے لئے۔

ناہید: ہائے۔ کیسا داغ لگالیا ہے اپنے ہاتھ میں۔ ہائے میرے اللہ۔ بڑی جلن ہو رہی ہو گی۔

چھوٹے میاں: اور تیرے ہاتھ میں جلن نہیں ہو رہی ہے۔

ناہید: میں بہت خوش ہوں۔ آج میں بہت خوش ہوں۔ لاؤ مجھے اپنا ہاتھ دو۔

چھوٹے میاں: بس اب اچھی بچی بن جاؤ۔ آنسو پونچھو۔ میری واپسی کا انتظار کرنا میری کامیابی کی دعا کرنا۔ میں چچی جان سے ملنے جاتا ہوں۔

ناہید: وہ پوچھیں گی ہاتھ کیسے جل گیا۔

چھوٹے میاں: کہہ دوں گا آپ کی صاحبزادی نے جلایا ہے۔ بس۔

(ناہید کی ہنسی)

ناہید: شریر کہیں کے؟!

چھوٹے میاں: اچھا میں چلا۔ خدا حافظ۔ چچی جان سے مل کر رخصت ہو جاؤں گا۔ خدا حافظ۔

ناہید: خدا حافظ۔

(تانگے کی آوازChange Over ریل گاڑی کا شور۔ شہر کی ہلچل، اخبار والوں کی آوازیں۔بسوں اور موٹروں کی آوازیں۔)

رمیش:(قہقہہ) کیا کہا پارٹنر۔ تمہیں ہماری جان کی قسم۔ ذرا ایک بار پھر بتانا۔ تمہیں گھر کے لوگ کس نام سے پکارتے تھے۔

چھوٹے میاں: چھوٹے میاں کہتے تھے۔

رمیش:(قہقہہ) ارے سن رہا ہے۔ رونالڈ کالمین کے بچے۔ مسٹر جاوید کو گھر پر لوگ چھوٹے میاں کہتے تھے۔

مجید: ہاں ہاں سن رہا ہوں تو اس میں ہنسنے کی کیا بات ہے ہیرو۔

رمیش: دیکھو مسٹر جاوید۔ برا مت ماننا۔ اس مجید کے بچے کو رونالڈ کالمین کہتا ہوں نا۔ مونچھوں کا بالکل وہی کٹ۔ قسمت کا ذرا ہیٹا نکل گیا کم بخت نہیں تو کہیں ہالی وڈ میں عیش کر رہا ہوتا۔ زوں سے فرسٹ کلاس بیوک پر نکلتا تو مارے خوشبو کے راستے چلنے والے بے ہوش ہو جاتے۔ ہائے ہائے ایم اے، ایل ایل بی میں جھک مار رہا ہے۔ اسے کہتے ہیں۔ زاغ کی چونچ میں انگور خدا کی قدرت۔

مجید: ارے ہیرو کی دم کبھی تو موقع کا شعر پڑھ دیا کر۔ اس رمیش کی باتوں میں نہ آنا جاوید میاں۔ یہ ہنسی مذاق بہت کرتا ہے۔ مگر دل کا برا نہیں ہے۔ گو دل نے اسے بری جگہ اٹکا دیا ہے۔

رمیش: میاں جاوید اب تم سے کیا چوری ہے ہمارے کلاس میں جسٹس ڈیسائی کی نور نظر مس لیلا ڈیسائی پڑھتی ہے۔ مائی ڈیر غضب کی خوبصورت ہے بالکل ایوا گارڈنر ہے بنی بنائی۔

چھوٹے میاں: پھر کیا کہتی ہے وہ؟

رمیش: ہائے ہائے کیا بھولے پن کی بات کہی ہے تم نے پارٹنر؟! بھلا وہ کیا کہتی۔ کچھ کہتی ہی تو نہیں۔ یہی تو غضب ہے۔

مجید: چچا غالب کا شعر پڑھا ہے تم نے۔ چاہئے اچھوں کو جتنا چاہئے۔ وہ اگر چاہیں تو پھر کیا چاہئے۔

رمیش: ہائے مشاعرہ لوٹ لیا ظالم نے۔ واہ واہ۔ اچھا رونالڈ کا لمین۔ اب ذرا اسی بات پر جلدی سے تیار ہو جاؤ آج میوزک کنسرٹ ہے۔ یہاں سے پہلے پکچر چلیں گے پھر ایک پیالی کافی پئیں گے کافی ہاؤس میں اور وہاں سے سیدھے میوزک کنسرٹ میں۔ آج وہ بھی تو ناچیں گی۔ یعنی کہ وہ۔ بس سمجھ جاؤ۔

مجید: سمجھا۔ چلو مسٹر جاوید۔

رمیش: لیکن دیکھو یار۔ بھگوان قسم یہ اچکن۔ پاجامہ نہیں چلے گا۔ آج تم میر اگرم سوٹ پہن لو بھڑ کیلی ٹائی لگا لو کہ جدھر سے گزر و دو چار لڑکیاں آنکھ ماریں۔ میں کہتا ہوں یار یہ کیا رٹ رٹ کر سارے کمرے کا ٹمپر یچر زیرو Zero کئے رہتا ہے۔ ظالم۔ دو چار A-1 قسم کے سوٹ سلوالو۔ عیش کر پارٹنر عیش زندگانی پھر کہاں!

چھوٹے میاں: اب کے منی آرڈر آئے گا تو ہو جائے گا ایک سوٹ۔

مجید: ہاں ہاں مگر اس وقت تو تیار ہو جاؤ۔

رمیش: ذرا پرواہ مت کر بادشاہ ہو۔ مجید۔

مجید: پھر کچھ اور مصیبت۔

رمیش: میں سوچتا ہوں۔ زندگی یہی کچھ Student Days کی ہے یار۔ باقی سب بکواس ہے اس سے پہلے لڑکے کو کچھ تمیز نہیں ہوتی۔ گدھے کی طرح کتابوں پر جٹا رہتا ہے اور اس کے بعد جب نوکری کے چکر میں پڑتا ہے۔ تو نون تیل لکڑی سب کچھ بھلا دیتی ہے گھر

میں چپاؤں پپاؤں دس عدد بچے تگنی کا ناچ نچاتے ہیں۔ بیوی الگ ناک میں تیر پہناتی ہے اور قرضدار، دفتر کا Boss، رشتے دار ناتے دار سب سالے گلا دبانے آجاتے ہیں۔ اب تو عیش ہے عیش سب سمجھتے ہیں لونڈا پڑھ لکھ کر کلکٹر بن جائے گا۔

مجید: تجھے اب پتہ لگا ہے یہاں جو پیر مرد تین سال سے فیل ہو رہے ہیں تو اسے تو نے مذاق ہی سمجھ لیا ہے میری جان۔ زندگی بڑی ظالم ہے۔ یہاں یونیورسٹی ہوسٹل کی چھت کے نیچے مجھے ایسا لگتا ہے کہ میں ہاتھ بڑھا کر ستاروں کو چھو سکتا ہوں۔ یہاں وہی گھاٹے میں رہتا ہے جو چھوٹی باتوں پر قناعت کر لیتا ہے۔ یہاں میں نے ہر چیز کو اپنی دسترس میں پایا۔ مجھے ایسا لگا ہے کہ سب لوگوں کی طرح میرے پاس بھی کل موٹر ہو سکتی ہے۔ بنگلہ ہو سکتا ہے۔ ایک تعلیم یافتہ اور مالدار بیوی ہو سکتی ہے اور زندگی کی ساری نعمتیں میرے ہاتھ میں ہیں۔

چھوٹے میاں: یہ بڑی عجیب دنیا ہے مجید بھائی۔

مجید: ہاں جاوید۔ عجیب دنیا ہے لیکن اس دنیا کے باہر نکل کر یہ سارے ستارے فضا میں کہیں گم ہو جاتے ہیں اور میں اپنے قصبے کی اندھیری گلیوں میں چھوٹی سی نوکری کے لئے مارا مارا پھرتا ہوں۔ یہاں سب کچھ مل سکتا ہے اور بہت کچھ کھویا جاتا ہے۔

رمیش: جاوید یہ رونالڈ کالمین فلمی ڈائلاگ بول رہا ہے۔ اسے بولنے دو۔ میری بات مانو تو صرف ایک گر یاد رکھو۔ پہلی فرصت میں ایک عدد عشق کر ڈالو۔ زندگانی پھر کہاں۔

مجید: میاں جاوید۔ اس نے تو عشق کی ایجنسی لے رکھی ہے اس کی باتوں میں نہ آنا۔

چھوٹے میاں: نہیں مجید بھائی میرا عشق وشق کرنے کا کوئی ارادہ نہیں ہے۔

رمیش: ہاہاہا کیا کہنے ہیں شہزادہ گل فام کے۔ کبھی آئینہ میں صورت ملاحظہ کی ہے صاحبزادے۔ اسی شکل پر یہ غلط فہمی ہے۔ گویا ابھی آپ عشق کا ارادہ ظاہر کریں گے۔

ادھر رانی پدمنی تخت و تاج چھوڑ کر آپ کے قدموں میں سر جھکانے آئے گی اور کہے گی "ہے پر بھو۔ مجھے اپنے چرنوں میں جگہ دو۔" ابھی چند دن کی بات ہے کہ آپ قصبے سے تشریف لائے ہیں۔ یہاں پر آپ کا ایسا ہے جیسے تھیلوں میں شتر مرغ کو بند کر دیا ہو۔ ویسے کسی لکھ پتی خاندان کے چشم و چراغ بھی نہیں آپ کی قابلیت کا یہ حال ہے کہ ابھی گریجویٹ ہونے والے ہیں اور دماغ۔۔۔ کیا خوب:

اسی کو کہتے ہیں بلی کے سر میں چھچھوندر کا تیل

چھوٹے میاں: رمیش بابو!

مجید: ابے ہیرو۔ کیوں Leg pulling کرتا ہے یار خوامخواہ۔

رمیش: شہزادہ گل فام کے۔ اگر ۶ مہینے کے اندر اندر یونیورسٹی کی کسی حسین لڑکی کو اپنے سے بات کرنے پر آمادہ کر لو تو یہ رونالڈ کالمین سی مونچھیں چیل کے پیشاب میں منڈوا دوں۔

چھوٹے میاں: آپ بھول رہے ہیں رمیش بابو۔ میں بھی آپ سب کی طرح انسان ہوں۔ آپ سب کی طرح نوجوان ہوں۔

رمیش: (طنز سے) ہاں ہاں۔ کیوں نہیں۔ کیوں نہیں۔

مجید: ابے کیا ہیرو کی دم بنا پھرتا ہے۔ اگر مرد ہے تو ہاتھ ملا شرط باندھتا ہوں کہ ۶ ہفتے کے اندر اندر جاوید سچ مچ شہزادہ گل فام ہو گا۔ اس یونیورسٹی پر تمہارے حضرت گنج پر تمہارے Gladdar والی سوسائٹی پر دیکھتے دیکھتے چھا جائے گا۔

رمیش: اچھا جی!

چھوٹے میاں: میوزک کنسرٹ کا ارادہ نہیں ہے کیا؟

رمیش: یار سارا موڈ اس عود بلاؤ نے تباہ کر دیا۔

مجید: چل بے میوزک کنسرٹ چل رہے ہیں۔

(بھیڑ کا شور، بات چیت، آہستہ آہستہ Fade Out Change Over، وقفہ۔ بارہ بجنے کی آواز۔)

رمیش: (دروازہ کھٹکھٹاتا ہے) شہزادے گل فام۔ دروازہ کھولو۔

مجید: مسٹر جاوید۔ دروازہ کھولو۔ مائی ڈیر۔

چھوٹے میاں: رات کے بارہ بجے آپ لوگوں کو گدگدی ہوئی ہے۔ میں نہیں کھولتا دروازہ سخت نیند آرہی ہے۔

(جماہی)

رمیش: نہیں کھولے گا دروازہ۔ اچھا صبح کو مزا چکھاؤں گا۔

مجید: ابے آج اس کی کامیابی کی رات ہے ہیرو ہو گیا ہے ہیرو۔ چلو سونے دو۔

چھوٹے میاں: شب بخیر۔ گڈ نائٹ۔

(پھر جماہی)

(Change Over)

ثریا: میں نے آپ کو بلایا تھا۔

چھوٹے میاں: شکریہ۔ مس ثریا بیگم۔

ثریا: شکریہ تو مجھے ادا کرنا ہے۔ آپ نہ ہوتے تو میں سوچ نہیں سکتی کیا کچھ ہو جاتا۔

چھوٹے میاں: جی نہیں۔ آپ پر کوئی احسان نہیں کیا میں نے۔

ثریا: آپ بہت عجیب ہیں۔

چھوٹے میاں: میں بالکل عجیب نہیں ہوں آپ لوگ جو تہذیب کے شیش محلوں میں رہتے ہیں مخملی قالین جگمگاتے فانوس اور ریشمی پردوں کے پیچھے رہتے ہیں۔ انھیں باہر کی

دنیا کی ہر بات عجیب لگتی ہے۔

ثریا: مجھے عجیب آدمی اچھے لگتے ہیں۔

ثریا: مسٹر جاوید۔ آپ نے بڑی دیر کر دی۔ ہم سب پک نک (Picnic) پر آپ کا انتظار کر رہے تھے۔

چھوٹے میاں: لیجئے میں آ گیا۔

چھوٹے میاں: آیئے اس مولسری کے پیڑ تک چلتے ہیں۔ دیکھیں کون پہلے پہنچتا ہے۔ ون۔ ٹو۔ تھری۔ اسٹارٹ، (دوڑتے ہیں) رہ گئیں نہ پیچھے۔ یہ مولسری کے پھول میں نے تمہارے لئے کتنے بہت سے پھول چنے ہیں۔

ثریا: ان کا ایک چھوٹا سا کلپ بنا کر میں اپنے بالوں میں لگاؤں گی۔

ثریا: اوہ۔ مسٹر جاوید۔ بڑی دیر کر دی آپ نے۔ میں کتنی دیر سے آپ کی راہ دیکھ رہی ہوں۔

چھوٹے میاں: معاف کیجئے گا ذرا دیر ہو گئی۔

ثریا: بھئی کمال ہے۔ آج ہماری سالگرہ کی پارٹی میں بھی آپ دیر سے آئے ہیں۔ حد ہو گئی۔

چھوٹے میاں: میری طرف سے یہ تحفہ قبول کرو۔ بہت حقیر تحفہ ہے۔ مگر بڑے خلوص سے یہ نذر پیش کر رہا ہوں۔

ثریا: میرے لئے تمہارا چھوٹے سا چھوٹا تحفہ بھی سب سے زیادہ قیمتی ہو گا۔

چھوٹے میاں: شکریہ۔

ثریا: لاؤ مجھے دو۔ دیکھوں تو کیا ہے یہ انگوٹھی۔۔۔ (حیرت، تعجب اور صدمے سے) انگوٹھی!! یہ تم نے کیا کیا جاوید۔ یہ تم نے کیا کیا۔

نوکر: جاوید صاحب کو کوئی باہر بلا رہا ہے۔

چھوٹے میاں: کون ہے ؟

نوکر: میں کیا جانوں سرکار۔ کوئی بوڑھا سا آدمی ہے۔

چھوٹے میاں: اچھا میں دیکھتا ہوں۔

چھوٹے میاں: ابا جان! آپ!

بڑے سرکار: ہاں بیٹا۔ تمہارا امتحان ختم ہو گیا۔ تو بھی تم نہیں آئے۔ تمہاری ماں نے رو رو کر برا حال بنا لیا ہے۔ ریحانہ سر ہو گئی۔ میرے پیچھے پڑ گئی تو مجھے آنا ہی پڑا۔

چھوٹے میاں: ہاں ابا۔ مجھے دیر ہو گئی۔

بڑے سرکار: اب تمہارا یہاں کیا کام ہے بیٹا۔ چلو گھر چلیں۔ اب کاروبار سنبھالو۔ نوکری ڈھونڈو (خاموش ہو کر) اور ناہید بیٹا کب سے تمہاری راہ تک رہی ہے اب تو تمہارا کام یہاں ختم ہو گیا ہے۔

چھوٹے میاں: ہاں کام تو ختم ہو گیا ہے لیکن وہاں اس قصبے میں میرا دل نہ لگے گا۔ یہیں کوئی نوکری ڈھونڈھ لوں گا۔

بڑے سرکار: دل نہیں لگے گا! ہمیشہ وہیں پلے بڑھے ہو اب دل کیوں نہیں لگے گا۔

چھوٹے میاں: مجھے معلوم نہیں۔ مجھے کچھ بھی معلوم نہیں۔ شاید اس سے پہلے میں نے ایسی زندگی کے خواب نہیں دیکھے تھے۔ مجھ سے ایک اجاڑ گاؤں میں دفن ہو کر نہ رہا جائے گا۔ میں وہاں خوش نہ رہ سکوں گا۔

بڑے سرکار: اور ناہید کا کیا ہو گا۔ وہ تو ایک مدت سے تمہارے سہارے بیٹھی ہے۔

چھوٹے میاں: اس کے لئے اور بہت سے رشتے مل جائیں گے۔

بڑے سرکار: (غصے سے) چھوٹے میاں!

چھوٹے میاں: جھوٹ نہیں کہہ رہا ہوں اباجان۔ میں ایک جاہل ان پڑھ دیہاتی لڑکی کے لئے اپنی زندگی تباہ نہیں کر سکتا۔

بڑے سرکار: تجھے یہ لفظ کہتے شرم نہیں آئی۔ اس پاکیزہ لڑکی کی تو نے یہ قدر کی ہے۔ میں تجھے کبھی نہیں بخشوں گا چھوٹے یہ تو نے ہماری شرافت پر طمانچہ مارا ہے۔ میں اس سے کس منہ سے یہ بات کہوں گا یہ تیری زبان یہ بات کہنے سے پہلے کٹ کر نہ گر پڑی۔

چھوٹے میاں: میں مجبور ہوں اباجان۔

بڑے سرکار: خبردار جو مجھے اباجان کہا۔ سمجھ لے آج سے میں تیرا کوئی نہیں ہوں۔ میں تیرے لئے مر گیا۔

نوکر: سرکار۔ جاوید صاحب۔

چھوٹے میاں: کیا ہے؟

نوکر: ثریا بی بی نے ڈبہ دیا ہے اور یہ پرچہ بھیجا ہے۔

چھوٹے میاں: مس صاحب نے۔ اچھا لاؤ۔

(پڑھتا ہے۔)

"ڈیر جاوید۔ تمہارا تحفہ واپس بھیج رہی ہوں۔ یہ تم نے کیا کیا۔ انگوٹھی کا تحفہ اور تم سے؟ میں تمہاری قدر کرتی ہوں تمہیں اپنا دوست سمجھتی ہوں لیکن تمہارا تحفہ قبول کرنا میرے لئے ناممکن ہے۔ معاف کرنا۔ ثریا۔"

چھوٹے میاں: (طنز کے ساتھ دو قہقہے) بولو جاوید۔ بولو۔ اب کدھر جاؤ گے۔ ستاروں پر کمند ڈالنا چاہتے ہو۔ چاند کو ہتھیلی میں پکڑنا چاہتے ہو۔ مولسری کے پھولوں سے پیاس بجھانا چاہتے ہو۔ چمکتی بھول بھلیوں میں کھو گئے ہو۔ اب کون ہے تمہارا۔ کون ہے تمہارا۔ جو تمہاری تھی اسے تم ٹھکرا چکے جس دنیا تک تم اڑ کر جانا چاہتے ہو۔ اس نے تمہیں ٹھکرا

دیا۔ بولو اب کدھر جاؤ گے۔ دیوانہ جاوید! ستم زدہ جاوید! دونوں دنیاؤں میں اکیلا تنہا جاوید۔۔۔!

(دیوانہ وار قہقہہ لگاتا ہے۔)

٭ ٭ ٭

کچلا ہوا پھول

ڈاکٹر محمد حسن

پہلا سین

(زور دار بارش)

ایک: لا الہٰ الا اللہ محمد الرسول اللہ۔

دوسرا: اللہ بس باقی ہوس۔ قبر تیار ہے۔ صاحبو مٹی دیجئے اور مرحوم کے لئے فاتحہ۔

(سسکیوں کی آواز)

چچا: نہ روؤ بھائی، صبر سے کام لو، مرحوم کی روح کو تکلیف ہو گی، اب ان کے لئے دعائے مغفرت کرو، یہی سب کا آخری انجام ہے اللہ بس باقی ہوس۔

(بجلی کی کڑک جملہ کو کاٹ دیتی ہے۔)

ایک: بس تو یہاں قریب کہیں سے ملتی ہو گی۔

دوسرا: بارش ہے کہ آج تھمنے کا نام نہیں لیتی۔

تیسرا: قبر کی مٹی برابر کر دو بھائی اور یہ ہار پھول سرہانے سجا دو۔

چوتھا: آؤ اس چھتری کے نیچے آ جاؤ۔ بس اسٹینڈ تک چلے چلتے ہیں۔

(بجلی کی کڑک جملے کو کاٹ دیتی ہے۔)

پہلا: اللہ بس باقی ہوس۔ اللہ باقی من کل فانی۔

دوسرا: بس یہیں قریب سے ملتی ہے۔ یہ سامنے سڑک چل رہی ہے جس پر وہ سائیکل سوار چھتری لگائے گاتا چلا رہا ہے۔ (گانے کی آواز) یہ زندگی کے میلے۔ یہ زندگی کے میلے اور۔۔۔ افسوس ہم نہ ہوں گے۔

چچا: چلو بھائی چلیں۔

بھائی جان: شبو بھائی کو تیری گود میں سونپ چلا ہوں۔ مٹی کی چادر تجھے میں نے اپنا سب سے بڑا ساتھی سونپا ہے۔ شبو بھائی، الوداع شبو بھائی۔

(رونے لگتا ہے۔)

چچا: چلو۔ عزیز من اب چلو۔ اندھیرا بڑھتا جا رہا ہے۔ سب چلے گئے۔

(بارش اور بڑھ جاتی ہے اور بجلی کڑک کر یکبارگی خاموش ہو جاتی ہے)

آواز: تو آخر تم آ ہی گئے۔

شبو: کون ہو تم؟

وہی آواز: (ہلکی سی ہنسی) مجھے نہیں پہچانتے۔ ہاں میں بھول گئی ابھی تو تمہارا کفن بھی میلا نہیں ہوا ہے۔ ابھی تو تم جاتی دنیا کے غلام ہو۔

شبو: غلام، میں؟

وہی: ہاں ابھی تو جسم کے بندھنوں میں جکڑے ہوئے ہو۔ جس میں تمہاری دنیا حسن اور بد صورتی کے جلوے دیکھتی ہے۔ جس میں تم کمزور اور مضبوط، اعلیٰ اور ادنیٰ، مرد اور عورت، گورے اور کالے کا بٹوارہ کرتے ہو۔ (ہلکی سی ہنسی) مگر اب آزادی میں بس تھوڑی ہی دیر اور ہے۔

شبو: آزادی! کیسی آزادی؟

آواز: تمہارا بے داغ کفن زمین کے لاکھوں کروڑوں ان جانے مہمان چاٹ ڈالیں گے پھر

وہ آئیں گے جنھیں تم نے کبھی مہمان نہیں بنایا وہ کیڑے مکوڑے، سانپ، بچھو، کاکروچ، سنپولئے یہ سب کب سے تمہارے جسم کے بھوکے ہیں۔

شبو: تم کیسی ڈراؤنی باتیں کرتی ہو؟

آواز: (پھر ہلکی سی ہنسی) یہی تو کہتی ہوں ابھی ڈرتے ہو، سارے جسم ڈرتے ہیں، ان پر گوشت نہیں خوف کا ماس ہے۔

شبو: تم نہیں ڈرتیں؟

آواز: کبھی ڈرتی تھی جب میرے ہونٹ جن پر شاعروں نے نظمیں لکھیں۔ چیونٹیوں کی خوراک بن گئے۔ جب میری سیاہ زلفیں جن کو کالی ناگن کہا گیا تھا مٹی میں مل کر راکھ ہو گئیں۔ میرے رخسار جن پر چاندنی ناچا کرتی تھی کیڑوں کی نذر ہو گئے۔ میرا گداز سینہ، میری نرم اور شفاف رانیں کاکروچ اور جھینگر کھا گئے اور دھیرے دھیرے میں جسم اور ڈر سے آزاد ہو گئی۔

شبو: تم کون ہو؟

آواز: میں صرف چند بچی کچی ہڈیاں اور ایک آواز، گھبراؤ نہیں موت بڑی مسیحا ہے تھوڑی دیر میں تم بھی آزاد اور بے خوف ہو جاؤ گے۔ پھر تمہیں سانپ بچھو بھی ڈرا نہیں پائیں گے۔ موت آزادی دیتی ہے۔

شبو: آزادی اور صورت۔

آواز: ہاں موت آزادی دیتی ہے۔ ہر قید اور بند سے آزادی۔ جب تمہاری آنکھیں مٹی میں مل چکی ہوں گی۔ تم دیکھو گے کہ انسانی جسم کیا تھا جس سے چند لمحے کی لذت لینے کو تم نے جرم قرار دیے رکھا تھا اور اس کے اصول مقرر کر رکھے تھے وہ فرق کیا تھا جو تم نے عورت اور مرد کے درمیان قائم کر رکھا تھا کیا ہم تم برابر نہیں ہیں۔

شبو: ہم تم!!! کون ہم تم؟

آواز: تم مرد اور میں عورت۔ کیا دونوں برابر نہیں ہیں؟

شبو: اس لمحے سب برابر ہیں۔ سب مٹی کے کھلونے مٹی میں۔

آواز: بارش زوردار ہو رہی ہے۔ کیڑے جلد ہی نکل کر تمہیں کھا جائیں گے پھر میری ہڈیاں تمہاری ہڈیاں بھی نکال لے جائے یا کوئی بھوکا کتا اسے سڑک کے کنارے لے جاکر بھنبھوڑنے لگے۔

شبو: چپ ہو جاؤ، خدا کے لئے چپ ہو جاؤ۔

آواز: خاموشی کس کس سچائی چھپا سکے گی۔ قبرستان والی سڑک کے کنارے بارش میں بھیگے جسم اب ملنا چاہ رہے ہیں۔ ایک لمحے کی لذت کی خاطر اور دیکھتے ہو آج بھی وہ لڑکی کن کن خطروں کو دل میں لئے سمٹی جارہی ہے لذت سے دور بھاگتی جارہی ہے۔ شاید اس لئے کہ وہ اس لڑکے کے ساتھ گھر نہ بسا سکے گی شادی، عصمت، خاندان یہ سب جسم سے آزاد ہونے کے بعد کیسی عجیب سی چیزیں لگتی ہیں۔

(ہنسی۔ طنز سے بھرپور ہنسی)

(بارش کا شور، بجلی کی کڑک)

شبو: موت کتنی عجیب ہے۔

آواز: یوں ہی کہہ لو۔ مگر زندگی عجیب تر ہے۔ وہ دن تمہیں یاد ہے جب میں بمبئی سے تعلیم پوری کر کے گھر لوٹی تھی۔

دوسرا سین

شبو: مارویلیس، ونڈرفل۔ آپ نے تو کمال ہی کر دیا۔ گھر کو واللہ ایسا سجایا ہے کہ بالکل اشوکا

ہوٹل معلوم پڑ رہا ہے۔

بھابھی: آؤ شبو۔

شبو: آ رہا ہوں بھابی۔ آسمان سے زمین پر آ رہا ہوں۔ مگر یہ تو بتائیے کہ آپ کی جان کی قسم یہ دو دن میں کیا ماجرا ہو گیا۔ قصہ کیا ہے۔ کیا کسی فلم کی شوٹنگ کا پروگرام ہے۔

بھابھی: ہماری ساس کو جانتے ہو تم۔ ان کے آگے کسی کی چلتی ہے بھلا۔

شبو: پھر وہی کراس ورڈ پزل میں گفتگو شروع کر دی۔ اگر اتنا بھیجا اپنے پاس ہوتا تو کروڑ پتی ہوتے، چار چھ کاریں زوں سے دائیں طرف سے نکلتیں، آٹھ دس بائیں طرف سے، یا اس وقت یہ بندۂ ناچیز چاند کی سطح پر چاند بگھی میں بیٹھا حوروں کو رجھا رہا ہوتا۔ سیدھی سادی اردو زبان میں بتائیے۔ واقعہ کیا ہے؟

بھابھی: ہماری ساس کے ایک اکلوتی بیٹی ہے ناہید۔

شبو: ہے۔

بھابھی: وہ پڑھ لکھ کر ایم اے پاس ہو کر بمبئی سے لوٹ رہی ہے۔

شبو: لوٹ رہی ہے تو پھر۔

بھابھی: تو پھر اس کا استقبال۔

شبو: واللہ اتنی سی بات جسے افسانہ کر دیا۔

بھابھی: نہیں شبو! افسانہ نہیں بالکل حقیقت ہے۔

شبو: آداب! اماں حضور۔

بیگم: جیتے رہو بیٹے۔ میں نے تمہیں اسی لئے بلایا تھا۔ ناہید کا ہاتھ بچپن ہی میں ہم تمہارے ہاتھ میں دے چکے ہیں۔ آج ہم چاہتے ہیں کہ منگنی کی رسم بھی ادا ہو جائے۔

شبو: کمال کر دیا اماں حضور آپ نے ایسا (شہنائی کی آواز پس منظر سے ابھرتی

ہے)S.O.S. طریقے پر بلایا کہ میں سمجھا مرمت نہ سہی گوشمالی تو ضرور ہوگی اور یہ معاملہ نکلا منگنی کا۔

چچا: جی ہاں برخوردار یہ بھی گوشمالی کی ایک نئی قسم ہے۔

شبو: آداب چچا جان! آپ کی منگنی نہیں ہوئی تو آپ نے اسے گوشمالی قرار دے دیا ہے معاف کیجئے گا یہ رتبہ بلند ملا جس کو مل گیا، سمجھے چچا جان صاحب۔

چچا: خوب سمجھا۔ مگر سنو شبو۔ جس کے پاس آنے والی نسلوں کے لئے اولاد کے سوا اور کچھ دینے کو نہ ہو اس کے لئے یہی منگنی بیاہ کا مشغلہ ٹھیک ہے۔

شبو: آپ ٹھہرے آرٹسٹ۔ آپ کے پاس تو دنیا کو دینے کے لئے فن اور بصیرت کا خزانہ تھا خزانہ۔ لہٰذا آپ نے شادی نہیں کی ہے نا یہی بات! اب تو ہو جایئے قائل۔ قسم خدا کی چہرہ پڑھ کر پورے Dialogue منہ زبانی سنا دیئے۔

چچا: عورت، شادی، خاندان، بچے۔ دوسروں کے لئے یہ زندگی ہے میرے لئے یہ رنگ ہیں جن سے میں زندگی کی تصویر بناتا ہوں۔ انسان ان جھمیلوں کے لئے نہیں یہ کھلونے البتہ انسان کے لئے ہیں۔ ان سے کبھی کبھی تسکین پائے اور کے ذریعے اپنی پوری طاقت کو ظاہر کر دے۔ ان سے کھیلے ان کا کھیل نہ بنے۔

بھابھی: اے ہے شبو میاں! تم کہاں الجھ پڑے۔ گاڑی آنے کا وقت ہو رہا جاؤ اپنی پھول دار شیروانی اور چوڑیدار پاجامہ پہن آؤ۔ دلہن کا ٹھاٹھ دار استقبال ہونا چاہئے۔ برات کے ہونے والے دولہا تو تمہیں ہو۔

شبو: بھابھی! واللہ آپ تو شرمندہ کرتی ہیں۔ اپن تو یوں ہی اتنا جچ رہے ہیں پھولدار شیروانی پہن لی تو پوری عورت جاتی غش کھا کر گر پڑے گی۔

(گھنٹہ چار بجاتا ہے۔)

بیگم: برجیس دلہن۔

بھابی: جی اماں حضور۔

بیگم: ذرا اسٹیشن ٹیلی فون کرو۔ یہ لوگ ابھی تک نہیں آئے گاڑی لیٹ ہے کیا؟

بھائی جان: گاڑی لیٹ نہیں تھی امی جان۔

بیگم: تمھیں ناہید کو لینے اسٹیشن بھیجا تھا۔

بھائی جان: وہ نہیں آئی۔

بیگم: یہ ناممکن ہے ایسا ہو نہیں سکتا۔

بھائی جان: امی جان! پوری گاڑی چھان ماری، ایک ایک ڈبہ کو دس دس بار دیکھا اس کا کہیں پتہ نشان نہیں ملا۔ ہو سکتا ہے دوسری گاڑی سے۔

بیگم: نہیں ایسا نہیں ہو سکتا۔ میری بچی سے ایسا نہیں ہو سکتا۔ میرے گھر میں کوئی بے قاعدہ بات نہیں ہو سکتی۔

شبو: واللہ اماں حضور۔ آپ خوامخواہ۔

بیگم: (بات کاٹ کر) شبو!

شبو: میرا مطلب ہے سب ٹھیک ہو جائے گا دیر سویر سو ہی جاتی ہے۔

بھابھی: میں کہتی ہوں تم نے ٹھیک سے دیکھا بھی تھا۔ (ASIDE) اماں حضور کو تو جانتے ہو وہ زمین آسمان ایک کر ڈالیں گی۔

بھائی جان: میرا اعتبار کرو۔ میں نے انھیں دو آنکھوں سے ایک ایک ڈبہ دیکھ ڈالا جن سے تمھیں دیکھ رہا ہوں جان من۔

بھابھی: چلو ہٹو۔ تمھیں ہر وقت چونچلے سوجھتے ہیں۔

(موٹر سائیکل کی پھٹ پھٹ سنائی دیتی ہے۔)

چچا: ناہید۔

بیگم: کہاں۔

(موٹر سائیکل کی پھٹ پھٹ اور قریب آجاتی ہے۔)

چچا: موٹر سائیکل پر اس اجنبی کی کمر میں ہاتھ ڈالے ہوئے؟

ناہید: ہیلو۔ اویری باڈی(Every Body) امی حضور آپ نے اسٹیشن پر کسی کو نہیں بھیجا۔ اوہو گھر کو ایسا سجایا ہوا ہے کہ بس! بھائی جان، بھابی، اوہ چچا جان(سب سے ملتی ہے۔)امی حضور۔

بیگم: (کوئی جواب نہیں دیتی۔)

ناہید: اوہ میں بھول گئی یہ ہیں میرے دوست۔ ملک کے مشہور باکسنگ چمپئن ملک۔ دراصل بارش بہت زور کی ہو رہی تھی۔ ٹیکسی والے نخرے دکھا رہے تھے۔ مسٹر ملک نے مجھے لفٹ(Lift) دے دیا میں انھیں کی موٹر سائیکل پر چلی آئی۔

شبو: ارے بھئی بہت اچھا ہوا تم نے بتا دیا ورنہ ہمیں تو ان کی موٹر سائیکل پر چاند گاڑی کا شبہ ہونے لگا تھا۔

ناہید: شبو ڈیر۔ تم!

شبو: جی ہاں یہ خاکسار بالکل فلمی ہیرو کے روپ میں! شیروانی پھول دار۔ پاجامہ چست، ٹوپی اصلی نکے دار۔

بیگم: ناہید تمھارے کپڑے بھیگ گئے ہیں اندر آجاؤ اور سب لوگ بھی دیوان خانے میں چل کر بیٹھیں۔

ناہید: اس برآمدے میں بھی تو کتنا اچھا لگ رہا ہے امی حضور! بارش کے ہلکے ہلکے چھینٹے۔

ملک: اچھا اجازت دیجیے۔

شبو: اتنی جلدی۔

ملک: جلدی ہے۔

شبو: واللہ بڑی خوشی ہوئی آپ سے مل کر۔ امید ہے آئندہ بھی ملاقات ہو گی مگر باکسنگ (Boxing) والے دستانوں کے بغیر۔ بات یہ ہے ملک صاحب کہ مجھے اپنی جان بہت عزیز ہے اور باکسنگ سے میری جان جاتی ہے۔

ملک: مردوں کا کھیل ہے۔

شبو: او۔ کے باس!! او۔ کے!

ملک: او۔ کے۔

(موٹر سائیکل اسٹارٹ کرتا ہے اور چلا جاتا ہے۔)

بیگم: آپ لوگ اس طرح کب تک کھڑے رہیں گے۔

شبو: (تالیاں بجاکر) تخلیہ، تخلیہ، تخلیہ۔

بیگم: ہم نے تمہیں اپنا خون پسینہ ایک کر کے پروان چڑھایا ہے۔ راتوں کی نیند اور دن کا آرام نہیں جانا۔ ہم جان دے سکتے ہیں۔ آبرو سے نہیں کھیل سکتے۔ تم اتنے بڑے خاندان کی چشم و چراغ ہو۔ تم اس گھرانے کی آبرو ہو۔ زندگی بھر کے ہمارے خواب تمہاری امانت ہیں اور تم ان سے کھلونوں کی طرح کھیلنا چاہتی ہو۔ نادان لڑکی۔ ہم اس کھیل کو برداشت نہیں کر سکیں گے۔

ناہید: (خاموش رہتی ہے۔)

بیگم: ہم جاننا چاہتے ہیں (خاموشی) بولو۔

ناہید: مجھے کچھ نہیں کہنا ہے۔

بیگم: یہ ناممکن ہے۔ تم خاموش رہ کر ہمارا مذاق اڑانا چاہتی ہو۔

ناہید: نہیں۔

بیگم: ہم نے بڑے ارمانوں سے تمہاری واپسی کا انتظار کیا۔ اس گھر کے ایک ایک کونے کو سجایا۔ آج ہماری زندگی کا سب سے بڑا خواب پورا ہونے والا تھا۔ ہم اپنے سارے قول و قرار پورے کرنے والے تھے۔ شبو کو ہم تمہارا ہاتھ سونپ چکے ہیں آج اس سے تمہاری منگنی اور پھر شادی۔ ناہید: مجھے منظور نہیں۔ امی حضور!

بیگم: گستاخ، بد تمیز۔

ناہید: مجھے اس سے زیادہ کچھ نہیں کہنا۔

بیگم: تمہیں کہنا ہو۔ بہت کچھ کہنا ہو گا۔ ہم جاننا چاہتے ہیں کہ تمہارے فیصلے کس طرح کئے گئے ہیں۔ ہمیں یہ جاننے کا پورا پورا حق ہے۔

ناہید: ممی ویری ساری (Very Sorry) ممی ڈیر۔ خاموشی میرا ابھی حق ہے کم سے کم یہ حق تو مجھے ملنا ہی چاہئے۔

تیسرا سین

بھابھی: اے ہے باجی اماں کو خواہ مخواہ ضد ہو گئی ہے۔ آخر کون سی عمر نکلی جا رہی ہے بچہ ہی تو ہے۔ اس وقت چپ کھینچ جائیں کچھ دنوں میں اپنے آپ ٹھیک ہو جائے گی وہ تو ہاتھ دھو کر لڑکی کے پیچھے پڑ گئی ہیں۔

بھائی جان: اماں حضور کی بات اس گھر میں کسی نے ٹالی ہے کبھی۔

بھابی: مگر اب زمانہ اور ہے میرے سر تاج۔

بھائی جان: کہتی تو تم ٹھیک ہو۔ میرا دماغ تو کچھ کام نہیں کرتا۔ اچھا لاؤ ایک پیالی گرم گرم چائے تو ادھر بڑھاؤ۔

بھابی: میری تو جیسے بھوک پیاس اڑ گئی ہے۔

بھائی جان: فکر کرنے سے کیا ہو گا۔ چائے آج اچھی بنائی ہے تم نے۔

بھابی: تم باجی اماں کو نہیں سمجھاتے۔ ضد دلا کر وہ لڑکی کو ہاتھ سے گنوا دیں گی۔

بھائی جان: نا بابا۔ میرے بس کی بات نہیں ہے۔ مجھے تو آج بھی ان سے ڈر لگتا ہے۔

بھابی: لڑکپن میں کون شادی سے انکار نہیں کرتا۔ تم نے جلدی ہامی بھر لی ہو گی تو میں نہیں جانتی۔ پہلے پہل سبھی دون کی لیتے ہیں۔ رفتہ رفتہ سب ٹھیک راستے پر آجاتے ہیں۔

بھائی جان: میں تو پہلے ہی کہتا تھا کہ لڑکیوں کا زیادہ پڑھنا لکھنا اچھا نہیں اب اس معاملے میں سوائے چچا جان کے اور کوئی کچھ نہیں کر سکتا۔

چوتھا سین

چچا: اس طرح چپکے سے الٹے پیر مت لوٹ جاؤ۔ تصویر بناتے وقت میری آنکھیں پیچھے بھی دیکھ سکتی ہیں۔ خاموش کیوں کھڑی ہو۔ بیٹھ جاؤ۔ مجھے سب کچھ معلوم ہو گیا ہے۔

ناہید: پھر تو کہنے کو کچھ نہیں رہ گیا ہے۔

چچا: خاموشی سے زیادہ کوئی آواز نہیں گونجتی۔ میری اس تصویر کو دیکھا تم نے۔ اس کا عنوان ہو گا "خاموشی" کیا خیال ہے؟

ناہید: (کچھ جواب نہیں دیتی۔)

چچا: چلو یہ خیال بھی خاموشی سے ادا ہو گیا۔

ناہید: چچا جان۔

چچا: بیٹا۔

ناہید: میں سمجھتی تھی آپ کے سوا اس گھر کو اور کوئی میری بات نہ سمجھ پائے گا۔ آپ نے

شادی نہیں کی۔ اپنا الگ کنبہ، الگ خاندان نہیں بنایا۔

چچا: درست۔

ناہید: تا کہ آپ فرد کی طرح آزادی کے ساتھ زندہ رہ سکیں۔

چچا: ہیں۔

ناہید: ان دوستوں میں عورتیں بھی ہیں جو آپ کی محبوبائیں نہیں، صرف دوست ہیں۔

چچا: درست۔

ناہید: زہرہ جان ہیں۔

چچا: تا کہ میری زندگی ویران نہ رہ جائے۔ بیٹا! زندگی کی بڑی سچائیوں کے لئے چھوٹی آسودگیوں کی قربانی ضروری ہے۔

چچا: کیا کہنا چاہتی ہو؟

ناہید: فرض کر لیجئے میں بھی ایک فرد کی طرح اپنی زندگی جینا چاہوں، فرض کر لیجئے میرے پاس بھی آنے والی نسلوں کو دینے کے لئے بصیرت اور نشاط کا کوئی خزانہ ہو، فرض کر لیجئے...۔

چچا: (غصے سے چیخ کر) یہ ناممکن ہے، تم عورت ہو۔

ناہید: عورت ہوں کیا اسی لئے میں انسان نہیں ہوں۔ کیا اسی لئے میری زندگی مردوں کے لئے ہے کہ وہ مجھے گڑیا کی طرح سجائیں، بنائیں۔ زیور کا نام دے کر میرے ہاتھ پاؤں میں کڑے اور زنجیریں، چوڑیاں اور پائل پہنائیں، اپنی ہوس کی خاطر میرے چہرے پر پاؤڈر، میرے ہونٹوں پر لپ اسٹک تھوپیں۔ میرے نیم عریاں جسم کی نمائش کر کے اپنی حیوانی خواہشات کو بھڑکائیں۔ میں صرف ان کی خواب گاہوں کی زینت، ان کے بچوں کی ماں بن کر زندہ ہوں۔ کیا میری اپنی کوئی زندگی نہیں ہو سکتی۔

چچا: نہیں۔ میری بیٹی نہیں۔

ناہید: آخر کیوں نہیں؟ کیا میں انسان کی طرح اپنی خاطر اپنی پسند کی زندگی گزارنے کا حق نہیں رکھتی۔

چچا: میں مرد تھا۔ سماج سے ٹکرانا میرے لئے ممکن تھا۔ تم عورت ہو کچل جاؤ گی۔

ناہید: جانتی ہوں۔

چچا: تم خاندان کی آبرو ہو۔

ناہید: مرد کے لئے جنس کے معنی لذت اور عورت کے جنس کے معنی اولاد کیوں؟ چچا جان! آپ ایک کلی کا رس لے کر دوسری کلی پر منڈلانے لگیں اور عورت اس ایک لمحے کی قیمت اولاد کو پالنے پوسنے میں صرف کر کے ادا کرے۔ آج تو کم سے کم عورت کے لئے جنس کو محض لذت بننے دیجئے۔ صدیوں سے وہ صرف اولاد پیدا کرنے کی مشین ہے۔

چچا: اسی لئے ماں کا رتبہ سب سے بلند ہے۔

ناہید: اور اس بلندی کو ہم نے کس قیمت پر خریدا ہے۔ کیا عورت شیکسپیئر، تان سین اور اقبال نہیں بن سکتی تھی اور یہ سارے جوہر خاندان کی چکی نے پیس ڈالے کیونکہ مرد کو صرف جائیداد کا وارث درکار تھا۔

چچا: زندگی بہت سفاک ہے۔ بیٹی اور ناکامی کی سزا موت ہے۔

شبو: قسم خدا کی چچا جان۔ وہ ڈائیلاگ بولے ہیں آپ نے کہ معلوم ہوا کہ اب انار کلی کو زندہ دیواروں میں چن دیا جائے گا۔ بخدا آپ تو سچ مچ مغل اعظم ہیں مغل اعظم!

چچا: (ہنستا ہے) شبو میاں آؤ آؤ۔

شبو: اور ناہید تو سچ مچ انار کلی کی طرح سیریس ہے۔ ارے بھئی اب ریہرسل ختم زندگی شروع۔ آیا خیال شریف میں۔

ناہید: تم کب آ گئے شبو؟

شبو: لاکھ لاکھ شکر ہے کہ آپ نے یہ نہیں پوچھا کہ کب جا رہے ہو۔ چچا جان! ذرا معاف کیجئے گا قصہ یہ ہے کہ میں اور ناہید ذرا باہر جا رہے ہیں ذرا۔

چچا: جاؤ، باہر گھوم آؤ

ناہید: میں کہیں نہیں جا رہی ہوں۔

شبو: اس مسئلے پر غور کریں گے۔ ذرا اپنے کمرے کی طرف تو چلو۔

پانچواں سین

شبو: بھئی واللہ حد ہو گئی کیا شاندار ستار اڑا لائی ہو۔ (ستار چھیڑتا ہے) یہ آخر سلسلہ کیا ہے۔ تمہارا کمرہ تو پرستان ہو گیا ہے۔ پرستان، آرایش، محفل ایسی کہ معلوم ہوتا ہے کہ کسی Costume Play کا سیٹ ہے ستار کی موسیقی ایسی جیسے خواب میں دور کہیں پھوار پڑ رہی ہو اور تمہارا اداس حسن ایسا جیسے میر کا شعر۔

ناہید: تم سمجھتے ہو گے شبو مجھے تم سے نفرت ہے۔

شبو: بھئی ہم تو سچ مچ کے شہزادۂ گل فام ہیں ہم سے نفرت کیسے ہو سکتی ہے کسی کے ہیرو جو ٹھہرے ہیرو۔

ناہید: تھوڑی دیر کے لئے Serious ہو جاؤ نا۔

شبو: غضب ہے۔ یہ اداکاری! واللہ غضب ہے۔

ناہید: Please

شبو: جلتی ہوئی شمع کے پاس جا کر کہو "ڈارلنگ" میرا کہنا مان لے۔ دو چار پل کے لئے جلنا چھوڑ دے Please فرسٹ کلاس Idea ہے نا۔ میں نہ ہنسوں گا تو مر جاؤں گا ڈارلنگ۔

بالکل Dead ایک دم Dead And Gone۔

ناہید: تمہاری آنکھوں میں آنسو۔

شبو: گلیسرین کے ہیں۔ بالکل نقلی خدا کی قسم مزا تو بڑا آیا شہزادہ گل فام پھول دار شیروانی ڈالے، بے داغ چوڑی دار پاجامہ پہنے، نکے دار ٹوپی لگائے کھڑے ہیں اور زن سے آئی ہیروئن۔ ٹوپی غائب، شیروانی کے پھول بوٹے ندارد اور چوڑی دار کی چوڑی خلاص، ہیرو اور ہیروئن دونوں ایک پل میں دو بچے بن گئے۔ See کے تختے پر بیٹھے ہیں۔ کبھی ایک آسمان پر دوسرا زمین پر۔ کبھی ایک زمین پر تو دوسرا آسمان پر۔ بڑا مزا آرہا ہے اپنی قسم۔

ناہید: بہت ظالم ہو تم۔ کبھی اپنے سے بھی سچ نہیں بولتے۔

شبو: آداب عرض ہے کیا تخلص عطا ہوا ہے۔ جناب شبو خاں ظالمؔ۔

ناہید: (ہنس پڑتی ہے۔)

شبو: اب ہوئی نہ بات بھئی۔ یہ نوحے مرثیے والا معاملہ ہمیں پسند نہیں، ہمارے لئے تو موت کو بھی مسکراتے ہوئے آنا پڑے گا ورنہ ہم اس کے ساتھ جانے سے انکار کر دیں گے۔

ناہید: سنو شبو۔ مجھے تم سے محبت ہے بے پناہ۔

شبو: سچ Great News

ناہید: ہاں بے پناہ محبت ہے شبو۔ اس دنیا میں اگر میں نے کسی کو چاہا تو تمہیں شاید آئندہ پوری زندگی میں بھی تمہارے سوا اور کسی کو نہ چاہوں گی۔

شبو: آخر میرا قصور۔ میری سرکار!

ناہید: لیکن میں نے تمہیں دوست اور محبوب بنایا ہے۔ اپنا شوہر اپنا آقا نہ بنا سکوں گی۔

شبو: تو پھر آخر وہ بدنصیب کون ہو گا؟

ناہید: کوئی نہیں!

شبو: تو کھیل بغیر ہیرو کے جاری رہے گا۔ اب ہوئی نا بات۔

ناہید: جنس میرے لئے ایک لمحہ ہو گی پوری زندگی نہیں۔ یہ خاندان کے بندھن یہ اولاد پیدا کرنے کے کارخانے اور یہ انسانی صلاحیتوں کی بربادی۔ مجھ سے نہیں دیکھی جاتی۔

شبو: میں دیکھ لوں گا۔ میری نظر بہت تیز ہے یار۔

ناہید: تم سمجھتے کیوں نہیں۔

شبو: پہلے آدمی ٹیلی فون کے تاروں پر باتیں کیا کرتے تھے اب وائرلیس کا زمانہ ہے۔ اب تاروں کی ضرورت نہیں لفظوں اور آوازوں کی بھی نہیں۔ ہم تم ایک دوسرے کو اتنی اچھی طرح جانتے ہیں کہ سب لفظ بے کار ہو گئے۔ ایک بات کہوں۔

ناہید: کہو۔

شبو: ارمان تو یہ بھی تھا ناہید ڈیر کہ اپنا ایک چھوٹا سا ماڈل چھوڑ جاتے۔ دنیا بھی کیا یاد کرتی کہ جناب شبو خاں ظالم بھی اپنے زمانے میں تھے ایک چیز۔ مگر یہ بھی کچھ برا Ideal نہیں ہے کہ رہتی دنیا تک ہماری کوئی مثال ہی پیدا نہ ہو۔ بے نظیر بے مثال۔ چلو یار اچھے رہے ہم تم۔

ناہید: (رندھی ہوئی آواز میں) شبو۔ تم بڑے ظالم ہو۔ اپنے اوپر بھی ظلم کرنے سے باز نہیں رہتے۔

شبو: آنسوؤں کی نہیں ٹھہری ہے دوست! لاؤ ملاؤ پلاؤ والا ہاتھ لو اب ہنس دو۔

چھٹا سین

بھائی جان: مجھے افسوس ہے ناہید مگر میں مجبور ہوں۔

ناہید: بھائی جان آپ۔۔۔؟!
بھائی جان: ہاں مجھے آنا ہی پڑا۔ کیا یہ ممکن نہیں ہے کہ اماں حضور کی بات رہ جائے۔
ناہید: نہیں۔
بھائی جان: تم انھیں جانتی ہو۔ وہ حکم عدولی برداشت نہیں کر سکتیں۔ اس گھر میں ہمیشہ ان کا کہنا چلا ہے۔
ناہید: مجھے معلوم ہے۔
بھائی جان: میری اکلوتی بہن! تجھے کیا یہ بھی معلوم ہے کہ تیرا بھائی تجھے کتنا چاہتا ہے۔
ناہید: بھائی جان۔
بھائی جان: ہاں۔ ناہید میں تجھے اپنے پیار کا واسطہ دیتا ہوں۔ اماں حضور کی بات مان لے۔
ناہید: مجھے قسمیں نہ دیجئے بھائی جان۔ میرے قدم پیچھے نہ ہٹ سکیں گے۔
بھائی جان: کیا ایسی کوئی صورت نہیں؟
ناہید: نہیں۔ کوئی صورت نہیں۔
بھائی جان: اماں حضور کا حکم ہے۔
ناہید: میں ہر ایک حکم کے لئے تیار ہوں۔
بھائی جان: حکم ہے کہ آج اور ابھی یہاں سے چلی جاؤ اور پھر (آواز رندھ جاتی ہے) پھر کبھی واپس نہ آنا۔ سن لیا ہے تم نے۔
ناہید: سن لیا۔ حکم کی تعمیل ہو گی۔

ساتواں سین

(دروازے پر دستک)

ناہید: کون ہے۔۔۔ اندر آجاؤ۔ اوہ ملک تم؟

ملک: Is anything the matter

ناہید: (رندھی ہوئی آواز میں۔ آنسو پی کر) نہیں۔ کچھ نہیں۔

ملک: ہمیں بولو۔ ہم سب ٹھیک کریں گا۔ (چٹکی بجاکر) ایسا موافق ٹھیک کر دے گا۔

ناہید: کسی کو ٹھیک کرنے کی ضرورت نہیں ہے۔ سنو۔

ملک: Yes

ناہید: تمہاری موٹر سائیکل خالی ہے نا!

ملک: OK - Yes

ناہید: چلو کہیں چلیں۔ میرا دل آج گھبرا رہا ہے۔ چلو کہیں دور چلیں۔

ملک: کدھر؟

ناہید: جو ہو، سینڈ س۔

(موٹر سائیکل اسٹارٹ کرتا ہے اور دونوں روانہ ہو جاتے ہیں۔)

(یہی آواز نہایت تیز اور شہوانی قسم کی موسیقی میں مل جاتی ہے جو کہیں دور جو، ہو، کے ریتیلے میدان میں بج رہی ہے۔ موسیقی ذرا ہلکی ہونے پر دونوں کی گرم گرم اور لمبی لمبی سانسوں کی آواز سنائی دیتی ہے۔ دونوں ہانپ رہے ہیں۔)

ناہید: ہوا کتنی ٹھنڈی ہے۔

ملک: اوہ تمہیں تو ٹھنڈ لگی ہے قریب آجاؤ۔

ناہید: (دور سے موسیقی کی دھن) زندہ رہنے کے لئے ایک لمحہ! یہ اندھیرا، یہ ہوا، یہ بکھرتی موسیقی۔۔۔ یہ گرم جسم۔۔۔

ملک: اور قریب آجاؤ۔

ناہید:

ملک:

ناہید: سنو کوئی گا رہا ہے۔

ملک:

ناہید: My God

ملک: تمہارا جسم ریت کی طرح ملائم ہے۔

ناہید: اور تم پتھر کی طرح سخت۔

ملک: I Love You

ناہید: I Hate You

ملک: How Lovely

ناہید: دیکھو اور قریب نہ آؤ۔۔۔ دیکھو۔۔۔ دیکھو۔۔۔!!!

ملک: میں نے تمہیں جیت لیا!!

ناہید: جسم، جسم، جسم۔۔۔!! تو نے ہماری روحوں کو، ہمارے خوابوں کو کیسا غلام بنا رکھا ہے۔

(موسیقی پھر ابھرتی ہے۔)

آٹھواں سین

(دروازے پر دستک)

شبو: مطلع عرض ہے تجھے ڈھونڈ ہی لیں گے کہیں نہ کہیں۔ کہئے کچھ قائل ہوئیں اپن بھی لاجواب ہیں۔ دنیا کے آخری طبق میں بھی چھپو گی تو یار خان کی نظروں سے نہ بچو گی ہے نا

یہی بات !

ناہید: شبو، حد ہو گئی۔ یہ تمہیں اس مکان کا پتہ کیسے لگ گیا؟

شبو: وہ جو ایک جیبی گھڑی ہے ہمارے سینے میں بائیں طرف، بس وہ راستہ بتاتی گئی ہم چلتے گئے اور دیکھا تم نے۔ ایک دم تمہارے دروازے پر ٹک ٹک !

ناہید: گھر پسند آیا؟

شبو: وہ گھر تم سے بڑا تھا اس گھر سے تم بڑی ہو۔ ہے خدا کی قسم عجائب گھر اور سناؤ کیا ہو رہا ہے تازہ خبر۔

ناہید: اپنی دریافت۔

شبو: واہ۔ واہ کیا مصرعہ کہا ہے۔ کولمبس نے امریکہ دریافت کیا۔ مگر اپنے کو دریافت کرنا بھول گیا تھا۔

ناہید: سچ میں اپنے کو کھوج رہی ہوں۔ جانتے ہو شبو! لوگ سب سے زیادہ کس سے ڈرتے ہیں۔ اپنے آپ سے۔ تمام زندگی وہ اپنے آپ منہ چھپائے پھرتے ہیں، بھاگتے ہیں، مصروفیت میں اپنے کو دفن کر دیتے ہیں اور آخر ایک دن اپنے سے بھاگتے بھاگتے قبر میں جا گھستے ہیں۔ موت آسان ہے۔ اپنے سے آنکھیں چار کرنا مشکل ہے۔

شبو: یہ تو ہوا مگر یہ تو کہو موہنجوداڑو کی کھدائی میں ملا کیا؟

ناہید: ایک بات یقینی ہے۔ یہاں آؤ کھڑکی کے پاس چاروں طرف دیکھو۔ یہاں جھگی جھونپڑیوں میں پتھر کوٹنے والی، مٹی ڈھونے والی عورتیں آباد ہیں۔ میں ان کو کچھ سکھ اور کچھ غصہ دے سکوں گی۔

شبو: غصہ مردوں کے خلاف۔

ناہید: نہیں! مردوں کے خلاف غصہ عورت کو طوائف بنا دیتا ہے۔ ظلم کے خلاف غصہ

عورت کو انسان بنا دیتا ہے۔

شبو: نوکری مل گئی ہے کیا؟

ناہید: ان لوگوں میں رہوں گی، ان لوگوں کے لئے ہو رہوں گی تو کیا میرے جینے کا بھی سبھیتا نہ کر پائیں گی۔ ان کے ہونٹوں پر مسکراہٹ، ان گھروں کی خوشحالی اور ان کی آنکھوں میں جینے کا غرور بیدار کرنے کے لئے بغاوت کے شعلے پیدا کر سکوں گی تو کیا زندگی بھی نہیں ملے گی۔

شبو: تم سٹ گئی ہو۔ لہٰذا ہو جاؤ گی لیڈر قوم۔ لوگ تمہاری جے بولیں گے اور ہم جلوس کے پیچھے پیچھے چلاتے ہوں گے (چلا کر) ہم کو بھی ساتھ لے لے ہم رہ گئے اکیلے۔

ناہید: میں آزاد ہوں شبو۔ میں گیت لکھوں گی، میں تصویریں بناؤں گی، میں ناچوں گی، گاؤں گی، میں آزاد ہوں۔ شاید کبھی اپنے کو پا سکوں۔ شاید

شبو: تب تو کمال ہی ہو جائے گا یعنی انسان سے بھی آگے جا پہنچے گا۔

ناہید: میں جانتی ہوں شبو۔ میں اس سماج کو نہ بدل سکوں گی۔ ایک آدمی پوری دنیا سے کیسے ٹکرائے گا مگر وہ کم سے کم سوالیہ نشان تو لگا سکتا ہے۔ آنے والے انسانوں کے سینے میں کھٹک تو پیدا کر سکتا ہے۔ شاید پورے نظام کے بدلنے کے لئے ان سب انسانوں کی مدد چاہئے جو میرے چاروں طرف آباد ہیں۔ تپتی ہوئی دوپہر میں جلتی سڑکوں پر کنکر کوٹتی ہوئی عورتیں۔ بھاری پتھر کاٹنے والے مفلس نادار انسان جن کے پاس کھونے کے لئے کچھ نہیں ہے اور جیتنے کے لئے پورا جہاں ہے۔

شبو: بخدا بڑی دھواں دھار تقریر فرمائی ہے۔ تم نے ایسی دھواں دھار کہ مجھے جماہیاں آنے لگیں۔ از قسم چائے وغیرہ یہاں نہیں ہوتی ہے کیا؟

ناہید: کیوں؟

شبو: کچھ پیاس ہی بجھ جاتی اور اگر تمہارے پاس والے ڈبے میں کچھ بسکٹ وغیرہ ہوں تب تو عیش ہو جائیں عیش۔

ناہید: (ہنس دیتی ہے) تمہارے یہ جملے تو مجھے مرنے کے بعد بھی چین سے نہیں رہنے دیں گے۔

شبو: کیوں بھئی ویسے مرنے کا ٹائم ٹیبل کیا ہے؟ ذرا مفصل بیان کرو۔

ناہید: مجھے زندگی کا وہ ارمان ہے کہ مرنے کی فرصت نہیں۔

شبو: دیکھا صفاصفا ٹال گئیں نا۔ ہو تم بہت وہ یعنی سخت خبیث۔

ناہید: نہیں شبو۔ بس ایک ارمان ہے کہ اپنے ارمان کی ایک چھوٹی سی چنگاری اردگرد کے بسنے والے ان مردوں، عورتوں کے سینے میں چھوڑ جاؤں جینے کی تڑپ اور عزت سے جینے کی تڑپ۔ زمین پر سر اٹھا کر کھڑے ہونے کا حوصلہ۔ بس جس دن یہ کام ہو گیا میں موت کے لئے تیار ہو جاؤں گی۔

شبو: اچھا بھئی! خطبہ ختم۔ چائے کا انٹرول۔

نواں سین

بھابی: چائے لگ گئی ہے۔

بھائی جان: پی لو نہ جا کر۔ دیکھ نہیں رہی ہو ابھی دانت بھی نہیں مانجھے ہیں منہ بھی نہیں دھویا ہے۔

بھابی: تو کیا منہ بھی میں ہی دھلایا کروں۔

بھائی جان: تم ٹھیک کہتی ہو۔ ہم سب کتنے چڑچڑے ہو گئے ہیں۔ ناہید تو پہلے بھی یہاں نہیں رہتی تھی مگر اس کا اس بار جانا سب کو تلملا کر رکھ گیا ہے۔

بھابی: وہ تو نادان لڑکی ہے مگر تجربہ کار بزرگوں کو کیا ہوا ہے۔ ضد پر اڑے رہنے سے کبھی کچھ ہوا ہے جو آج ہو گا۔ تم بھائی ہو کر ایسا خون سفید کئے بیٹھے ہو۔ بہن نہ جانے کہاں کہاں ٹھوکریں کھا رہی ہو گی۔ ایسے میں کھانا پینا کیسے اچھا لگتا ہے۔

بھائی: کاش میں کچھ کر سکتا۔

بھابی: کر کیوں نہیں سکتے۔ صاف صاف کہہ دو۔

بھائی: کیا کہہ دوں؟

بھابی: اماں حضور سے صاف صاف کہہ دو کہ اگر ناہید اس گھر میں نہیں رہے گی تو

بھائی: تو۔۔۔؟

بھابی: تو ہم بھی یہ گھر چھوڑ کر چلے جائیں گے۔

بھائی: مگر کہاں جائیں گے؟ دفتر کا کام کروں گا کہ مکان ڈھونڈوں گا۔

بھابی: ایسا کیسے سوچتے ہو۔ اماں حضور کوئی نکال تھوڑا ہی دیں گی۔

بھائی: تم انھیں نہیں جانتیں۔

بھابی: ان کے سینے میں بھی ماں کا دل ہے۔

بھائی: ان کے سینے میں دل ہے؟ مجھے اس میں شک ہے۔

بھابی: تم کہہ کے تو دیکھو۔

بھائی: ضرور کہوں گا۔

بیگم: بیٹے! جو کچھ کہنا ہے بعد میں کہنا پہلے چائے پی لو۔

بھائی: اماں حضور!

بیگم: چلو (تحکم کے لہجے میں) تم دونوں کی وجہ سے چائے ٹھنڈی ہو رہی ہے۔

بھائی: دراصل اماں حضور۔ مجھے آپ سے ایک بہت ضروری بات کہنی ہے۔

بیگم: تم بہت کاہل ہو گئے ہو، ہمیں سستی ناپسند ہے، ایسا لگتا ہے کہ تم نے ابھی تک دانت بھی نہیں مانجھے، منہ بھی نہیں دھویا ہے۔ دلہن، تم نے بہت نرمی برت رکھی ہے۔ غضب خدا کا ساڑھے دس بج رہے ہیں اور ابھی تک چائے ناشتہ نہیں ہوا ہے۔

بھائی: (منہ دھونا شروع کرتا ہے اور منہ دھونے میں بولتا جاتا ہے) اماں حضور دراصل مجھے آپ سے۔

بیگم: (بات کاٹ کر) منہ دھونے میں باتیں نہیں کیا کرتے۔ دلہن اسے تولیہ دو چلو۔۔۔ اور وہ کون سی ضروری بات تھی؟

بھائی: اوہ کوئی خاص بات نہیں تھی۔ میں کہہ رہا تھا۔۔۔

بھابی: کہئے نا۔ اب کہتے کیوں نہیں۔

بیگم: کیا کہنا چاہتے ہو؟

بھائی: میں کہہ رہا تھا کہ آج کل چچا جان کی صحت گر گئی ہے۔ وہ آج کل کچھ کھا پی نہیں رہے ہیں۔

بیگم: اوہ۔ ہاں، تم ٹھیک کہتے ہو۔ ڈاکٹر کو ٹیلی فون کرنا چاہئے۔ دلہن بیگم۔ مغلانی بی بی سے کہو گرم چائے کی دوسری کیتلی بھیجیں۔ تم کیک پراٹھے اور کباب شروع کرو۔

بھائی: بہت اچھا۔۔۔ کباب آج بہت مزے دار ہیں۔

(چچا کا داخلہ)

چچا: بزدل۔۔۔ سب بزدل ہیں۔

بھائی: چچا جان!

چچا: ہمیں ایسی نظروں سے نہ دیکھو۔ تین دن ہو گئے ہیں ہمارے اسٹوڈیو کی ساری تصویریں، ساری مورتیاں ہمیں انھیں نظروں سے دیکھ رہی ہیں جیسے ہم انسان نہ ہوں

پتھر ہوں۔ آخر ہماری بھی آبرو ہے، آخر ہمارے بھی منہ میں زبان ہے۔

بیگم: کیا کہنا چاہتے ہو؟

بھائی: چچا جان ٹھیک کہتے ہیں۔

بیگم: تم خاموش رہو۔ ہم ان کی زبانی سب کچھ سننا چاہتے ہیں۔

چچا: وہ لڑکی غلط نہیں کہہ رہی تھی، ہم تم غلطی پر ہیں۔ تم کو یہ حق کیسے حاصل ہو گیا کہ تم ہر نئے خیال کو ٹھوکر مار کر اپنے جہان سے نکال دو۔ سراسر ظلم ہے۔

بیگم: یہ تم کہہ رہے ہو؟

چچا: صرف میں یہ کہنے کا حق رکھتا ہوں۔ میں نے اپنی بچپن کی منگیتر کو ٹھکرا دیا۔ زندگی بھر میں نے شادی نہیں کی، میری راتیں زہرہ جان کے گھنگھروؤں سے آباد ہیں میں نے گھر نہیں بسایا۔ میں چاہتا تھا کہ میں جو کچھ بننا چاہتا ہوں بن سکوں۔ میں نے سارے بوجھ اپنے شانوں سے جھٹک کر دور پھینک دیئے اور تم نے مجھے اس گھر سے نکال باہر نہیں کیا۔ کیوں؟ میں پوچھتا ہوں کیوں؟ باجی تم سے پوچھتا ہوں، مجھے بتاؤ مجھے کیوں برداشت کیا گیا۔

بیگم: تم نے نافرمانی نہیں کی تھی۔

چچا: یہ جھوٹ ہے۔ میں نے سب کی نافرمانی کی تھی مگر باجی! میں مرد تھا۔ اس لئے مجھے برداشت کر لیا گیا۔ میں نے اپنی تصویروں کے رنگوں کے ذریعے اپنے آپ کو پالیا اور دنیا کو رنگ اور نور سے بھر دیا۔ یہ بصیرت میری جاگیر نہیں ہے باجی۔ ہو سکتا ہے ناہید کے پاس دنیا والوں کے لئے اس سے بڑا خزانہ ہو اور اگر نہ بھی ہو تو کیا اسے یہ حق نہیں کہ وہ اپنی بھرپور زندگی گذار سکے جیسے وہ چاہے جیئے۔

بیگم: کیا تم چاہتے ہو کہ عورت کو طوائف بننے کی آزادی دے دی جائے؟

چچا: نہیں۔
بیگم: تو پھر۔
چچا: صرف اتنا کہ وہ اولاد پیدا کرنے کی مشین نہیں ہے وہ بھی مرد کی طرح آزاد ہے۔ اسے بھی مرد کی طرح جنس اور اولاد سے لطف اٹھانے کا حق حاصل ہے وہ بھی اپنی شخصیت کے جوہر سے زندگی کو نئی رعنائی دینے کے لئے آزاد ہے۔
بیگم: تو گویا عورت کتنے بلیوں کی طرح زندگی بسر کریں۔ ہم اسے برداشت نہیں کرسکتے۔ ہمارے خاندان۔۔۔
چچا: خاندان! خاندان!! خاندان!!! خاندان کو پورا شیرازہ ٹوٹ چکا، بکھر چکا آج بیسویں صدی میں کہاں ہے خاندان؟ بوڑھے ماں باپ نرسنگ ہوم میں دن کاٹتے ہیں۔ بچے گھر بار سے دور نوکریاں کرتے ہیں۔ عورت دفتر کی زینت ہے۔ باپ شاہراہوں پر سرگرداں۔ آج کا خاندان اکائیوں میں بکھر چکا ہے اس کے نام پر ناہید کو پھانسی نہ دو۔
چچا: نہیں باجی۔ نہیں۔ ہم نے آپ کا ہر حکم مانا ہے۔ اس چہار دیواری میں ہمیشہ آپ کی حکومت چلی مگر آج ایسا نہیں ہو گا ابھی اور اسی وقت آپ کو میرے ساتھ چلنا ہو گا ہم ناہید کو واپس لائیں گے وہ اسی گھر میں رہے گی۔
بیگم: ہرگز نہیں۔
چچا: باجی ضد نہ کیجئے۔ ہم نے آپ کی ہر بات مانی ہے۔ ایک بار آپ بھی مان لیجئے ہم وعدہ کرتے ہیں کہ آئندہ پھر کبھی آپ سے کچھ نہیں کہیں گے۔
بیگم: ضد نہ کرو۔
چچا: میں آخری بار ضد کروں گا۔ دلہن جاؤ شوفر سے کہو گاڑی نکالے۔ ہم لوگ ناہید کو واپس لانے کے لئے جائیں گے۔

دسواں سین

(موٹر سائیکل کی آواز۔ دروازے پر دستک)

ناہید: اندر آجاؤ۔۔۔ اوہ تم۔

ملک: ہاں میں ہوں۔ ملک!

ناہید: تمہارے دستانے پر خون؟

ملک: ۔۔۔۔۔۔۔۔۔۔۔۔۔۔۔ سے آرہا ہوں۔

ناہید: تم پریشان ہو؟

ملک: نہیں۔ ہم خوش ہے تھوڑا اور خوش ہونا چاہتا ہے۔

ناہید: کیا مطلب؟

ملک: ہم۔۔۔ ہم نے پہلی بار تم سے پیار کیا ہم تمہیں ہم تمہیں چاہتا ہے ڈارلنگ ہم تم سے شادی کرنا مانگتا ہے۔

ناہید: شادی۔

ملک: ہاں شادی۔ ڈارلنگ شادی۔

ناہید: بات سنو ملک! میں نے زندگی بھر شادی نہ کرنے کا فیصلہ کر لیا ہے۔

ملک: جھوٹ۔۔۔

ناہید: زندگی بہت بڑی ہے اور شادی جنسی زندگی کی صرف ایک چھوٹی سی حقیقت ہی تو ہے۔

ملک: ہم نہیں سمجھا ہم تم سے شادی کرنا مانگتا ہے بولو Yes Or No

ناہید: No - No - No

ملک: تم ہمیں بہت پسند ہے، بہت زیادہ پسند ہے ڈارلنگ۔

ناہید: اور میں تم سے نفرت کرتی ہوں سخت نفرت کرتی ہوں۔

ملک: کیا کہا؟

ناہید: I Hate You

ملک: تم نے اس دن تو ایسا نہیں بولا ہے۔

ناہید: ہاں اس دن تم نے مجھے صرف ایک لمحہ دیا تھا۔ لذت کا ایک لمحہ اور آج تم وہ ایک لمحہ لے کر میری پوری زندگی کا مول کرنے آئے ہو۔

ملک:۔۔۔ ہم نہیں دیکھ سکے گا تم ہماری ڈارلنگ ہو۔

ناہید: میں ایک انسان بھی تو ہوں میری اپنی ذات ہے۔

ملک: ہم اپنی ڈارلنگ کو کسی دوسرے کے پاس نہیں دیکھ سکے گا۔ ہم تمہیں اپنائے گا تم ہماری ڈارلنگ ہو صرف ہماری۔

ناہید: کیسی باتیں کرتے ہو؟

ملک: ٹھیک۔ بالکل ٹھیک موافق بولتا ہے۔ ہم نے تمہیں چاہا ہے۔

ناہید: سنو ملک! یہ ناممکن ہے۔

ملک: سنو ڈارلنگ۔

ناہید: تم سمجھتے کیوں نہیں۔ میں بکاؤ نہیں ہوں۔

ملک: مگر ہم تمہارے بغیر نہیں جیئے گا۔

ناہید: مجھے سمجھنے کی کوشش کرو۔ ساتھ ساتھ رہنے کے لئے صرف جسم ہی تو نہیں چاہئے ہم دونوں کے درمیان۔۔۔ کیا ہے۔

ملک: Love

ناہید: میں نے کب کہا مجھے تم سے محبت ہے I Hate You۔ کیا تم صرف جسم کو محبت کہتے ہو؟

ملک: ۔۔۔۔۔۔۔۔۔۔۔۔۔۔۔۔۔:

ناہید: میں نے کوئی دھوکہ نہیں دیا۔

ملک: ۔۔۔۔۔۔۔۔۔۔۔۔۔۔۔۔۔:

ناہید: میں نے تم سے شادی کا وعدہ کب کیا تھا؟

ملک: ۔۔۔۔۔۔۔۔۔۔۔۔۔۔۔۔۔:

ناہید: یہ جھوٹ ہے! یہ سب جھوٹ ہے!!

ملک: ۔۔۔۔۔۔۔۔۔۔۔۔۔۔۔۔۔:

ناہید: بالکل جھوٹ ہے۔ میں نے کب کہا تھا مجھے چاہو؟ میں تو صرف اپنی زندگی چاہتی تھی۔

ملک: ۔۔۔۔۔۔۔۔۔۔۔۔۔۔۔۔۔:

(ریوالور چلنے کی آواز، دوسری چیخ اور اس کے بعد موٹر سائیکل کے اسٹارٹ ہونے کی آواز، جو دیر تک گونجتی رہتی ہے اور اس کے بعد موٹر کار کی آوازوں میں مل جاتی ہے۔)

چچا: آؤ مجھے سب راستے معلوم ہیں۔ یہ ہے ناہید بیٹا کا مکان۔ دستک دو۔ کہیں سو نہ رہی ہو۔
(دستک دیتا ہے۔)

بھائی: کوئی جواب نہیں دیتا۔

بھابی: تعجب ہے۔

بھائی: دیکھئے چچا جان! آپ اسے نہ ڈانٹئے گا۔ اس نے بہت دکھ جھیلے ہوں گے۔

چچا: دوبارہ دستک دو۔

گیارواں سین

بھابی: کوئی آواز نہیں۔ یوں ہی چلتے ہیں۔ دیکھا ہم نہ کہتے تھے سو رہی ہے بالکل غافل پڑی سو رہی ہے۔ بیٹی ناہید! بیٹی اٹھو ہم تم سے معافی مانگنے آئے ہیں۔ تم ٹھیک کہتی تھیں ہم غلطی پر تھے۔ بیٹی ہمیں معاف کر دو۔

(چیخ پڑتی ہے۔)

چچا: خون چاروں طرف خون کیسا ہے؟

بھابی: ناہید! یہ تم نے کیا کیا؟

چچا: ناممکن ہے۔ بالکل ناممکن۔ زندگی کے ارمان سے بھرپور جوانی خودکشی نہیں کر سکتی اسے قتل کیا گیا ہے۔ آخر تمہاری بے درد دنیا ایک چھوٹے سے خیال کی تاب بھی نہ لا سکی۔

(موسیقی کی لہریں دیر تک اڈتی رہتی ہیں۔)

(فلیش بیک: قبرستان)

ناہید: (ہنستی ہے) سنا تم نے۔

شبو: ہاں۔

ناہید: میں کب سے تمہیں یہ سب کچھ سنانے کو تڑپ رہی تھی۔ وہ ہڈیاں جن سے گولی گزری تھی مٹی میں مل گئیں۔ کیڑوں نے انھیں چاٹ ڈالا۔

شبو: ناہید! میں نے تمہیں پہچان لیا۔ زندگی میں کوئی تمہیں نہ پہچان سکا۔ مرنے کے اتنے دن بعد تمہیں پہچانا ہے کہ پھر سے جینے کی خواہش ہوتی ہے۔

ناہید: تم اپنے قہقہوں اور چلتے ہوئے فقروں اور ہنسی سے بھرپور جملوں میں اپنے دکھ

چھپاتے رہے وہ تمہیں کب جان سکے۔ میں چلا چلا کر انھیں اپنے دل کی بات سمجھاتی رہی، وہ ہنستے رہے پھر بھی نہ سمجھ پائے اور ملک نے اپنی عزت اور ناموس کی خاطر مجھے مار ڈالا۔ وہ اپنی دنیا کا کتنا سچا، کتنا پکا غلام تھا میں اس روز سے آج تک تمہارا انتظار کر رہی تھی۔ میں تم سے پوچھنا چاہتی تھی۔

شبو: کیا؟

ناہید: یہی کہ وہ چنگاریاں ابھی زندہ ہیں یا نہیں جنھیں میں ان جھونپڑوں میں چھوڑ آئی تھیں۔ کیا اب بھی کوئی باغی جوان مرد اور عورتیں سربلند ہو کر چلتے ہیں؟ کیا جوانوں میں اب بھی خوابوں کے لئے جل جانے کا حوصلہ ہے یا نہیں۔

شبو: میں کیا جواب دوں گا ناہید! البتہ جب میرا جسم بھی تمہاری طرح کیڑے کھا جائیں گے، میری ہڈیاں بھی تمہاری طرح سارے بندھنوں سے آزاد ہو جائیں گی تب ہم تم بارش کے پانی میں بہتے ہوئے اس سوال کا جواب ڈھونڈنے کے لئے چلیں گے۔

***

جونک

اوپندرناتھ اشک

افراد: بھولاناتھ

پروفیسر آنند

بنواری

کملا

ایک پنجابی، ایک ہندوستانی، ایک مارواڑی

اور کچھ دوسرے لوگ

پہلا منظر

(وقت: دس بجے دن۔ جگہ بھولاناتھ کے مکان کا ایک کمرہ)

(کمرہ بہت بڑا نہیں اور نہ بہت کشادہ ہے۔ کمرے میں دو چار پائیاں بچھی ہوئی ہیں اور دو کرسیاں اور ایک چھوٹی سی میز بھی رکھی ہے۔ اس لئے اسے سونے کا کمرہ بھی کہہ سکتے ہیں اور ڈرائنگ روم بھی۔ کمرے میں سامان وہی ہے جو کسی عام کلرک، اخبار نویس یا ایسی ہی پوزیشن کے کسی شخص کے ہاں ہو سکتا ہے۔ پردہ اٹھنے پر ہم آنند کو میز کے پاس رکھی کرسی پر بیٹھے ایک اخبار کی ورق گردانی کرتے ہوئے دیکھتے ہیں۔)

پروفیسر آنند شکل صورت سے پروفیسر معلوم ہوتے ہیں، یہ بات نہیں۔ جب سے ہندوستان میں تعلیم کا رواج زیادہ ہوا ہے اور خوراک کا کم، تب سے کالجوں میں ایسے طلبا آنے لگے ہیں جنھیں بقول پطرس آسانی سے ان کی مائیں نصف ٹکٹ لے کر اپنے ساتھ زنانے ڈبے میں بٹھا سکتی ہیں۔ طالب علمی کے زمانے میں پروفیسر آنند شاید اسی قسم کے طالب علم تھے۔ حال ہی میں ایم اے کی ڈگری لے کر انھوں نے پڑھانے کا شغل اختیار کیا ہے اس لئے اس کی عمر یا شکل میں کچھ فرق نہیں ہوا۔ پہلی نظر میں انھیں بآسانی میٹرک کا طالب علم سمجھا جا سکتا ہے۔ اس وقت تو وہ پروفیسر کی پوشاک میں بھی نہیں ہیں۔ ایک تہمد اور قمیض پہنے ہوئے شاید حجامت بنا کر بیٹھے ہیں کیوں کہ صابن کی سفیدی ابھی تک ان کے چہرے پر لگی ہوئی دکھائی دیتی ہے اور میز پر پڑا ہوا حجامت کا کھلا ہوا سامان بھی اس بات کی گواہی دیتا ہے۔

پردہ اٹھنے کے کچھ لمحے کے بعد بھولا ناتھ دائیں طرف کے کمرے سے داخل ہوتا ہے جدھر شاید رسوئی ہے۔ شکل و صورت سے بھی بھولا ناتھ پروفیسر صاحب سے کچھ موٹا تازہ ہے لیکن پروفیسر صاحب کے چہرے سے جو دانشمندی ٹپکتی ہے اس کا وہاں فقدان ہے۔ سیدھا سا آدمی ہے۔ کندھے جھٹکنے کی عادت ہے۔ ایسے مردوں کو بارہا لوگ زن مرید کہہ دیا کرتے ہیں۔ اس وقت اس کے چہرے پر گھبراہٹ جھلک رہی ہے۔ آنند بدستور اخبار دیکھنے میں محو ہے۔)

بھولا ناتھ: (پریشانی سے) یہ پھر آ گیا۔ تم میری مدد کرو۔ آنند۔ خدا کے لئے۔

آنند: (اخبار میز پر رکھ کر) آخر بات کیا ہے؟ گھبرائے ہوئے کیوں ہو؟

(بھولا ناتھ پریشان سا چارپائی پر بیٹھ جاتا ہے۔)

بھولا ناتھ: یہ ایک بار آ جاتا ہے تو جانے کا نام نہیں لیتا۔

آنند: آخر معلوم بھی ہو کون ہے؟

بھولا ناتھ: ارے کون کیا؟ راہوں کا بادشاہ ہے۔

آنند: راہوں کا! پھر تو تمہارا ہم وطن ہوا۔

بھولا ناتھ: (طنز سے) اب راہوں کے ہزاروں آدمی میرے ہم وطن ہیں اور کمرے (کندھے جھٹک کر) میرے پاس صرف یہی دو ہیں۔

(مجبور ہنسی ہنستا ہے۔)

آنند: (حیرانی سے) تو کیا ان سے جان پہچان بھی نہیں؟

(اٹھ کر کمرے میں گھومتا ہے۔)

بھولا ناتھ: بس اس بات کا گنہ گار ہوں کہ اپنے چھوٹے بھائی سے ان کے کارہائے نمایاں سنتا رہا ہوں یا پھر اپنے شہر کے ڈاکٹر بھگوان۔۔۔

آنند: راہوں شہر نہیں قصبہ ہے۔

بھولا ناتھ: ارے ہاں وہیں ڈاکٹر بھگوان۔۔۔

آنند: (پھر قطع کلام کر کے) لیکن تم نے کہا نا کہ یہ پھر آ گیا تو اس کا مطلب یہ ہے کہ پہلے بھی یہ صاحب تمہیں مہمان نوازی کا شرف بخش چکے ہیں۔

بھولا ناتھ: اب میں تمہیں کیا بتاؤں تم۔۔۔ تم۔۔۔ (کندھے جھٹک کر) ذرا بیٹھو تو تفصیل سے بیان کروں۔

(آنند چارپائی پر بیٹھنا چاہتا ہے۔)

بھولا ناتھ: ارے۔۔۔ ارے۔۔۔ یہاں کیا بیٹھتے ہو۔ وہ کرسی لے لو۔

(کرسی گھسیٹتا ہے۔)

آنند: میں یہیں اچھا ہوں۔ تم کہو۔

بھولا ناتھ:(پھر ذرا ہنس کر) بات یہ ہے کہ وہ میرا چھوٹا بھائی ہے ناسری رام۔ جیسا وہ خود آوارہ ہے ویسے ہی اس کے دوست ہیں۔ انھیں میں سے ایک کا نام سوم یا موم یا کیا جانے کیا تھا۔ وہ جب کبھی آتا تھا اپنے اس بھائی کی تعریف کے پل باندھ دیا کرتا تھا۔

آنند: دیش بھگت ہیں؟

بھولا ناتھ: خاک۔

آنند: شاعر؟

بھولا ناتھ: اس کی سات پشتوں میں سے کسی نے شعر کا نام نہیں لیا۔

آنند: تو مقرر؟ سدھارک؟ حکیم؟ وید؟ ڈاکٹر؟

بھولا ناتھ: (چڑکر) تم سنتے ہو نہیں اور لے اڑتے ہو وہ تھے نا، مشہور ایکٹر ماسٹر فطرت۔ یہ ان کے ساتھ رہ چکا ہے۔

آنند: (قہقہہ لگا کر) تو یوں کہو کہ یہ صاحب ایکٹر ہیں۔

بھولا ناتھ: اب ماسٹر فطرت کے مشہور ڈراموں "عشق کی آگ" اور "درد جگر" میں اس نے کوئی کام کیا ہے یا نہیں اس بات کا مجھے کوئی علم نہیں۔ اتنا سنا تھا کہ یہ ماسٹر فطرت کا دایاں ہاتھ ہے۔

آنند: لیکن اس بات سے تمہیں کیا دلچسپی؟

بھولا ناتھ: (ہنس کر) ارے بچپن تھا اور کیا؟ جب ہم میٹرک میں پڑھتے تھے تو ان کے ناٹک پڑھنے کا بہت شوق تھا۔

آنند: "عشق کی آگ"، "درد جگر"۔

(ہنستا ہے۔)

بھولا ناتھ: ارے بھائی ان دنوں ہمارے لئے ماسٹر فطرت ہی کالی داس اور شیکسپیئر تھے۔

اگر چہ ہمیں ان کے دیکھنے کا اتفاق نہیں ہوا تھا لیکن ہم ان کے ناٹکوں کو پڑھ کر محلے کے ایک لڑکے سے ان کے گانے سن کر ہی ان کے آرٹ کے قائل تھے۔

آنند: اور ان کے غیبی مداحوں میں سے تھے۔

بھولا ناتھ: تم اچھی طرح جانتے ہو مشہور مصنفوں، لیڈروں، ایکٹروں، ادیبوں کو لوگ عام انسانوں سے کچھ اونچا ہی سمجھتے ہیں اور ان سے تو ایک طرف ان کے ساتھ رہنے والوں تک سے بات کر کے پھولے نہیں سماتے۔ یہ تو ماسٹر فطرت کا دایاں ہاتھ تھا۔

آنند: تو ان سے تمہاری ملاقات کیسے ہوئی؟

(پھر اٹھ کر گھومنے لگتا ہے۔)

بھولا ناتھ: ملاقات؟ (کندھے جھٹک کر) تم اسے ملاقات کہہ سکتے ہو؟ ہمارے شہر کے ہیں ناڈاکٹر بھگوان۔۔۔

آنند: شہر نہیں قصبہ کہو۔ راہوں قصبہ ہے۔

بھولا ناتھ: ہاں ہاں قصبہ، قصبہ۔ تو میں نے اسے ڈاکٹر بھگوان داس کی دوکان پر بیٹھے دیکھا۔ اس کی باتیں دلچسپی سے سنیں اور شاید دو ایک باتوں کا جواب بھی دیا۔

آنند: پھر تم انھیں اپنے گھر لے آئے۔

بھولا ناتھ: ارے کہاں؟ تم مجھے بات بھی کرنے دو گے۔ اس کو تو دس برس بیت گئے۔ اس کے بعد یہ صاحب گزشتہ برس ملے اور تمہیں معلوم ہے کہ ان دنوں میں میں کیسی مصیبت سے دن کاٹ رہا تھا۔ چنگڑ محلے کا وہ پیپل ویڑا اور اس میں لالہ جوالا داس کا وہ جہنمی مکان اور اس کی وہ اندھیری کوٹھریاں جن میں نہ کوئی روشن دان ہے۔ نہ کھڑکی۔ گرمیوں میں باہر گلی میں سونا پڑتا تھا۔

آنند: لیکن تم بات تو ان سے ملنے کی کر رہے تھے۔

بھولا ناتھ: ہاں ہاں انھیں دنوں جب میں وہاں رہتا تھا اور دن بھر نوکری کی تلاش میں مارا مارا پھرتا تھا یہ ایک دن پیپل ویڑا کے پاس ہی چنگڑ محلے میں مل گئے اور انھوں نے دور ہی سے نمسکار کی۔ میں جلدی میں تھا لیکن لمحہ بھر کے لئے رک گیا۔

آنند: تو کہنے کا مطلب۔۔۔

بھولا ناتھ: (بات جاری رکھتے ہوئے) انھوں نے بڑے تپاک سے ہاتھ ملایا اور کہا ڈاکٹر بھگوان داس آپ کی بڑی تعریف کرتے ہیں۔ آپ مجھے پہچان تو گئے ہیں؟ میں نے کہا "ہاں ہاں۔۔۔ماسٹر فطرت" کہنے لگے بیمار ہے بے چارہ درد گردہ سے۔

آنند: درد جگر سے نہیں۔

بھولا ناتھ: (آنند کے طنز کی طرف نہ دھیان کر کے) میں نے افسوس کا اظہار کیا اور پوچھا کہ سنایئے کیسے آئے۔ کہنے لگے مجھے درد گردہ کی شکایت ہے۔

آنند: (قہقہہ لگا کر) کند ہم جنس با ہم جنس پرواز۔

بھولا ناتھ: میں نے بھی افسوس کا اظہار کیا۔ کہنے لگے "کرنل ماتھر کو دکھانے آیا ہوں کل چلا جاؤں گا۔" میں نے کہا: "تو آیئے کچھ پانی وانی پی لیجئے۔ ہنس کر کہنے لگے لالہ سندر لال تو انتظار کر رہے ہوں گے لیکن چلئے اپنے ہم وطن کا اصرار کیسے رد کیا جا سکتا ہے۔"

آنند: اپنے ہم وطن کا۔۔۔ خوب!

(ہنستا ہے۔)

بھولا ناتھ: میرے تو پاؤں تلے سے زمین کھسک گئی۔ ضروری کام سے جا رہا تھا اور میں نے رسمی طور پر ہی اسے جل پان کے لئے پوچھا تھا۔ خیر گھر لے آیا اور حفظ ماتقدم کے طور پر میں نے بیوی سے صرف ٹھنڈے پانی کا گلاس لانے کے لئے کہا۔ پانی پی کر یہ مہاشہ وہیں

گلی میں بچھی ہوئی چارپائی پر لیٹ گئے۔ مجھے جلد جانا تھا۔ میں نے جھجکتے ہوئے کہا: ”مجھے۔۔۔ آ۔۔۔ ذرا جلدی ہے۔ آپ کدھر جا رہے ہیں؟ ساتھ ساتھ ہی۔۔۔“لیکن جناب ٹانگیں پسارتے ہوئے میری بات کاٹ کر بے پرواہی سے بولے:”ہاں ہاں آپ شوق سے ہو آیئے۔ میں ذرا تھک گیا ہوں۔ یہیں آرام کرلوں گا۔“

آنند:(ہنس کر)خوب!

بھولا ناتھ:(کندھے جھٹک کر) تم ہوتے تو میری صورت دیکھتے۔۔۔ نئی نئی شادی ہوئی تھی اور یہ ہمارا ہم وطن۔۔۔

(آنند پھر قہقہہ لگاتا ہے۔)

بھولا ناتھ: مرتا کیا نہ کرتا۔ مجھے تو جلدی تھی۔ ناچار چلا گیا۔ واپس آیا تو آپ مزے سے بستر بچھوا کر خراٹے لے رہے تھے اور بیوی بیچاری اندر گرمی میں پڑی تھی۔ داخل ہوا تو کہنے لگی آپ کا ایسا بے تکلف دوست تو کوئی دیکھا نہیں۔ آپ کے جانے کے بعد کہنے لگا:”تم تو شاید نواں شہر کی ہو۔“میں چپ رہی تو بولا:”پھر تو ہماری بہن ہوئی۔“

آنند: بہن؟!

(ہنستا ہے۔)

بھولا ناتھ: اب کملا مجھ سے پوچھنے لگی یہ کون ہے؟ میں کیا بتاتا؟ اتنا کہہ کر چپ ہو رہا کہ ہمارے دیس کے ہیں۔ چارپائیاں ہمارے پاس صرف دو تھیں۔ آخر وہ غریب سخت گرمی میں اندر فرش پر سوئی۔ خیال تھا دوسرے دن چلے جائیں گے لیکن پورے سات دن رہے اور جب گئے تو میں نے قسم کھا کر کملا سے کہا کہ اب کبھی نہیں آئیں گے لیکن آج پھر آ دھمکے ہیں اور کملا۔۔۔

(کملا داخل ہوتی ہے۔)

کملا: میں پوچھتی ہوں آپ چپ چاپ ادھر آکر بیٹھ گئے ہیں اور وہ مجھے اس طرح حکم دے رہے ہیں جیسے میں ان کی کوئی زر خرید لونڈی ہوں۔ "کملا پان لا دو۔ کملا یہ کر دو۔ کملا وہ کر دو۔" میں پوچھتی ہوں یہ ہیں کون؟ آپ تو کہتے تھے میں اسے جانتا تک نہیں پھر کیوں یہ منھ اٹھائے ادھر چلے آتے ہیں؟ کوئی اور ٹھور ٹھکانہ ان کے لئے نہیں کیا؟ کون ہیں یہ؟

بھولا ناتھ: (بالکل گھبرا کر کندھے جھٹکتے ہوئے) اب بتاؤ۔۔۔

(اٹھ کھڑا ہو جاتا ہے۔)

آنند: تم ٹھہرو۔ بھابی۔ مجھے سوچنے دو۔

کملا: لیکن آپ سوچ کر کریں گے کیا؟ یہ کوئی ان کا پرانا یار غار ہو گا مجھے اسی بات سے چڑ ہے کہ آخر یہ مجھ سے چھپاتے کیوں ہیں؟ کیا میں ان کے دوستوں کو گھر سے نکال دیتی ہوں۔

(چارپائی کے کنارے بیٹھ جاتی ہے۔)

آنند: دیکھو بھابی۔

کملا: میں کچھ نہیں دیکھنا چاہتی۔ دیکھئے آپ سے کوئی پردہ نہیں۔ کمرے ہمارے پاس یہی دو ہیں جن میں دروازوں کے روشندان میں شیشے تک نہیں اور ہم کارڈ بورڈ سے کلام چلا رہے ہیں اور بستر بھی فالتو نہیں اور پھر آپ بھی یہاں ہیں۔ ان کے یہ دوست تو مزے سے بستر بچھوا کر سوئیں گے اور میں ٹھٹھرا کروں گی باہر برآمدے میں۔

آنند: دیکھو بھابی وہ ان کے دوست نہیں ہوں اس بات کا تمہیں یقین دلاتا ہوں۔

کملا: تو پھر یہ صاف جواب کیوں نہیں دیتے؟

آنند: اگر ان سے یہ ہو سکتا تب نا۔۔۔

بھولا ناتھ: (جو اس دوران میں ادھر ادھر گھومتا رہتا ہے رک کر اور کندھے جھٹک کر)

ہاں اب ہم وطن ہیں۔۔۔

کملا: ہم وطن ہیں تو۔۔۔

(انگارہ سی آنکھوں سے شوہر کی طرف دیکھتی ہے۔)

آنند: دیکھو جھگڑے سے کچھ نہ بنے گا۔ اس آدمی کو دھتا بتائی چاہئے۔

کملا: یہی تو میں بھی کہتی ہوں۔۔۔

آنند: لیکن یہ ان سے ہو چکا ان صاحب کی مہمان داری تو کسی دوسری طرح ہی کی جائے گی۔

(کچھ لمحے کے لئے خاموشی جس میں آنند سوچتا ہے اور بھولا ناتھ انگڑائی لیتا ہے۔)

آنند: (دھیمی آواز میں) میں پوچھتا ہوں وہ کیا کر رہا ہے۔

کملا: شاید باہر گیا ہے جاتے جاتے پوچھتا تھا کہ آج کیا سبزی پکانے کا ارادہ ہے۔ بازار سے۔۔۔

آنند: (جسے اس دوران میں تدبیر سوجھ گئی ہے) میں کہتا ہوں تم لحاف لے لو بھابی اور چپ چاپ لیٹ جاؤ اور اگر کراہ سکو تو تھوڑے تھوڑے وقفے کے بعد کراہتی بھی جاؤ (بھولا ناتھ سے) دیکھو بھائی کھانے کا ذکر آئے تو تم کہہ دینا کہ مجھے بھوک نہیں ہے اور میں بہانہ کروں گا کہ گرانی طبع سے میں آج فاقہ کر رہا ہوں اور بس (چٹکی بجاتا ہے۔ سیڑھیوں پر پاؤں کی چاپ سنائی دیتی ہے۔ مڑ کر) میں کہتا ہوں جلدی کرو (ایک ایک لفظ پر زور دے کر) جلدی کرو۔ انہی کپڑوں سمیت لیٹ جاؤ۔

(کملا جلدی سے بستر پر لیٹ کر لحاف اوڑھ لیتی ہے۔ ہاتھ میں دو لوکیاں لئے ہوئے بنواری لال داخل ہوتا ہے۔)

بھولا ناتھ: آیئے آیئے کدھر چلے گئے تھے آپ؟ (آنند کی طرف اشارہ کر کے) یہ ہیں

مسٹر بنواری لال۔ میرے ہم وطن۔ کسی زمانے میں مشہور ایکٹر ماسٹر فطرت کے ساتھ۔۔۔

آنند:(ذرا ہنستے ہوئے) آپ سے مل کر بڑی خوشی ہوئی۔

بنواری لال: آپ سے مل کر بہت خوشی ہوئی۔

بھولا ناتھ: یہ آپ کیا اٹھالائے اتنی لوکیاں؟

(کملا دھیمی سی کراہتی ہے۔)

بنواری لال: باہر بک رہی تھیں (ہنس کر) میں نے کہا۔۔۔ (کملا ذرا اور زور سے کراہتی ہے)(مڑ کر اور ذرا چونک کر) کیابات ہے۔ کیابات ہے؟؟

(آواز میں تشویش)

بھولا ناتھ: اسے دفعتاً دورہ پڑ گیا۔ بڑی مشکل سے ہوش آیا ہے۔۔۔ عموماً پڑ جایا کرتا ہے۔ ہسٹریا۔

بنواری لال: تو آپ علاج۔۔۔

بھولا ناتھ: علاج بہت کرایا کرنل (پھر بات کا رخ بدل کر) یہ تو بیمار پڑ گئیں اور (ذرا ہنس کر) لوکیاں آپ اتنی اٹھالائے پھر (آنند سے) کیوں بھائی تم کیا کہتے تھے؟۔۔۔

آنند: میں تو آج فاقہ سے ہوں طبیعت بھاری ہے۔

بھولا ناتھ: اور میں خود کھانے کے موڈ میں نہیں۔

بنواری لال: (رسوئی کی طرف قدم بڑھاتے ہوئے) تو بھابی جی میرا مطلب ہے کہ لوکی۔۔۔ یعنی لوکی کی کھیر ہسٹریا میں بے حد مفید ہے اور کھیر بنا بھی اچھی لیتا ہوں۔ ساتھ ہی میں اپنے لئے بھی دو روٹیاں اتار لوں گا اور بھاجی بھی لوکی ہی کی بن جائے گی۔ میرا تو خیال ہے آپ بھی کھائیں۔ لطف نہ آجائے تو نام نہیں۔ اندر انگیٹھی تو ہو گی ہی۔ کوئلوں

کی آنچ مجھے بے حد پسند ہے۔ دھوئیں سے آنکھیں نہیں نکلتیں اور پھر کوئلوں پر لوکی کی کھیر بنتی بھی ایسی ہے کہ کیا کہوں۔

(رسوئی میں چلا جاتا ہے۔)

آنند: (دھیرے سے) یہ اس طرح نہیں جائے گا۔

بنواری: (رسوئی سے) کیوں بھئی مسالہ کہاں ہے؟

کملا: (لیٹے لیٹے) کہہ دو ختم ہو گیا۔

بھولا ناتھ: (ذرا زور سے) مسالہ تو یار ختم ہو گیا۔

بنواری: (اندر سے) اور گھی کہاں ہے؟

بھولا ناتھ: (کندھے جھٹک کر) اب یہ کیسے کہہ دوں؟!

آنند: (اونچی آواز میں) ارے گھی نہیں لائے تم؟ علی الصباح بھابی نے کہا تھا کہ گھی ختم ہو گیا ہے کیسے گرہستی ہو تم؟!

(دھیرے سے شرارت کی ہنسی ہنستا ہے۔)

بنواری: (دروازے سے جھانک کر) اچھا ایک آنے کا گھی کم سے کم آج کے لئے تو لیتا آؤں۔ مسالہ بھی نہیں اور کھانڈ بھی۔ میرا خیال ہے۔۔۔ نہیں! میں چند منٹوں میں سب کچھ لایا۔ یہ جب تک کچھ کھائیں گی نہیں کمزوری دور نہیں ہو گی۔

(چلا جاتا ہے۔)

آنند: (حیرانی سے) یہ عجیب مہمان ہے تمہارا۔ مہمان کے ساتھ میزبانی کے فرائض بھی سرانجام دے رہا ہے اور اپنی جیب سے۔

بھولا ناتھ: میں کہتا ہوں آنند۔ یہ جونک ہے جونک۔ خدا کے لئے کوئی اور ترکیب سوچو۔ کیا ہوا۔ یہ آج جیب سے پانچ آنے خرچ کر دے گا۔ گذشتہ سال جاتا جاتا مجھ سے

پانچ روپئے لے گیا تھا۔

کملا:(ایک دم سے زور سے اٹھ کر) دے دیئے آپ نے پانچ روپئے۔

بھولا ناتھ:(کندھے جھٹک کر) اب میں۔۔۔

کملا:اور میں پانچ پیسے مانگتی ہوں تو نہیں ملتے۔

بھولا ناتھ:اب ہم وطن۔۔۔

کملا:تو پڑے بھگتئے پانچ کیا میری طرف سے پانچ سودے آیئے۔ بس مجھے میکے چھوڑ آیئے۔

آنند:اور(خوشی سے تالی بجا کر) سپلنڈ ڈ میکے !۔۔۔ ٹھیک (بھولا ناتھ سے) جلدی کرو بھابی کو لے کر کسی پڑوسی کے یہاں چلے جاؤ۔ وہ آیا تو میں کہہ دوں گا کہ بھابی کی طبیعت بہت خراب ہو گئی تھی آخر بھائی صاحب انھیں چھوڑنے میکے چلے گئے۔ کیوں ؟

(داد کی خواہش سے دونوں کی طرف دیکھتا ہے اور ہنستا ہے۔)

بھولا ناتھ: بھئی تدبیر تو خوب ہے (بیوی سے) تم ذرا اندر پڑوسن سے باتیں کرنا۔ میں کچھ دیر کے لئے باہر ان کے شوہر کے پاس بیٹھ جاؤں گا۔ (آنند سے) لیکن یار میں کہتا ہوں اگر وہ نہ گیا؟

آنند: جائے گا کیسے نہیں۔ تمہارے جاتے ہی میں بھی تالا لگا کر سٹک جاؤں گا۔ وہ کیا اس کا باپ بھی جائے گا۔

کملا: واہ تالا لگا کر آپ کھسک جائیں گے اور جو وہ برتن لے گیا ہے وہ نہیں آپ یوں کہئے گا کہ وہ چلے گئے ہیں اور میں بھی چلا جا رہا ہوں۔ بس اسے نکال کر گھاس منڈی تک چھوڑ آیئے۔

آنند: ہاں ہاں تم جلدی کرو۔ وہ آ جائے گا۔

بھولاناتھ: ہاں ہاں جلدی کرو۔ (کملا کو ٹرنک کھولنے کے لئے جاتے دیکھ کر) میں کہتا ہوں نئی ساڑی پہننے کی ضرورت نہیں تم سچ مچ میکے نہیں جا رہی ہو اور ہمارے پڑوسی تمہیں اس حالت میں کئی بار دیکھ چکے ہیں۔

کملا: (ٹرنک کو زور سے بند کرتے ہوئے) میں پوچھتی ہوں۔

آنند: ہاں ہاں۔ وہیں پوچھنا۔۔۔ چلو چلو۔۔۔

(دونوں کو ڈھکیلتا ہوا لے جاتا ہے۔)

پردہ

دوسرا منظر

(وقت: ایک گھنٹے بعد۔۔۔ مقام: اسی مکان کا برآمدہ)

(برآمدہ ایک طرف سے جدھر ناظرین بیٹھے ہیں کھلا ہے۔ اس طرف بڑی لمبی لمبی چقیں پڑی ہوئی ہیں جو کھول دی جاتی ہیں تو یہی برآمدہ ایک لمبا سا کمرہ بن جاتا ہے۔ اس وقت چونکہ چقیں لپٹ کر چھت سے لٹک رہی ہیں اس لئے برآمدہ میں جو کچھ ہو رہا ہے اس سے حاضرین بخوبی دیکھ سکتے ہیں۔ دو ہلکی ہلکی بید کی کرسیاں برآمدے میں بائیں طرف رکھی ہیں۔ دو سال سے روغن نہیں کیا گیا ہے جس کی وجہ سے بید کی سفیدی نظر آنے لگی ہے۔ کرسیوں کے آگے ایک بید ہی کی تپائی رکھی ہے جس پر میلا سا کرسیوں کے رنگ کا کپڑا بچھا ہوا ہے۔

بائیں طرف ایک دروازہ ہے جو سیڑھیوں پر کھلتا ہے۔ سامنے کی دیوار میں دروازے جو بالترتیب پہلے منظر کے کمرے اور اس کے ساتھ والے کمرے میں کھلتے ہیں۔ دروازے پرانی طرز کے ہیں۔ ان کے اوپر ساتھ ہی روشندان ہیں۔ جن کے شیشے شاید ابھی تک

نہیں لگے ہیں یا خستہ اور بوسیدہ ہو کر ٹوٹ گئے ہیں۔ ہاں ان کی جگہ کتے کے مستطیل ٹکڑے لگے ہوئے ہیں۔ ایک چارپائی دیوار سے لگی کھڑی ہے۔

ایک کرسی پر پروفیسر آنند بیٹھے ہوئے، دوسری پر ان کے پاؤں ہیں ان کے دائیں طرف تپائی پر جھوٹے خالی برتن رکھے ہیں۔ جس وقت پردہ اٹھتا ہے وہ سگریٹ سلگانے کی فکر میں ہے۔)

آنند: (اسی دیا سلائی کو جو بجھ گئی ہے زمین پر پٹک کر) اونہ!

(بھولاناتھ سیڑھیوں کے دروازے سے جھانکتا ہے۔)

بھولاناتھ: میں کہتا ہوں ہمیں وہاں بیٹھے بیٹھے ایک گھنٹہ ہو گیا اور تم نے ابھی تک آواز نہیں دی۔

(چل کر پروفیسر آنند اس کے پاس جاتے ہیں۔)

آنند: ارے دھیرے بولو۔ وہ ادھر رسوئی میں بیٹھا کھانا کھا رہا ہے۔

بھولاناتھ۔: (برتنوں کی طرف دیکھ کر) اور تم۔۔۔

آنند: میں نے بھی روزہ افطار کر لیا ہے۔ کمبخت لوکی کی کھیر بڑے مزے کی بناتا ہے۔

بھولاناتھ: لیکن۔۔۔

آنند: لیکن کیا؟ میں نے اسی کے مطابق سب کچھ کیا جو طے ہوا تھا لیکن وہ بھی ایک شیطان ہے۔

بھولاناتھ: (سوچتے ہوئے) تو گیا نہیں۔

آنند: وہ ایسی آسانی سے نہ جائے گا۔ ایسوں کو صاف جواب۔۔۔

بھولاناتھ: لیکن اخلاق بھی تو۔۔۔ (کندھے جھٹک کر) تم سمجھتے نہیں آنند۔

(سر کھجاتے ہوئے کمرے میں گھومنے لگتا ہے۔)

آنند: صاف جواب نہیں دے سکتے تو بھگتو۔

بھولا ناتھ: تم نے اس سے کہا نہیں کہ بھابی کی طبیعت۔۔۔

آنند: کہا کیوں نہیں۔ جب وہ سب چیزیں لے کر واپس آیا تو میں نے برا سا منھ بنا کر کہا ''بھابی کی طبیعت بڑی خراب ہو گئی تھی۔ انھوں نے اصرار کیا کہ میں تو میکے جاؤں گی اور وہ ٹھہرے زن مرید فوراً تیار ہو کر چلے گئے۔''

بھولا ناتھ: (غضب ناک ہو کر) زن مرید۔۔۔؟!

آنند: (ہنس کر اور بھی آہستہ سے رازدارانہ انداز میں) ارے وہ تو میں نے صرف یہ کہہ کر میں قفل اٹھانے کے لئے بڑھا اور وہ اندر رسوئی میں چلے گئے۔ میں نے تالے کو لے کر ہاتھ میں اچھالتے ہوئے کہا میں تو جا رہا ہوں کہنے لگے کھانا تو کھا کے جایئے گا۔ لوکی کی کھیر کا مزا۔۔۔

بھولا ناتھ: اور تمہارے منھ میں پانی بھر آیا۔

آنند: نہیں میں نے کہا میں تو جاؤں گا۔

بھولا ناتھ: پھر؟

آنند: انھوں نے بے فکری سے انگیٹھی میں کوئلے سلگاتے ہوئے کہا۔ اچھا تو ہو آیئے لیکن آ جایئے گا جلدی۔ ٹھنڈی کھیر کا مزا کیا خاک آئے گا۔

بھولا ناتھ: (غصے سے دانت پیس کر) ہوں۔

آنند: تب میں نے بھی دل میں سوچا کہ یہ اس طرح نہ جائیں گے۔ کوئی دوسری ترکیب ہی کرنی پڑے گی۔ چاہئے تو یہ تھا کہ میں قفل لگا کر باہر برآمدے ہی میں ملتا لیکن بھابی کی دو طشتریوں نے۔

بھولا ناتھ: (جلدی سے) پھر۔۔۔ پھر۔۔۔؟

آنند: پھر کیا۔ میں نے سوچا کہ انھیں یہاں چھوڑ جانا بیوقوفی ہی ہو گی نہ جانے کون سی چیز اٹھا کر چمپت ہو جائیں۔ اس لئے جھٹ بات بدل کر میں نے کہا: ''نہیں کوئی خاص جلدی تو نہیں مجھے۔ یہ آپ نے ٹھیک کہا کہ کھیر کا مزا گرم گرم ہی میں ہے۔ تو لائیے دیکھیں تو سہی آپ کیسی بناتے ہیں۔ بس انھوں نے کھیر تیار کی، لوکی کی بھاجی بنائی اور پھر ہلکی پھلکی روٹیاں پکائیں۔ ابھی ختم کر کے اٹھا ہوں۔ کمبخت غضب کی رسوئی بناتا ہے۔ میں پوچھتا ہوں یہ ماسٹر فطرت کا باورچی تو نہیں تھا۔

(دبا ہوا قہقہہ لگاتا ہے۔)

بھولا ناتھ: (مایوسی سے) اب۔۔۔

(چارپائی میں دھنس جاتا ہے۔)

آنند: تم بھی بلا تکلف کھالو۔ بھوکے پیٹ کیا خاک سوجھے گا۔ ترمال اندر آجائے تو۔۔۔

(بنواری رومال سے ہاتھ پوچھتا ہوا رسوائی کی طرف سے داخل ہوتا ہے۔)

بنواری: ارے گئے نہیں آپ۔

بھولا ناتھ: (جیسے قبر میں سے) گاڑی مس (Miss) کر گئے۔

بنواری: اور کملاجی؟

بھولا ناتھ: (چڑچڑے پن کے ساتھ) انھیں پھر دورہ پڑ گیا تھا۔

بنواری: (نہایت سنجیدگی سے) اوہ! تو کہاں۔۔۔

بھولا ناتھ: ویٹنگ روم میں بٹھا آیا ہوں۔ دوسری گاڑی دیر سے جاتی ہے اسی لئے۔

بنواری: (افسوس کے ساتھ اندر مڑتا ہے) ایک ڈبے میں کھیر دیئے دیتا ہوں۔ یقین کیجئے لوکی کی کھیر ہسٹریا کے دورے میں بے حد مفید ہوتی ہے اور پھر وہ بھی صبح سے بھوکی ہوں گی۔

بھولاناتھ: (غصے کو چھپاتے ہوئے) نہیں تکلیف نہ کیجئے۔ میں دوا کے ساتھ تھوڑا سا دودھ پلا آیا ہوں۔

بنواری: تو آپ ہی لیجئے۔ (آنند کی طرف دیکھ کر) کیوں پروفیسر صاحب انھوں نے بھی تو صبح کا۔۔۔

بھولاناتھ: میں کھانے کے موڈ میں نہیں ہوں۔

بنواری: (خفیف ہوئے بغیر) کیوں نہ ہو۔ (ذرا ہنس کر) میں نے ایک بار ایک فقیر سے پوچھا تھا۔ کھانے کا ٹھیک وقت کون سا ہے؟ اس نے خواب دیا امیر کی جب طبیعت ہو اور غریب کو جب ملے۔ بھائی آپ ٹھہرے امیر آدمی اور ہم۔۔۔ غریب! اچھا پان تو لیں گے نا۔

بھولاناتھ: (چڑ کر) میں پان نہیں کھاتا۔

بنواری: (مسکرا کر) اور پروفیسر صاحب؟

آنند: (جس نے خوب سیر ہو کر کھایا ہے) مجھے کوئی خاص اعتراض نہیں۔

بنواری: اچھا میں ذرا نیچے پنواری سے پان لے آؤں۔

(بے پروائی سے ہنستا ہوا چلا جاتا ہے۔)

بھولاناتھ: (کندھے جھٹک کر) میں کہتا ہوں اب۔۔۔

آنند: چپ۔

بھولاناتھ: (بے صبری سے) میں کہتا ہوں اب کیا کیا جائے۔ وہ کب تک پڑوسی کے یہاں بیٹھی رہے گی۔ تم تو مزے سے کھانا کھا کر کرسی پر ڈٹ گئے اور ہماری آنتیں۔۔۔

آنند: بھئی کھانا کھانے کے بعد میری سوچنے اور سمجھنے کی قوتیں سلب ہو جاتی ہیں۔ میں تو ذرا سوؤں گا۔

بھولا ناتھ: لیکن تم تو کہتے تھے کہ میں اس سے نمٹوں گا۔

(اٹھتا ہے۔)

آنند: وہ تو ٹھیک ہے مگر دو چار منٹ ذرا آنکھ لگ جائے تو کچھ سوجھے۔

(خمار آلود آنکھوں سے بھولا ناتھ کی طرف دیکھتا ہے اور ہنستا ہے۔ بھولا ناتھ مایوس ہو کر ہاتھ کمر کے پیچھے رکھ کر سوچتا ہے اور گھومتا ہے۔)

بھولا ناتھ: اٹھو یہ کام ہو چکا تم سے۔ باہر تالا لگائے دیتے ہیں۔ خود ہی رو پیٹ کر چلا جائے گا۔ دونوں کسی ہوٹل میں کھانا کھالیں گے۔

(پھر ٹہلنے لگتا ہے۔)

آنند: (کرسی پر پیچھے کی طرف لیٹ کر اور جمائی لے کر) تو پھر مجھے کیوں گھسیٹتے ہو۔ مجھے نیند آرہی ہے۔

(پھر کرسی سے اٹھتا ہے۔)

بھولا ناتھ: (جو بہت تیزی سے برآمدے میں گھوم رہا ہے اچانک رک کر) کیا مطلب ہے تمہارا؟

آنند: (پھر کرسی میں دھنس جاتا ہے) ارے بھائی تم باہر سے تالا لگا کر جانا چاہتے ہو تو چلے جاؤ۔ اس کمرے کو اندر سے بند کر جاؤ اور س میں باہر سے تالا لگا جاؤ۔ مجھے تین بجے پرنسپل گردھاری لال سے ملنے جانا ہے۔ تب اس کمرے سے نکل کر باہر سے تالا لگاتا جاؤں گا۔ اب جلدی کرو نہیں تو وہ آجائے گا۔ (اٹھ کر بائیں طرف کے کمرے میں چلا جاتا ہے، اندر سے) لو میں تو لیٹ گیا۔ اب پان خواب ہی میں کھاؤں گا۔

(بھولا ناتھ کچھ لمحے تک تیز تیز گھومتا ہے پھر تیزی سے وہ بھی اندر چلا جاتا ہے۔ اس کی غصے سے بھری چڑچڑی آواز آتی ہے۔)

بھولا ناتھ: تالا کہاں ہے؟ میں کہتا ہوں تالا کہاں ہے؟ کمبخت تالا۔۔۔ مل گیا۔۔۔ مل گیا۔

(تالا ہاتھ میں لئے آتا ہے اور چابیوں کی زنجیر انگلی میں گھماتا ہے۔)

آنند: (اندر سے) ارے دیکھو یہ اس کا بیگ باہر رکھتے جاؤ نہیں تو اسی بہانے آجائے گا۔

(بھولا ناتھ پھر اندر جاتا ہے اور کپڑے کا ایک پرانا پھٹا ہوا ہینڈ بیگ لے کر آتا ہے اور دروازے کے نزدیک باہر دیوار کے ساتھ ساتھ دیتا ہے اور دروازہ بند کر کے قفل چڑھانے لگتا ہے اور اندر سے پروفیسر آنند کی آواز آتی ہے۔)

آنند: ارے سنو، سنو۔

بھولا ناتھ: (پھر جلدی سے کواڑ کھول کر) کہو۔

آنند: ارے برتن تو اندر رکھتے جاؤ۔

(بھولا ناتھ جلدی سے برتن اٹھا کر دیتا ہے۔)

آنند: اور یہ تپائی اور کرسیاں بھی دے دو۔

(بھولا ناتھ جلدی جلدی کرسیاں اور تپائی دیتا ہے۔)

آنند: اور یہ چارپائی؟

بھولا ناتھ: اسے پڑا رہنے دو۔ اسے کوئی نہ اٹھالے جائے گا۔

(جلدی جلدی تالا لگاتا ہے۔ جلدی میں چارپائی سے ٹھوکر کھاتا ہے اور بڑبڑاتا ہوا چلا جاتا ہے۔)

(کچھ لمحے خاموشی جس میں دور پر کوئی گھڑیال ٹن ٹن بارہ بجاتا ہے۔ پھر کچھ لمحوں بعد بنواری لال گال میں پان دبائے کاغذ میں لپٹی پان کی گلوری ایک ہاتھ میں تھامے داخل ہوتا ہے۔ کمرے میں قفل اور باہر اپنا بیگ پڑا ہوا دیکھ کر چونکتا ہے۔ بھولا ناتھ کا نام لے کر دوبار آواز دیتا ہے۔ ذرا گھومتا ہے پھر مسکراتا ہے اور اپنے آپ سے کہتا ہے۔)

بنواری: میں تو ابھی سوؤں گا۔

(چارپائی بچھاتا ہے جو دوسرے کمرے کے دروازے کو بالکل روک لیتی ہے۔ اس پر لیٹ کر سگریٹ سلگاتا ہے۔ ایک دو کش لگا کر کروٹ بدل لیتا ہے۔)

پردہ

تیسرا منظر

(پردہ آہستہ آہستہ اٹھتا ہے۔ منظر وہی۔ بنواری لال کروٹ بدلتا ہے۔ باہر کہیں گھڑیال بجتا ہے پھر۔)

بنواری: اور تین بج گئے۔

(دروازے کے اوپر روشن دان کا گتا ہلتا ہے اور پھر کسی کا ہاتھ باہر نکلتا ہے۔)

(بنواری لال چونکتا ہے پھر کروٹ بدل لیتا ہے۔ آہستہ آہستہ بوٹ سوٹ پہنے پروفیسر آنند روشن دان کے گتے کو ہلا کر بڑی مشکل سے نیچے اترنے کی کوشش کرتے ہیں۔)

بنواری: (جیسے کسی کی آہٹ سے چونک کر) کون ہے (پھر چونک کر اور اٹھ کر) کون کون روشن دان کے اندر داخل ہونے کی کوشش کر رہا ہے۔ (شور مچاتا ہے) دوڑیو۔۔۔ بھاگیو۔۔۔ چور۔۔۔ چور۔!!

آنند: میں ہوں آنند۔

(آواز گلے میں پھنسی ہوئی ہے۔)

بنواری: (بدستور گھبرائی ہوئی آواز میں) چور! چور!!۔۔۔ دوڑیو۔۔۔ بھاگیو!!

(ایک مارواڑی، ایک ہندوستانی اور دو ایک پنجابی بھاگتے ہوئے سیڑھیوں سے داخل ہوتے ہیں۔)

مارواڑی:(جس کی سانس پھول رہی ہے)کائیں مجھے بابو جی۔کائیں چھے!!

ہندوستانی: کیابات ہے بھیا۔ کیا بات ہے ؟!

پنجابی:(ان کو پیچھے ہٹاتا ہوا) کی گل اے؟ کی گل اے؟کدھر چوری ہوئی اے۔ کدھر چوری ہوئی؟

بنواری:(آنند کی طرف اشارہ کرکے) یہ دیکھئے آج کل کے جنٹلمین بیکار کوئی کام نہ ملا تو یہی پیشہ اختیار کرلیا۔ دن دہاڑے ڈاکہ ڈال رہے ہیں۔ میرے دوست ہیں ناپنڈت بھولا ناتھ۔ میں ان سے ملنے کے لئے آرہا تھا دیکھتا ہوں توآپ اندر داخل ہو رہے ہیں۔ یہ بیگ شاید پہلی بار نکال کر رکھ چکے تھے۔(آنند کی طرف دیکھ کر طنز سے) اتریئے صاحب۔ اب ذراچند دن بڑے گھر کی روٹیاں توڑیئے۔

ہندوستانی:(آگے بڑھ کر) یہ بیگ اٹھارہے تھے؟

بنواری: نانا۔ اسے ہاتھ نہ لگایئے۔ اس میں سب گہنے بند ہوں گے۔ پولیس ہی آکر کھولے گی۔

آنند:(جو بالکل گھبر اگیاہے)میں۔ میں۔

مارواڑی: ابے شالہ میں میں کیا۔ نیچے اتر۔ مار مار کر بھوسا بنادیں گے۔

ہندوستانی:(فلسفیانہ انداز میں) آج کل بیکاری نے نوجوانوں کو چور اور ڈاکو بنادیا ہے۔

پنجابی: اوے۔ اتراوے۔ اوتھے ٹنگیا ایں۔ سوٹ تادیکھو جویں ناڈھو خان داملا ہوندا اے۔

(آگے بڑھ کر پروفیسر آنند کو پاؤں سے پکڑ کر گھسیٹتا ہے۔ وہ دھم سے زمین پر آگرتے ہیں۔ وہ پنجابی نوجوان دو چار گھونسے تھپڑ ان کے رسید کر دیتا ہے۔ آنند غصے اور بے عزتی سے جل کر کہتا ہے۔)

آنند: میں پنڈت بھولا ناتھ کا دوست پروفیسر آنند۔۔۔

پنجابی: چل چل پروفیسر دا بچہ۔ جا کے تھانے والیاں نوں دسیں کہ توپروپھیسر ہیں یا ڈپٹی۔

(سب قہقہہ لگاتے ہیں۔)

بنواری: میں بھی ان کا دوست ہوں لیکن ان کی غیر حاضری میں چوری تو نہیں کرتا پھرتا۔

مارواڑی: آج کل جمانوالیوئی چھے۔ بابوجی کائی کریو جائے۔

(آج کل کا زمانہ ہی ایسا ہے بابوجی کیا کیا جائے۔)

بنواری: (گرج کر) میں ابھی پولیس کو ٹیلی فون کرتا ہوں۔ آپ اسے پکڑے رکھیں۔

(جاتے ہوئے) دیکھئے بیگ کو ہاتھ نہ لگائیے۔

(کئی اور لوگ داخل ہوتے ہیں۔)

(''کیا ہوا۔ کیا ہوا۔'' کا شور مچ جاتا ہے۔)

مارواڑی: (نوواردوں سے) یہ چور چوڑے دہاڑے چوری کر رہو چھو شاپ۔

(یہ چور دن دہاڑے چوری کر رہا تھا۔)

ہندوستانی: (طنز سے) جنٹلمین چور!

آنند: میں کہتا ہوں۔

پنجابی: (ایک اور تھپڑ رسید کر کے) تون کہنا ایں نائے چور نائے پتر۔

(بھیڑ کو چیرتا ہوا بھولا ناتھ آتا ہے۔)

بھولا ناتھ: کیا بات ہے؟ کیا بات ہے؟

مارواڑی: بچ گیا۔ چھے شاپ۔ تھاکے چوری کر ہیو چھو۔

ہندوستانی: سمجھئے بچ گئے۔ آپ کے دوست نے عین موقع پر چوری کرتے ہوئے پکڑ لیا۔

آنند: (جس کا حوصلہ بھولا ناتھ کے آنے سے بڑھ گیا تھا) میں کہتا ہوں۔

مارواڑی: (لپک کر) تو کائیں کہے چھے۔

ہندوستانی: (ادا سے) یہ کہتا ہے۔

پنجابی: ایہہ کہندا اے (چبا چبا کر) نالے چور نالے چتر۔

(سب ہنستے ہیں۔ بھولا ناتھ بڑھ کر آنند کو پنجابی کی گرفت سے چھڑاتا ہے۔)

بھولا ناتھ: چھوڑیئے چھوڑیئے آپ سب جایئے۔ یہ میرے دوست ہیں۔ میں ان سے نمٹ لوں گا۔

ہندوستانی: لیکن چور۔

بھولا ناتھ: میں کہتا ہوں انھوں نے کوئی چوری نہیں کی۔ آپ جایئے میری بیوی آ رہی ہے۔ آپ سب سیڑھیاں روکے کھڑے ہیں۔

(سب بڑبڑاتے ہوئے چلے جاتے ہیں۔)

پنجابی: (رک کر) پردہ بابو۔

بھولا ناتھ: (چیخ کر) وہ بدمعاش گیا نہیں۔

(پنجابی جلدی جلدی جاتا ہے۔)

آنند: وہ تو پولیس میں رپورٹ لکھوانے گیا ہے۔

بھولا ناتھ: آخر ہوا کیا؟

آنند: ہونا کیا تھا سب اس کی بدمعاشی ہے۔

بھولا ناتھ: آخر بات کیا ہوئی؟

آنند: ہوتی کیا؟ تمہارے جانے کے بعد میں لیٹ گیا تو کچھ ہی دیر بعد وہ آیا۔ پہلے شاید تمہیں آوازیں دیں۔ پھر تالا دیکھ کر بڑبڑایا۔ پھر چارپائی گھسیٹ کر بالکل اسی دروازے

کے آگے لیٹ گیا۔ پھر میں۔۔۔

بھولا ناتھ: تمہارے ساتھ ایسا ہی ہونا چاہئے تھا۔ کہا جو تھا چلو ہمارے ساتھ۔

آنند: ساڑھے تین بجے مجھے پرنسپل صاحب سے ملنا تھا۔ آخر انتظار کر کے میں تیار ہوا لیکن جاؤں کدھر سے۔ دروازے کے شگاف سے روشن دان تک چڑھا پھر دھوتی باندھ کر اترنے لگا تھا کہ۔۔۔

بھولا ناتھ: اور وہ تمہارا استاد نکلا۔ میں نے کہا تھا اول درجے کا بد معاش ہے۔

آنند: اس نے چور، چور کا شور مچا دیا اتنے آدمی اکٹھے کر لئے اور اس پنجابی نے کئی تھپڑ مجھے رسید کئے۔

(بنواری داخل ہوتا ہے۔)

بنواری: (جیسے کچھ جانتا ہی نہیں) عجب دوست ہیں آپ کے یہ تو سب کچھ اٹھا کر ہی لے چلے تھے۔

بھولا ناتھ: آپ کو شرم نہیں آتی۔ یہ تو اندر ہی تھے۔

بنواری: لیکن مجھے کیا معلوم تھا۔ میں نے آوازیں دیں۔ یہ بولے تک نہیں۔

بھولا ناتھ: سو رہے ہوں گے۔

بنواری: تو جب بیدار ہوئے تب مجھے آواز دیتے۔ روشن دان سے اترنے کی کیا ضرورت تھی۔

بھولا ناتھ: اچھا ہٹائیے۔ اس قصے کو۔ کملا کی طبیعت خراب ہو رہی ہے۔ میں اسی گاڑی سے اسے گورداس پور لے جاؤں گا۔ چلو آنند تم بھی میرے ساتھ چلو۔ اب پرنسپل صاحب سے کل مل لینا۔

بنواری: آپ گورداس پور جا رہے ہیں۔ آپ کا سسرال تو نواں شہر ہے۔

بھولا ناتھ: (بے پروائی سے) وہاں کملا کے بڑے بھائی رہتے ہیں۔

بنواری: بھائی؟!

بھولا ناتھ: میونسپل کمیٹی میں ہیڈ کلرک ہیں۔

بنواری: میونسپل کمیٹی میں (مسرت سے ہلکی سی تالی بجا کر) یہ آپ نے اچھی خبر سنائی وہاں میونسپل کمیٹی میں مجھے کام ہے۔ میں خود پریشان تھا۔ سوچتا تھا کہاں ٹھہروں گا۔ کیسے ہیڈ کلرک سے ملاقات کروں گا۔ وہاں میرا کوئی واقف نہیں۔ اب آپ ساتھ ہوں گے تو سب کچھ بآسانی ہو جائے گا۔ ٹھہریئے میں بیگ اٹھالوں۔

(بڑھ کر بیگ اٹھاتا ہے۔)

پردہ گرتا ہے

***

ٹرنک کال

اوپندر ناتھ اشک

افراد:

گورنام: مشہور فلم پروڈیوسر۔ عمر ۴۵ برس

ہرنام: اس کا چھوٹا بھائی اور منیجر۔ عمر ۴۰ سال

کرٹ: مزاحیہ ایکٹر

ستیندر: عام اداکار

شری ہر: جوتشی

وکیل: کمپنی کا قانونی صلاح کار

پانڈے اور مشرا: لڑکی کے لئے بات کرنے والے

چپراسی: عمر ۵۵ برس

مقام: بمبئی کے مشہور فلم پروڈیوسر گورنام پنجوانی کا دفتر

وقت: حال کا

منظر: (پردہ اٹھنے پر گورنام آرام کرسی پر لیٹا ہے اور مزاحیہ اداکار کرٹ جس نے اس کی تازہ فلم میں ایک چھوٹا سا رول لے رکھا ہے اور آئندہ فلم میں بڑا رول پانے کی کوشش میں ہے اس کے پاؤں دبا رہا ہے۔)

گورنام: تم میری عادت بگاڑ دوگے کرٹ۔ میری زندگی میں ایسے دن بھی آئے ہیں، جب میں نے ہفتوں مہینوں سولہ سولہ گھنٹے کام کیا ہے، لیکن نہ کبھی مجھے تکان محسوس ہوئی اور نہ میں نے کسی سے پیر دبوائے۔ (ہنس کر) اور جب سے تم کمپنی میں آئے ہو اور مٹھی چاپی کرنے لگے ہو، میرا جسم بھی درد کرنے لگا ہے اور مجھے پاؤں دبوانے کی خواہش بھی محسوس ہونے لگی ہے۔ کبھی کبھی سوچتا ہوں کہ تم اوم پرکاش، آغا، کنہیالال یا محمود کی طرح مشہور ایکٹر ہو گئے تو۔۔۔

کرٹ: گورنام صاحب یہ سب تو مزاحیہ اداکار ہیں، بھگوان کرنے میں ہیرو ہو جاؤں تو بھی ان قدموں کی دھول اپنے ماتھے پر لگانا اپنی خوش قسمتی سمجھوں گا۔ آپ نے مجھے بریک دیا ہے۔ میں آپ کو اپنے استاد اور بڑے بھائی کے برابر سمجھتا ہوں۔

(اور بھی جوش سے پنڈلی دبانے لگتا ہے۔)

گورنام: نہ جانے آج کندھے کیوں درد کر رہے ہیں۔

کرٹ: (جلدی سے اٹھ کر کندھے دباتے ہوئے) آپ کام بھی تو بہت کرتے ہیں گورنام صاحب۔ اس ساری انڈسٹری میں ایک بھی پروڈیوسر نہیں، جو آپ کے مقابلے میں نصف کام بھی کرتا ہو۔ میں نے تو اسی لئے آپ کو اپنا آدرش بنالیا ہے۔

(تندہی سے کندھے دباتا ہے۔ ہرنام تیز تیز داخل ہوتا ہے۔)

ہرنام: بھائی صاحب کیا یہ سچ ہے؟

گورنام: کیا سچ ہے؟

ہرنام: یہی جو میں سن رہا ہوں۔

گورنام: کیا سن رہے ہو؟

ہرنام: بھابھی کو آپ نے ان کے میکے بھیج رکھا ہے۔۔۔ جموں۔۔۔ سال بھر سے اور۔۔۔

گورنام:سال بھر سے نہیں، مشکل سے نو مہینے۔۔۔(ٹیلی فون کی گھنٹی بجتی ہے) کرٹ ذرا دیکھنا کون ہے؟

کرٹ:(کندھے دبانا چھوڑ کر فون کا چونگا اٹھاتا ہے) ہیلو۔۔۔ڈبل تھری، ڈبل فور، ڈبل فائیو!۔۔۔ کون صاحب بول رہے ہیں۔۔۔ کھوسلہ صاحب (گھگھیاتی آواز میں) آداب۔۔۔ آداب! میں آپ کا پرانا خادم کرٹ۔۔۔جی ہاں۔۔۔جی ہاں۔۔۔ ابھی دیتا ہوں۔(فون اٹھا کر گورنام کے پاس لے جاتے ہوئے) کھوسلہ صاحب کا فون ہے۔

گورنام:(فون کا چونگا لے کر) آداب عرض حضور کھوسلہ صاحب۔۔۔ ہاں ہاں آپ کی مہربانی ہے۔ بس آخری ریل کی ایڈیٹنگ باقی ہے۔ میری بے انتہا خواہش ہے کہ ریلیز سے پہلے آپ اسے ایک نظر دیکھ لیں۔۔۔ ارے نہیں حضور، آپ تو خود فرمایا کرتے ہیں۔۔۔بڑے سے بڑا پروڈیوسر نہیں جان پاتا کہ اس کی فلم ہٹ ہوگی یا فلاپ!۔۔۔ہاں میری چار چار فلمیں ہٹ ہو گئی ہیں۔ لیکن پانچویں فلاپ نہیں ہو گی، اس کی کیا گارنٹی ہے؟۔۔۔ اپنا زور تو حضور کھوسلہ صاحب محنت پر ہے۔ کامیابی یا ناکامی تو اوپر والے کے ہاتھ میں ہے۔ہاں۔ہاں ٹھیک۔۔۔طے۔۔۔ نہایت شکر گزار ہوں گا۔ آداب عرض!

ہرنام:(بڑے بھائی کے ہاتھ سے چونگا لے کرٹ کو تھماتے ہوئے) کرٹ اسے ادھر رکھو۔(گورنام سے) نوماہ بھی بھابھی کو جموں گئے ہو گئے تو کم نہیں ہیں سنا ہے۔ انہیں میکے بھیج کر آپ دوسری شادی رچانے کی فکر میں ہیں۔

گورنام: کون کہتا ہے؟

ہرنام: کوئی بھی کہتا ہو۔ آپ سینے پر ہاتھ رکھ کر کہئے، جھوٹ ہے؟

(ستیندر داخل ہوتا ہے۔)

گورنام: کیا بات ہے ستیندر، گھبرائے ہوئے کیوں ہو۔

ستیندر: میں ابھی فینس اسٹوڈیو سے آ رہا ہوں۔ سلوانا نے فلم ایڈٹ کرتے ہوئے میرے دو سین ہی گول کر دئے۔

گورنام: تم ان دونوں میں کانپ رہے تھے۔

ستیندر: وکرم نے جتنی بار کہا، میں نے ریہرسلیں دیں۔ جب تک اس نے اوکے نہیں کیا، میں نے بس نہیں کی۔

گورنام: ہاں، لیکن جیسے ہی وکرم کہتا۔۔۔ ٹیک (Take) کیمرا آن ہوتا۔ تم کانپنے لگتے۔ تمہاری خوشی کے لئے میں نے سین بڑھا دیا۔ تمہارا کلوز اپ شاٹ لینے کی ہدایت دے دی۔ لیکن افسر کے آتے ہی سپاہی اٹینشن (Attention) میں ہو کر سیلوٹ مارے، کیمرے میں اس کا کلوز اپ ہو اور اس کا ہاتھ کانپتا دکھائی دے تب اس سین کو کاٹ دینے کے سوا کیا چارہ ہے۔ سلوانا نے نہیں، میں نے ہی اسے تلف کرنے کی ہدایت دی تھی۔

ستیندر: کچھ مناظر تو آپ دوبارہ شوٹ کرنے والے ہیں نا۔ اس سین کو بھی ری ٹیک کر لیجئے گا۔ یقین دلاتا ہوں۔ اب کے ہاتھ ذرا نہیں کانپے گا۔

گورنام: دیکھیں گے۔۔۔ تم کہتے تھے۔۔۔ وکیل اور پانڈے آج ہی آئیں گے۔ کیا ہوا ان کو؟ کیا وکیل نے کاغذات تیار نہیں کئے۔

ستیندر: بس میں ادھر ہی جا رہا ہوں۔

گورنام: اور اس جیوتش اچاریہ پر کیا بنی۔ وہ کیوں نہیں آیا؟

ستیندر: ادھر تو کرٹ جانے والا تھا۔

کرٹ: جیوتشی جی نے آج آنے کو کہا تھا۔ میں ابھی فون کرتا ہوں۔ (دھیمے لہجے میں) یوں انھوں نے کہا تھا کہ پچھلے مہینے سے لے کر ایک سال اور اکیس دن تک آپ کے گھر لڑکا ہونے کا جوگ ہے۔ شری ہری راج جیوتشی ہیں اور ان کی بات کبھی غلط نہیں ہوتی۔

گورنام: ستیندر! تم جاؤ۔ اس معاملے کو ادھر ادھر کرو (کرٹ سے) تم فون اٹھا کر باہر لے جاؤ۔ (کرٹ فون اٹھا کر باہر جانے لگتا ہے۔) اور ذرا ان جیوتش اچاریہ کا پتہ کرو۔ فون نمبر تو یاد ہو گا تمہیں؟

کرٹ: جی یاد ہے۔

گورنام: دیکھو چپر اسی سے کہہ دو کسی کو اندر آنے کی اجازت نہ دے۔ کوئی بہت ضروری فون آئے تو نمبر لے لے۔ کہہ دے صاحب باتھ روم میں ہیں۔ ابھی فون کریں گے۔ غیر ضروری ہو تو ٹال جائے۔

کرٹ: جی بہت اچھا۔

(فون لے کر چلا جاتا ہے۔)

ہرنام: آپ مجھے بس اتنا بتا دیجئے بھائی صاحب کہ بھابھی میں خامی کیا ہے؟ اتنی خوبصورت، سمجھدار، سلیقے اور سگھڑاپے والی، شائستہ اور پڑھی لکھی خاتون ساری فلمی دنیا میں ڈھونڈنے سے نہیں مل سکتی۔

گورنام: میں کب کہتا ہوں۔

ہرنام: تو۔۔۔

گورنام: تو۔۔۔

ہرنام: تو آپ کیوں یہ گناہ کرنے جا رہے ہیں۔

گورنام: کیا بکتے ہو؟

ہرنام: گناہ ہی نہیں، یہ جرم بھی ہے۔ آپ تو ہمیشہ کہا کرتے ہیں کہ فلمی دنیا میں آپ کی اس حیرت انگیز ترقی کا یہی راز ہے کہ آپ کبھی شراب اور عورت کے چکر میں نہیں پڑے۔

گورنام: اب بھی میں کسی چکر میں نہیں ہوں۔

ہرنام: چکر میں ہونا اور کسے کہتے ہیں۔ یہ ستین سالا جے کے میں دلالی کرتا تھا۔ یہاں آکر آپ کے ایسا منہ لگا ہے کہ نہایت ہی غیر اہم معمولی سا اس کا پارٹ ہے اور اسے بھی ری ٹیک کرنے کے لئے آپ پر زور دے رہا ہے۔ یہ سالے تو زندگی بھر ایکٹر نہیں بن سکتے۔ لیکن اپنی غرض کے لئے آپ کو توکسی نہ کسی گہرے گڑھے میں ڈھکیل سکتے ہیں۔

گورنام: دیکھو ہرنام! مجھے اس بمبئی میں رہتے پندرہ برس ہونے کو آئے ہیں اور جہاں میرے شروع کے ساتھی آج بھی فٹ پاتھوں پر سوتے ہیں میں کامیابی کی چوٹی پر جا پہنچا ہوں اور تم دلی میں کلرکی کرنے کے بجائے تین ہزار روپیہ ماہانہ پا رہے ہو۔ تم اتنا سمجھ لو کہ اپنا بھلا برا، فائدہ نقصان میں خوب سمجھتا ہوں۔ یہ بھی کہ میں کوئی گناہ کر رہا ہوں، نہ کوئی جرم، یاد رکھو کہ میں نے تمہاری شادی کر دی۔ الگ فلیٹ دے دیا الگ کار لے دی۔ تمہاری اپنی نجی زندگی میں کسی طرح کا دخل نہیں دیا۔۔۔ اس وقت بھی نہیں جب نینا کے قصے کو لے کر تمہاری بیوی روتی ہوئی یہاں آئی تھی۔۔۔

ہرنام: اسے محض وہم تھا۔ آپ جانتے ہیں۔

گورنام: تمہیں بھی محض وہم ہے اور یہ میں جانتا ہوں۔

ہرنام: معاف کیجئے گا بھائی صاحب! بھابھی کو میں ماں کے برابر مانتا آیا ہوں۔ میں تو میٹرک میں پڑھتا تھا جب آپ کی شادی ہوئی تھی۔ بھابھی نے مجھے اپنے بچے جیسی محبت دی ہے۔

گورنام: مجھے بھی (قدرے ہنستا ہے) لیکن اس سے کوئی فرق نہیں پڑتا۔ دس برس ہونے کو آئے ہیں میری شادی ہوئے اور میں نے اولاد کا منہ نہیں دیکھا۔۔۔ یہ ساری زمین جائیداد، یہ فلیٹ، یہ سٹوڈیو، یہ کاریں، یہ فارم۔۔۔

ہرنام: میں سمجھتا ہوں بھائی صاحب۔ لیکن میں یہی عرض کرنا چاہتا ہوں کہ آپ بہت

جلدی ناامید ہو گئے ہیں۔ جب آپ کی شادی ہوئی تو بھابھی صرف پندرہ برس کی تھیں اور اب پچیس برس کی ہیں۔ کیا عمر گزر گئی ان کی ماں بننے کی؟ ڈاکٹر سب نس۔۔۔

گورنام: ارے ان ڈاکٹروں۔ ڈاکٹروں کو کچھ نہیں آتا۔ ہے کوئی بمبئی کی مشہور لیڈی ڈاکٹر یا ایکسپرٹ ڈاکٹر جسے میں نے ارملا کو نہیں دکھایا۔ کون سا ٹیسٹ ہے جو میں نے اس کا نہیں کرایا۔ سبھی کہتے ہیں کوئی نقص نہیں۔۔۔ کوئی نقص نہیں تو بچہ کیوں نہیں ہوتا۔

ہرنام: نقص آپ میں بھی تو ہو سکتا ہے۔

گورنام: تم سمجھتے ہو کہ مجھ میں نقص ہوتا تو میں جان نہ پاتا۔ مجھے یقین ہوتا کہ مجھ میں نقص ہے تو میں دوسری شادی کرنے کی سوچتا؟

ہرنام: میں نے ڈاکٹر سب نس سے پوچھا تھا۔ انھوں نے بتایا کہ بظاہر اس سلسلے میں سب کچھ ٹھیک معلوم ہوتا ہے۔ آدمی عورت کے پاس جاتا ہے۔ آدمی کو کوئی کمی محسوس نہیں ہوتی۔ مرد عورت دونوں مطمئن بھی ہوتے ہیں، لیکن۔۔۔

گورنام: ڈاکٹر پاریکھ نے بہت اچھی طرح دیکھا ہے۔ نہایت باریکی سے معائنہ کیا ہے۔ میرے لاکھ انکار کے باوجود اس نے مجھے انجکشن لگادئے۔ اس بات کو بھی سال بھر ہونے کو آیا ہے۔

ہرنام: آپ ذرا ڈاکٹر سب نس سے مشورہ۔۔۔

گورنام: مجھے کسی سب نس اب نس سے مشورہ نہیں کرنا۔ میرے ساتھ بے کار کی بحث میں وقت ضائع کرنے کے بجائے بہتر ہوتا کہ تم آخری ریل بھی لے آتے۔ میں نے کھوسلہ صاحب سے فکس کیا ہے۔ کل گیارہ بجے انہیں گولڈی کے پروجیکشن ہال میں فلم دکھانی ہے۔

ہرنام: آپ نے مجھ سے راجیش کھنہ کے ہاں جانے کو کہا تھا۔۔۔ اگلی فلم کے لئے اس سے

بات کرنے کے سلسلے میں۔

گورنام: ٹھیک ہے، تم اپنے کمرے میں جاکر فون پر اس کے سکریٹری سے بات کر کے ٹائم لے لو۔ وہ وقت دیدے تو آج رات ادھر چلے جانا۔ ابھی فینس میں فون کرو۔ دیکھو اگر ایڈیٹنگ ختم ہو گئی ہو تو جاکر فلم لے آؤ۔

ہرنام: جی بہتر، لیکن میں نے جو عرض کیا ہے، اس پر ٹھنڈے دل سے غور کئے بغیر جلدی میں کوئی فیصلہ نہ کیجئے گا۔ شادیاں تو، اب آپ طاقتور ہیں، دس کر سکتے ہیں۔ لیکن نبھاؤ مشکل ہو جاتا ہے۔ آپ نے دیکھا نہیں جنیجا کو۔ اسی چکر میں اس کی پہلی بیوی نے خودکشی کر لی اور دوسری نے اس کی زندگی وبال کر رکھی ہے۔

گورنام: تم میری فکر نہ کرو۔ اپنے کام دیکھو۔

ہرنام: میں آپ کو شکایت کا موقعہ نہیں دوں گا۔

(چلا جاتا ہے۔ گورنام اٹھ کر کچھ لمحے چپ چاپ کمرے میں ٹہلتا ہے۔ پھر کرسی پر آبیٹھتا ہے اور بزر دباتا ہے۔ دوسرے لمحے چپراسی حاضر ہوتا ہے۔)

چپراسی: حضور!

گورنام: ذرا کرٹ کو بھیجو۔

(چپراسی چلا جاتا ہے۔ دوسرے لمحے کرٹ داخل ہوتا ہے۔)

کرٹ: میں نے آپ سے عرض کیا تھا کہ شری ہری ضرور آئیں گے۔ میں نے ان کے فلیٹ پر فون کیا تو معلوم ہوا، کب کے چل چکے ہیں۔ ادھر فون رکھا، ادھر دروازے میں ان کے درشن ہوئے۔ (دروازہ ذرا سا کھول کر) آیئے جیوتشی جی!

(شری ہری، شری ہری، کا جاپ کرتے ہوئے جیوتشی جی داخل ہوتے ہیں۔ نام تو ان کا مدن گوپال ہے، لیکن متواتر شری ہری کا نام جپنے سے وہ خود شری ہری کہلانے لگے۔)

گورنام: کہئے پنڈت جی، دیکھی ہماری کنڈلی؟

شری ہری: آپ کا آدیش (حکم) ہو اور ہم نہ مانیں، یہ کیسے ہو سکتا ہے۔ شری ہری۔۔۔ شری ہری۔۔۔ بھگوان شاکشی (گواہ) ہے سات کنڈلیاں بننے کو پڑی تھیں۔ کھوسلہ صاحب کے ناتی کی کنڈلی بنانی ہے، روپیہ انھوں نے پیشگی بھجوا دیا ہے، لیکن ایک کشن کا اوکاش (فرصت) نہیں ملا اور ان کے فون پر فون آرہے ہیں۔ کیا کروں، سارا دن تو لوگ آتے رہتے ہیں۔ رات گیارہ بجے سے پہلے تو اوکاش ہی نہیں ملتا۔ کل رات بارہ بجے آپ کی کنڈلی لے کر بیٹھا تو تین بجے اٹھا۔ شری ہری۔۔۔ شری ہری۔۔۔

گورنام: کچھ بتایئے بھی مہاراج، شری ہری نے ہمارے بھاگیہ میں کیا لکھا ہے۔

شری ہری: فلم تو آپ کی ہٹ ہو گی۔ سو میں پچھتر بسوا۔ شری ہری۔۔۔ شری ہری۔۔۔

گورنام: یہ پچیس فیصدی کی رکاوٹ کیسے لگا دی مہاراج۔

شری ہری: بات یہ ہے کہ بھگوان شنی ذرا وکری (ٹیڑھا) ہے۔ اس کا جاپ کر دوں گا۔ آپ چنتا نہ کریں۔ یوں بھی ڈھائی تین مہینے کے بعد یہ سویمیو (اپنے آپ) سیدھا ہو جائے گا۔ فلم ایک دم ریلیز نہ کریں۔ شنی مہاراج کو ذرا سیدھے ہو لینے دیں۔ شری ہری۔۔۔ شری ہری۔۔۔ اور جیسا میں نے نویدن کیا تھا، نیلم کی انگوٹھی۔۔۔

گورنام: میں نے شہر میں اکیس سنیما ہال بک کر رکھے ہیں۔ ایک ہی دن سب میں ریلیز ہو گی۔

شری ہری: تو۔۔۔ تو۔۔۔ آپ۔۔۔

گورنام: کہئے کہئے!

شری ہری: بات یہ ہے کہ آپ کی کنڈلی میں کسی متر کے ہاتھوں لابھ کا جوگ ہے۔ کیا ایسا نہیں ہو سکتا کہ اس فلم میں آپ کسی کو ساجھے دار بنا لیں۔

گورنام: ساجھے دار تو دس بن جائیں گے۔ چار چار ہٹ فلمیں بنا چکا ہوں۔ لیکن آپ ایسا کیوں سوچتے ہیں؟

شری ہری: بات یہ ہے کہ جس متر کو ساتھی بنائیں گے اگر اس کا سنیچر شکتی شالی ہو گا تو آپ کاوکری شنی کٹ جائے گا اور بھگوان کی کرپا سے چاروں کھونٹ وجے تا پھہرے گی۔ شری ہری۔۔۔ شری ہری۔۔۔

گورنام: ٹھیک ہے، آپ کہتے ہیں تو۔۔۔

شری ہری: لیکن جن جن سے بات کریں، ان کی کنڈلیاں بہانے سے لے کر مجھے دکھا دیں۔

گورنام: یہ کرٹ کہتا ہے کہ میری کنڈلی میں آپ نے کچھ اور بھی دیکھا ہے۔

شری ہری: بات یہ ہے کہ گرہوں کی ورتمان دشا کا لیکھا جو کھا کرنے لگا تو یونہی سوریہ سنگھتا اٹھا کر پھلا دیش پڑھنے لگا۔ معلوم ہوا کہ اس سال آپ کے گھر سنتان اتپتی کا جوگ ہے۔ وہ بھی بالک کا۔ شری ہری۔۔۔ شری ہری۔۔۔

گورنام: (سر گوشی میں) میں پنڈت جی میں دوسری شادی کرنے کی سوچ رہا تھا۔ تھوڑی دو ودھا تھی، سو آپ کی اس پیشن گوئی سے دور ہو گئی۔ ہو سکا تو میں آج ہی شام طے کر لوں گا۔ نہیں تو کل یقیناً

شری ہری: پر نتو بیاہ کو جوگ تو۔۔۔

(سر کھجلانے لگتا ہے۔)

گورنام: نہیں ہے کیا؟

شری ہری: دھیان نہیں دیا۔ کنڈلی دیکھ کر ہی بتا سکتا ہوں۔

گورنام: کیا میری پتری آپ ساتھ نہیں لائے۔

شری ہری: میں واستو میں (حقیقت) میں گھر سے سیدھا ادھر نہیں آیا۔ ڈائریکٹر شنکر کے ہاں چلا گیا تھا۔ وہاں سے مہتہ صاحب کے یہاں چلا گیا۔ وہاں سے چڑ جی کے۔۔۔ گھر سے سیدھا ادھر آتا تو۔۔۔

گورنام: مجھے آپ کی رائے آج ہی، بلکہ ابھی چاہئے۔

شری ہری: تو ایسے کیجئے، مجھے سٹوڈیو کار میں بھیج دیجئے۔ میں جا کر کنڈلی دیکھتا ہوں اور آپ کو فون پر بتا دیتا ہوں۔

گورنام: جایئے کرٹ آپ کو میری کار میں لے جائے گا۔ (کرٹ سے) کرٹ جیوتشی جی کو ذرا کار میں ان کے ہاں پہنچا دو۔

کرٹ: آیئے پنڈت جی۔

شری ہری: (چلتے چلتے ذرا رک کر) کہیں کچھ بات چل رہی ہے؟ لڑکی کی کنڈلی دیکھے بنا۔۔۔

گورنام: وہ سب ہو جائے گا۔ آپ جوگ تو دیکھئے۔

شری ہری: ٹھیک ہے، میں گھر پہنچتے ہی پتری دیکھ کر آپ کو فون کرتا ہوں۔

گورنام: یہ لیجئے یہ ایک ہر اپتار کھئے۔

شری ہری: (نوٹ لے کر جیب میں رکھتے اور گھگھیا کر ہنستے ہوئے) ارے بھگوان یہ پھر آ جاتا۔ ہیں ہیں۔۔۔ ہیں ہیں۔۔۔ اچھا تو۔۔۔ چلوں!

(جیوتشی جی ماتھے پر دونوں ہاتھ لے جاتے ہیں اور شری ہری، کا جاپ کرتے ہوئے چلے جاتے ہیں۔ گورنام میز پر ٹانگیں پسار کر پیچھے کو لیٹ جاتا ہے۔ چپراسی داخل ہوتا ہے۔)

چپراسی: سرکار وکیل صاحب آئے ہیں۔

گورنام: ان کے ساتھ بھی کوئی ہے۔

چپراسی: وہی پانڈے جی اور مشرا جی ہیں، جو دو تین دن سے آ رہے ہیں۔

گورنام: بھیج دو اور کیتلی میں فوراً چائے کے لئے پانی چڑھادو۔

چپراسی: پانی تو گرم ہے۔ ہرنام صاحب کے لئے چائے بن رہی ہے۔

گورنام: تو تین چار پلیٹوں میں بسکٹ رکھ کر چائے لاؤ۔

چپراسی: جی بہتر (دروازہ کھول کر) آیئے وکیل صاحب۔

(شری برج رتن پانڈے اور درگا پرشاد مشرا کے ساتھ وکیل صاحب۔ داخل ہوتے ہیں۔)

گورنام: (کھڑے ہو کر ان کا خیر مقدم کرتے ہوئے) آیئے۔۔۔ آیئے۔۔۔ تشریف رکھئے۔

وکیل: کاغذ تو میں نے رف سب تیار کر دئے ہیں۔ ان کو دکھا بھی دئے ہیں۔ اسٹمپ پیپر آپ کے نام سے خرید لئے ہیں۔ آپ ایک نظر دیکھ لیں تو میں اسٹمپ پیپر پر معاہدہ ٹائپ کرادوں۔

گورنام: دکھایئے۔

(وکیل گورنام کو کاغذ دکھاتا ہے۔ گورنام خاموشی سے پڑھتا ہے۔ اس دوران چپراسی طشتریوں میں بسکٹ اور ردسی گلاس سٹینڈز میں چائے کے گلاس ٹرے میں سجا کر لاتا ہے اور سب کے آگے رکھتا ہے۔)

گورنام: (معاہدہ پڑھنے کے بعد) کیوں پانڈے جی، آپ نے پڑھ لیا؟

پانڈے: (قدرے ہنس کر) دیکھئے، اس سب کی ضرورت نہ تھی، لیکن میں نے کہانا کہ لڑکی کے ماما نے اس کی ماں کو بہکا دیا۔

گورنام: ہاں۔۔۔ ہاں۔۔۔ وہ بجا ہے۔ ماما جی کو اس طرح سوچنا اور لڑکی کی ماں کا ڈرنا عین

واجب ہے۔ ماما جی کی جگہ میں ہوتا تو یہی کرتا اور کہتا۔ یوں تو جہاں تک شاستروں کا تعلق ہے ہندو وواہ اٹل اور اٹوٹ ہے۔ شوہر ذات بدل لے تو بھی نہیں ٹوٹتا۔ لیکن جب سے نیا قانون بنا ہے، مردوں کو وہ پہلے کی سی آزادی نہیں رہی۔ طلاق کے بغیر دوسری شادی کو سرکار غیر قانونی مانتی ہے۔ نہ دوسری بیوی اور اس کے بچوں کو باپ کی جائیداد میں کسی طرح کا قانونی حق ہی دیتی ہے۔ آپ زور نہ دیتے تو بھی میں یہ سب لکھا پڑھی کرتا۔ لیکن خیر معاہدے کا یہ رف ورژن آپ پڑھ لیں اور دیکھ لیں، کوئی بات رہ گئی ہو تو۔۔۔

پانڈے: نہیں جی، میں نے دیکھ لیا ہے۔ میں مطمئن ہوں۔

گورنام: مشراجی کو دکھا دیا ہے؟ یہ لڑکی کے پھوپھا ہیں، ان کی تسلی ہونا لازم ہے۔

پانڈے: ان کے سامنے ہی میں نے ساری باتیں وکیل صاحب کو لکھوائی ہیں۔

گورنام: تو آپ کب اس معاملے کو پکا کرنے کی سوچتے ہیں؟

پانڈے: ہماری طرف سے آپ پکا ہی سمجھیں۔ ہمیں صرف لڑکی اور اس کے ہونے والے بچوں کے مستقبل کی فکر تھی۔ سو اس سب کا انتظام آپ نے کر دیا ہے۔۔۔ اور ہمیں کچھ نہیں کہنا۔

گورنام: تو۔۔۔

پانڈے: تو آپ کا مطلب ہے کہ تلک۔۔۔

گورنام: ہاں! میں بے حد مصروف آدمی ہوں، مجھے اپنی نئی پکچر ہی ریلیز نہیں کرنی ہے، نئی کا مہورت بھی کرنا ہے۔

پانڈے: تلک کا کیا ہے۔ آپ کہئے تو آج یا کل۔۔۔

گورنام: آج، کل اور پرسوں۔۔۔ تین ہی شامیں میری خالی ہیں۔ یعنی فی الحال۔۔۔ دو گھنٹے بعد کیا صورت حال ہوگی، میں نہیں جانتا۔

پانڈے: کیوں مشرا جی، آج شام کو رکھ لیں۔ انتظام ہو جائے گا۔

گورنام: آپ کو کیا اہتمام کرنا ہے۔ آپ کو صرف چیزوں کی فہرست دینی ہے۔ میرا آدمی کار میں جا کر سارا سامان خریدوا دے گا۔ دو کاریں آپ کے ڈسپوزل پر ہوں گی۔ کتنے آدمی آئیں گے لڑکی کے ساتھ۔۔۔

پانڈے: کیوں مشرا جی۔۔۔

گورنام: کیا یہ مناسب نہ ہو گا کہ ہم لڑکی اور اس کی ماں کو بھی یہ کاغذات دکھا دیں۔

پانڈے: میں سمجھتا ہوں، جو جو آپ کی سلیح نے چاہا ہے، میں نے کانٹریکٹ میں درج کرا دیا۔۔۔ تو بھی اگر آپ چاہتے ہیں۔۔۔ کیوں گورنام صاحب؟

مشرا: بات یہ ہے کہ اگر لڑکی کے پتا زندہ ہوتے تو کوئی اڑچن نہ تھی۔ یہ عورتوں کا معاملہ ہے۔ میں لڑکی کا پھوپھا ہوں۔ پانڈے جی میرے دوست ہیں۔ کل کسی نے کچھ کہہ دیا تو سارا قصور میرے ماتھے منڈھ دیا جائے گا۔۔۔ وکیل صاحب نے جو کاغذات تیار کیا ہے، وہ میں نے دھیان سے پڑھا ہے۔ اس میں لڑکی کو کہیں بھی، بیوی نہیں لکھا گیا۔ ہر جگہ اسے دوست کہا گیا ہے۔

گورنام: یہ تو میں نے پہلے ہی پانڈے جی کو سمجھا دیا تھا۔ کہ وہ میری بیوی ہو گی۔ باقاعدہ پنڈت بلا کر، ہندو شاستروں کے مطابق نو گرہوں کی پوجا اور سپت پدی کی رسم ادا کر کے شادی ہو گی۔ لیکن اگر کوئی شکایت کر دے، میری پہلی بیوی کا کوئی رشتے دار، یا میرا کوئی دشمن دعویٰ دائر کر دے تو لڑکی کو یہی کہنا ہو گا کہ اس نے میرے ساتھ شادی نہیں کی اور محض دوست کے ناطے میرے ساتھ رہتی ہے۔ اس بات کا میں آپ کو یقین دلاتا ہوں کہ آپ کی لڑکی کو کسی قسم کی شکایت ہو گی نہ تکلیف، اسی لیے باقاعدہ معاہدہ کیا جا رہا ہے۔

پانڈے: ہمیں یقین نہ ہوتا تو کیا ہم یوں بار بار آتے۔ اب آپ سے کیا کہیں۔ مشرا جی کی بات میں تھوڑی سچائی تو ہے ہی۔۔۔ عورتوں کو معاملہ ہے۔۔۔ فلمی دنیا میں کام کرنے والوں کے سلسلے میں دس طرح کی جھوٹی سچی باتیں لوگوں میں مشہور ہیں۔۔۔ اسی لیے شاید مشرا جی اپنے اوپر ذمے داری لیتے ہوئے ڈرتے ہیں اور چاہتے ہیں کہ لڑکی اور اس کی ماں کو یہ کاغذ دکھا دیا جائے۔

وکیل: دیکھئے میں آپ سے ایک بات صاف صاف عرض کر دینا چاہتا ہوں۔ برا نہ مانئے گا۔ گورنام صاحب تو بادشاہ آدمی ہیں، لیکن میں ان کا وکیل ہوں اور ان کے نفع نقصان کی تمام تر ذمے داری میری ہے۔۔۔ معاہدے پر دستخط بھلے ہو جائیں لیکن ان کاغذوں کی دستخط شدہ نقل آپ کو اسی وقت ملے گی جب آپ تلک دے دیں گے اور لڑکی شادی پر بیٹھ جائے گی۔۔۔ آپ نے جتنی شرائط رکھیں وہ سب میں نے معاہدے میں شامل کر لی ہیں۔ لیکن کاغذ پر ان کا نام ہے۔ آپ چاہیں تو اپنے ہاتھ سے معاہدے کی نقل اتار لیں اور ان کی سلجھ اور لڑکی کی تشفی کر آئیں۔ آج تلک ہو جائے، کل شادی، جھنجھٹ ختم۔ آپ کے سر سے لڑکی کا بوجھ اترے اور یہ بھی دوسرے کام میں۔۔۔

(چپراسی فون لئے داخل ہوتا ہے۔)

گورنام: کس کا فون ہے۔۔۔ میں نے کہا تھا کہ میں فون پر ایوے لے بل Available نہیں ہوں۔۔۔

چپراسی: کرٹ صاحب کا فون ہے۔۔۔

گورنام: (چپراسی کے ہاتھ سے چونگا لے کر) ہاں کرٹ۔۔۔ اچھا۔۔۔ ذرا جیوتشی جی کو دو۔۔۔ کیوں مہاراج۔۔۔ کیتو دماغ کے گھر میں پڑا ہے۔۔۔ کیا کہا۔۔۔ نہیں ہو سکتا (اچانک سنجیدہ ہو کر) آپ پکا یہی سوچتے ہیں۔۔۔ نہیں آپ سے صلاح کئے بغیر کہیں

، کچھ بھی پکا نہیں ہو گا۔۔۔ آپ فوراً اسی کار پر واپس آ جایئے۔۔۔ اپنا پوتھا پتری سب ساتھ لیتے آیئے (ایک چور نظر پانڈے اور مشرا جی پر ڈال کر) مہورت وغیرہ نکالنا ہو گا نا۔۔۔

(چونگا واپس چپراسی کو دیتا ہے۔ وہ اسے فون پر رکھ کر اسے لئے لئے باہر جانا چاہتا ہے۔)

گورنام: فون یہیں رہنے دو۔

(چپراسی فون میز پر رکھ کر چلا جاتا ہے۔)

گورنام: (پانڈے سے) ٹھیک ہے پانڈے جی۔ آپ لوگ اس معاہدے کی شرطیں نقل کر لیجئے اور لڑکی کی ماں اور خود لڑکی سے ڈسکس کر کے مجھے اپنے فیصلے سے مطلع کیجئے۔ ابھی جیوتشی آتا ہے۔ میں اس سے بھی مشورہ کرتا ہوں کہ آج کا دن شبھ ہے یا کل کا؟ لڑکی کی پتری ذرا ابھی دوبارہ منگا دیجئے گا۔

پانڈے: ہم آپ کو دو گھنٹے میں پتہ دیتے ہیں (ہاتھ مسوستے ہوئے) اب کیا بتائیں آپ سے۔۔۔ مشرا جی نے ان عورتوں کی پخ لگا دی ورنہ میں تو۔۔۔

گونام: ٹھیک ہے۔۔۔ ٹھیک ہے، میں آپ کا انتظار کروں گا۔ گاڑی تو آپ کے پاس ہے نا؟

پانڈے: جی ہاں۔

(اچانک فون کی گھنٹی زور سے بجتی ہے۔ گورنام بزر دباتا ہے۔ دوسرے لمحے چپراسی حاضر ہوتا ہے۔ اس دوران پانڈے اور مشرا، وکیل کے ساتھ چلے جاتے ہیں۔)

گورنام: (چپراسی سے) دیکھو کس کا فون ہے۔ یہ مت کہنا کہ میں یہاں بیٹھا ہوں۔

(چپراسی چونگا اٹھاتا ہے۔)

چپراسی: (فون میں) ڈبل تھری، ڈبل فور، ڈبل فائیو۔۔۔ جی کہاں سے بول رہے

ہیں؟۔۔۔ جی ایکسچینج سے؟۔۔۔ جموں سے ٹرنک کال ہے؟۔۔۔ جی دے رہے ہیں صاحب کو (چونگا گورنام کو دیتے ہوئے) صاحب جموں سے آپ کے نام کال ہے۔

گورنام: (چونگا لے کر) ہیلو۔۔۔ جی ہاں بول رہا ہوں۔۔۔ جی ہاں میں گورنام بول رہا ہوں۔۔۔ (چونگا کان سے لگائے لگائے سیٹی بجاتا ہے پھر اچانک) ہیلو۔۔۔ ہیلو۔۔۔ (اور زور سے) ہیلو۔۔۔ بمبئی۔۔۔ میں گورنام بول رہا ہوں۔۔۔ کون۔۔۔ (زور سے) ہیلو۔۔۔ ہیلو۔۔۔ ہیلو۔۔۔ ہیلو ایکسچینج۔۔۔ ایکسچینج (زور سے) آواز نہیں آ رہی۔۔۔ ہیلو (فون ٹھیک ہو جاتا ہے، اس لئے عام لہجے میں بات کرتا ہے) ہاں میں گورنام بول رہا ہوں۔۔۔ کون پنچ؟۔۔۔ مبارکباد۔۔۔ ارے کاہے کی مبارک باد۔۔۔ (اٹھ کھڑا ہوتا ہے) کیا کہتے ہو۔۔۔ کب؟۔۔۔ رات ہی!۔۔۔ سب ٹھیک تو ہے۔۔۔ مجھے پہلے کیوں نہیں بتایا۔ اتنے مہینوں تک خبر کیوں نہیں دی؟۔۔۔ کیا بے وقوفی ہے؟۔۔۔ میں اسی وجہ سے دوسری شادی کر لیتا۔۔۔ قہر تو ٹوٹ ہی جاتا۔۔۔ ہاں بھگوان نے بھلا کیا۔۔۔ تم لوگ بھی مبارک باد لو۔۔۔ اپنی ماتا جی کو بھی مبارکباد دینا۔۔۔ زچہ بچہ تو ٹھیک ہیں۔۔۔ دونوں کو میرا پیار دینا۔۔۔ میں پہلی فلائٹ سے پہنچ رہا ہوں۔۔۔

(گورنام چونگا واپس فون پر ٹکا دیتا ہے۔ چہرہ کھلا پڑتا ہے۔ ہرنام آتا ہے۔)

ہرنام: بھائی صاحب راجیش کھنہ سے وقت طے ہو گیا ہے۔ اس وقت میں فینس جا رہا ہوں۔

گورنام: نہیں تم فینس نہیں جا رہے۔ ابھی کار لے کر جاؤ اور میرے لئے جموں کی پہلی فلائٹ میں سیٹ بک کرا دو۔

ہرنام: (حیران و ششدر) جموں۔

گورنام: تمہارے بھتیجہ ہوا ہے۔

ہرنام: (جوش سے دونوں باہیں پھیلائے آگے بڑھتا ہے) بھائی صاحب!!
(دونوں بھائی ایک دوسرے سے بغلگیر ہوتے ہیں۔)

(پردہ گرتا ہے۔)

٭ ٭ ٭

کشمکش (مجلس سوم)

ڈاکٹر سید رفیع الدین اشفاق

منظر پنجم

(اختر کے مکان کا وہی ڈرائنگ روم جس کا ذکر اس سے پہلے ہو چکا ہے عابدہ ایک کونے میں کرسی پر بیٹھی ہے۔ اس کے ہاتھ میں ایک کتاب ہے جس کے حاشیوں پر وہ پنسل سے کچھ لکھتی جا رہی ہے۔ اختر داخل ہوتا ہے۔ وہ سفید پتلون اور آسمانی رنگ کا بش کوٹ زیب تن کئے ہوئے ہے۔ ہاتھ میں ہیٹ ہے۔ وہ جیب سے کاغذ نکال کر پڑھتا ہے اور پھر رکھ لیتا ہے۔ عابدہ اسے دیکھ کر کھڑی ہو جاتی ہے۔ وہ خاموش نظروں سے اختر کے چہرے کا جائزہ لیتی ہے۔)

عابدہ: تو واپسی کب ہو گی؟

اختر: (ترش روئی سے) جب بھی ہو، اس وقت کیا بتاؤں؟ (اختر صوفے پر بیٹھ جاتا ہے، عابدہ بھی اپنی جگہ بیٹھ جاتی ہے۔) ارے چنو۔ (نوکر کو آواز دیتا ہے) جی حضور۔

اختر: یوسف سے کہو موٹر نکال لائے۔

نوکر: اچھا سرکار۔۔۔ یہ ڈاکٹر صاحب تشریف لائے ہیں۔

اختر: (بلند آواز سے) آیئے تشریف لایئے ڈاکٹر صاحب۔

(عابدہ کرسی سے اٹھ کھڑی ہوتی ہے۔)

اختر: (تحکمانہ لہجے میں) بیٹھی رہو۔ (عابدہ خاموشی سے متصل کمرے کا رخ کرتی ہے۔ اختر عتاب آمیز نظروں سے اس کا پیچھا کرتا ہے۔ یہاں تک کہ وہ نظروں سے غائب ہو جاتی ہے۔) کم بخت!

(ڈاکٹر عزیر داخل ہوتا ہے۔)

عزیر: (مسکرا کر) آداب عرض ہے۔ فرمایئے مزاج کیسا ہے؟

اختر: (ہاتھ ملاتے ہوئے) تسلیم (صوفے کی طرف اشارہ کرتا ہے) تشریف رکھئے۔

عزیر: (اختر کے چہرے کی طرف دیکھ کر مسکراتا ہے) اور یہ کمبختی کس کی آئی ہے؟ کیوں خیر تو ہے؟

اختر: اس زندگی میں آپ خیر پوچھتے ہیں؟ (دونوں صوفوں پر بیٹھ جاتے ہیں) بس میں آپ کی خدمت میں حاضر ہونے ہی کو تھا۔

عزیر: (اختر کے چہرے کی طرف دیکھ کر) وہ تو میں بھی سمجھ رہا ہوں۔ لیکن یہ بے وقت کی برہمی کیسی؟

اختر: اب آپ سے کونسی بات چھپی ہوئی ہے۔

عزیر: بات یہ ہے کہ زندگی کی شیرازہ بندی کی صورت صرف یہ ہے کہ عورت، عورت بن کر رہے۔ یہ ایک نفسیاتی حقیقت ہے۔

اختر: صحیح ہے۔

عزیر: یہی وجہ ہے کہ عورت کی معاشی محتاجی فطرۃً لازمی قرار دی گئی ہے۔

اختر: جی۔

عزیر: انسان اس زندگی میں جو بھی کرتا ہے ایک لگاؤ کی وجہ سے کرتا ہے۔ جس عورت کو اپنے شوہر سے لگاؤ نہ ہو، اس کی زندگی پر حیرت ہے اور حقیقت تو یہ ہے کہ مجھے سب سے

زیادہ آپ پر حیرت ہے۔

اختر: آپ مجھے اس قدر نادان نہ تصور نہ فرمائیں، میں نے۔۔۔

عزیز: تمہاری بات میری سمجھ میں نہ آئی۔

اختر: اگر اس حد تک میرا زور چلتا تو یہ نوبت ہی کیوں آتی۔ ابھی ابھی یہاں تشریف فرما تھیں، نوکر نے آپ کے آنے کی خبر دی، بغیر کہے سنے دوسرے کمرے کی راہ لی۔ میں روکتا ہی رہا اور آپ چلدیں۔

عزیز: (مسکراتا ہے) جی، میں سن رہا تھا، اور اس تقریب میں آپ نے کمبخت بھی تو کہا۔ پرسوں بیگم نے آپ سے یہی تو شکایت کی تھی۔

اختر: جی ہاں مجھے یاد ہے۔ اس عورت کا مزاج ہی دنیا سے نرالا ہے۔ خدمت گذاری میں وہ بے مثل ہے۔ لیکن اطاعت شعاری میں قابل نفریں۔ اس کے ارادوں کی عمارت کو کوئی ترغیب تحریض اور تہدید منہدم نہیں کر سکتی۔ وہ کہتی ہے "میرے اندر عورت کی صحیح فطرت نے جنم لیا ہے۔ میں مرد کے ہاتھوں مسخ کی ہوئی فطرت کو بدل کر رہوں گی۔"

عزیز: اللہ اکبر! محترمہ نے ابھی اس چار دیواری سے باہر قدم ہی کب نکالا ہے؟ دنیا کی تاریخ نے ایسی کبھی پیش نہیں کی۔ وہ کون عورت ہے جو بہلائی اور پھسلائی نہ گئی ہو؟

اختر: یہ تمہاری لن ترانی اس بناء ہے کہ تمہیں اب تک ہوا کے اشاروں پر اڑنے والی، زمانہ کے ساتھ بدلنے والی، صلح جو مصلحت اندیش، سادہ لوح اور تقلید پسند عورت سے سابقہ پڑا ہے۔

عزیز: میرے تجربے نے ایک نہیں سیکڑوں جلالی صفات والی عورتوں کو پیش کیا ہے۔ آخر یہی ثابت ہوا کہ مرد کے جادو کے سامنے عورت کو مسحور ہونا ہی پڑتا ہے۔ اس کے لیے وہ

صرف مرد کے اشاروں کی منتظر رہے۔

اختر: لیکن تم نہیں جانتے ، یہاں عالم ہی کچھ اور ہے۔ محترمہ مسکرائیں گی بھی تو اپنی طبیعت سے۔ اس کے لئے انھیں غیر کی دعوت بھی قبول نہیں۔ دنیا کی ستائش سے وہ بے پرواہ ہے اور زمانے کے بدلتے ہوئے اثرات سے بے حس۔

عزیز: (مسکراتے ہوئے) لیکن آپ تو فرماتے تھے کہ وہ بہت حساس ہیں اور ان کی گفتار سے شاعری ٹپکتی ہے۔ پھر یہ بے حسی کیا معنی؟

اختر: بھائی عزیز! کچھ سمجھ میں نہیں آتا کہ وہ کیا ہے۔ بے حسی کا یہ عالم ہے کہ گویا دنیا میں اس نے کسی سے محبت کرنی سیکھی ہی نہیں اور جس طرح وہ اپنی عادات میں دنیا سے نرالی ہے۔ اس کا زندگی کا نظریہ بھی جداگانہ ہے۔ وہ اپنے نغموں میں صور اسرافیل کی قائل ہے۔ الہام کے لئے جبرئیل پر کمندیں ڈالتی ہے۔ اس کی فکر و نظر غیبی قوتوں کے حوالے ہے۔ یہی اس کی جان اور یہی ایمان ہے۔ حسن ازل سے عشق کا دعویٰ بھی ہے، بن دیکھے جمال عالم افروز کی شیدائی ہے۔ اسی ایک بارگاہ کی جبیں سائی اس کی زندگی کا حاصل ہے، اس کی نظر میں کمال کی بخشش کا بس یہی ایک مقام ہے۔ سر تاپا جمال کا کرشمہ ہے۔ لیکن نگاہوں سے جلال ہی جلال ٹپکتا ہے۔ جہاں گفتگو میں منھ سے پھول جھڑتے ہیں، وہاں شعلے بھی برستے ہیں۔ (ڈاکٹر عزیز تعجب سے اختر کی طرف دیکھتا ہے) اصل میں اس کی تعلیم و تربیت بہت برے طریقے پر ہوئی ہے۔ دقیانوسی باپ کی شفقت نے اس کی بے پایاں صلاحیتوں کو رہبانیت کے راستوں پر ڈال دیا۔

عزیز: (طنز آمیز مسکراہٹ کے ساتھ) تو آپ پھر شاعری فرمانے لگے، واللہ تم مرعوب انسان معلوم ہوتے ہو۔

(نوکر داخل ہوتا ہے۔)

نوکر: (اختر سے) منشی صاحب ملنا چاہتے ہیں۔

اختر: (عزیر کی طرف دیکھ کر تامل کے بعد) اچھا اندر بھیج دو۔

(نوکر چلا جاتا ہے۔)

عزیر: جب دیکھئے بس سر پر سوار ہیں، پریشان ساری دنیا ہے، ایک منشی صاحب ہی نہیں۔ خیر تو یہ خوش خبری سنانا بھول گیا کہ آپ کے لئے رقم کا انتظام ہو چکا ہے۔

اختر: شکریہ، لیکن شرح سود بھی طے کر لی ہے؟

عزیر: سب کچھ طے ہو چکا ہے، کل رقم آپ کو مل جائے گی۔

(منشی منیر، الطاف اور محمود داخل ہوتے ہیں۔ محمود کے چہرے پر تفکرات کے بادل گھرے ہوئے ہیں، لیکن اس کی چمکدار آنکھیں اس ظاہری خستہ حالی پر مسکراتی ہوئی معلوم ہوتی ہیں، اس لئے کہ اس کے عزائم مسلسل تصادم سے سخت سے سخت ترین ہو گئے ہیں۔ اس کے سابقہ حال میں ایک غیر معمولی تغیر پایا جاتا ہے۔ اس کے لبوں پر مسکراہٹ بھی مسکراہٹ نہیں معلوم ہوتی ہے، اور چہرے سے اندرونی مسرت اور خوش دلی کا اظہار ہونے نہیں پاتا۔ وہ خاموش نظروں سے کمرے کا جائزہ لیتا ہے۔ اختر کی نظر محمود پر پڑتی ہے۔ وہ قدرے تامل کے بعد مصافحے کے لئے آگے بڑھتا ہے۔)

محمود: (اختر کی طرف بڑھتے ہوئے مسکراتا ہے) السلام علیکم۔ مزاج مبارک!

اختر: (محمود سے مصافحہ کے لئے ہاتھ بڑھاتا ہے) اہا! آپ ہیں محمود صاحب۔ وعلیکم السلام۔ فرمایئے مزاج شریف۔

محمود: الحمد للہ۔

اختر: (مسکراتے ہوئے) واللہ میری آنکھوں نے باور نہ کیا کہ وہ آپ ہی کو دیکھ رہی ہیں۔ میرا تامل در گزر ہے۔

محمود:(مسکراکر)بجا۔ لیکن آپ کا بغل گیر نہ ہونا قابل درگزر نہیں۔

(دونوں بغلگیر ہوتے ہیں۔)

اختر:نوکر نے فقط منشی صاحب کی آمد کی خبر دی۔

محمود:اس لئے کہ منشی صاحب نے اس میں کچھ پیش قدمی بھی تو فرمائی۔

اختر:(ڈاکٹر عزیر کی طرف اشارہ کرتے ہوئے محمود سے) آپ ہیں میرے نہایت عزیز دوست۔ڈاکٹر عزیر۔

منشی منیر:(مسکراتے ہوئے)تو گویا آپ ہی عزیر ہیں۔

عزیر:(مسکراکر)جی ہاں میں خادم عزیر ہوں۔

منشی منیر:ماشاءاللہ۔خدا کرے ایسا ہی ہو۔

(سب ہنستے ہیں۔)

عزیر:(آگے بڑھ کر محمود سے ہاتھ ملاتے ہوئے) آپ سے مل کر مجھے نہایت مسرت ہوئی۔

محمود:شکریہ، میں نے آپ کی تعریف بھائی الطاف کی زبانی سنی تھی۔اسی لئے ملاقات کا اشتیاق تھا۔

اختر:(الطاف کی طرف اشارہ کرتے ہوئے ڈاکٹر عزیر سے) آپ جناب الطاف صاحب سے مل ہی چکے ہیں اور منشی صاحب سے تو آپ کی پرانی شناسائی ہے۔

(ڈاکٹر عزیر الطاف سے ہاتھ ملاتا ہے۔)

عزیر:(منشی منیر سے ہاتھ ملاتے ہوئے)منشی صاحب کو بھلا کون نہیں جانتا۔(مسکراکر) خوب پہچانتا ہوں۔

منشی منیر: صحیح ہے۔"ولی را ولی می شناسد۔"

عزیر:(مسکرا کر) لیکن منشی صاحب! ولی شیطان کو بھی تو جانتا ہے۔

منشی منیر:(چہرے پر مصنوعی حیرت پیدا کر کے ابروؤں کو جنبش دیتے ہوئے) اللہ اکبر! لیکن ڈاکٹر صاحب یہ کون نہیں جانتا کہ آنجناب عقیدۃً عملاً ہر طرح ولایت کے منکر ہیں۔ البتہ یہ خاکسار بفضلہ تعالیٰ اس باب میں حق الیقینی کا دعویدار ہے۔

(سب ہنستے ہیں۔)

الطاف:(ہنستے ہوئے ڈاکٹر عزیر سے) ڈاکٹر صاحب! اب تو منشی صاحب کی کرامت کو تسلیم کرنا ہی پڑے گا۔

(سب صوفوں پر بیٹھ جاتے ہیں۔)

عزیر:(خفت کو مٹانے کی کوشش میں ہنس دیتا ہے) بھئی منشی صاحب تو محفل کی جان ہیں۔ یہی کرامت ان کی کیا کم ہے کہ ان کے بغیر دلچسپی کا سامان ہونے نہیں پاتا۔

منشی منیر:(جھک کر ہاتھ کو خاص انداز سے جنبش دیتے ہوئے) آداب عرض، شکریہ، لیکن یہ دلچسپی آنجناب کی مبارک صحبت کی محتاج ہے۔

اختر:(محمود سے) کئی دنوں سے آپ سے ملنے کو جی چاہتا تھا۔ لیکن ملاقات کے اشتیاق نے صرف انتظار کی زحمت میں مبتلا رکھا۔

محمود: میں آپ سے معذرت خواہ ہوں اور آپ کے خلوص کا شکر گذار ہوں۔ بات یہ ہے کہ زندگی کو از سر نو بسانے کے جھگڑوں ہی سے فرصت نہ مل سکی۔ اب کچھ اطمینان حاصل ہوا تو حاضر خدمت ہو گیا۔

اختر: یہ آپ کی نوازش ہے۔ اصل میں زندگی انسان کے ارادے کی پابند بھی تو نہیں رہی۔ انسان سوچتا کچھ ہے ہوتا کچھ ہے۔

محمود: صحیح ہے، لیکن زندگی کی تگ و دو میں عزائم کو از سر نو استقامت بخشنے کی بھی تو

ضرورت ہے۔

اختر: انسان کے خواب کی تعبیر جب غلط ہو جاتی ہے تو عزائم کو بھی متزلزل ہونا پڑتا ہے۔ (مسکرا کر) آپ کا وہ اللہ اکبری جذبہ اب کبھی سنائی نہیں دیتا۔

محمود: (مسکرا کر) آخر میرے جذبے کی آپ کو کیوں فکر آ پڑی؟ (اختر مسکراتا ہے) عزائم اپنی استقامت میں صرف انسان کے ارادے کے پابند ہیں۔ خارجی اثرات انھیں متزلزل نہیں کر سکتے۔ اگر ایمان کی ناقابل تسخیر قوت سے انہیں مستحکم کیا جائے۔

منشی منیر: قطع کلام معاف فرمائیں۔ مصیبت تو یہ ہے کہ آج کل ایمان ہی عنقا ہے۔ اس سیم وزر کی خدائی میں اللہ کی بندگی کے لئے کون تیار ہے؟

عزیر: (مسکرا کر) بحمد للہ، اللہ کی بندگی کے لئے کون کب تیار رہا ہے؟

الطاف: اب نہ انصار رہے، نہ مہاجر۔

منشی منیر: (اختر سے) مجھے اجازت ہو تو میں بھی کچھ عرض کروں۔

اختر: (مسکرا کر) نیکی اور پوچھ پوچھ۔

منشی منیر: بس اکبر مرحوم کا ایک شعر سن لیجئے۔

(سب منشی منیر کی طرف دیکھ کر مسکراتے ہیں۔)

اختر: ارشاد!

منشی منیر: اکبر جو نہ تھا بت خانے میں زحمت بھی ہوئی اور گھر بھی گیا

کچھ نام خدا سے انس بھی تھا کچھ جور بتاں سے ڈر بھی گیا

اختر: واہ منشی صاحب واہ!

عزیر: خوب درمیانی راہ نکالی ہے۔

الطاف: سبحان اللہ۔

منشی منیر:(محمود کی طرف دیکھ کر) اور جناب محمود صاحب، ایک شعر آپ کو اور سننا ہے (مسکرا کر) میں یہ نہیں کہتا کہ آپ داد بھی دیں۔

(محمود کی طرف دیکھ کر سب ہنستے ہیں۔)

محمود:(مسکراتے ہوئے) ارشاد!

منشی منیر:شعر ملاحظہ ہو:

کعبے سے جو بت نکلے بھی تو کیا، کعبہ ہی گیا جب دل سے نکل
افسوس کہ بت بھی ہم سے چھٹے، قبضے سے خدا کا گھر بھی گیا

اختر: کیا بات کہی۔

عزیز: بہت خوب۔

محمود: منشی صاحب ہنسی ہنسی میں کام کی بات بھی کہہ جاتے ہیں۔

منشی منیر: محمود صاحب! یہ وہ زمانہ ہے کہ آج شرنارتھی اور مہاجر ایک ہی حقیقت کے دو نام ہیں۔

اختر:(ہنستے ہوئے) بہت خوب، بہت خوب۔

محمود: منشی صاحب نے اس میں بہت زیادہ مبالغے سے کام لیا ہے۔

منشی منیر: جی نہیں، محمود صاحب! صورت حال کچھ یوں ہی ہے، گو پریشان کن ضرور ہے۔

عزیز:(مسکرا کر منشی منیر سے) لیکن قبلہ! یہ آپ بلاوجہ پریشان بھی کیوں ہیں؟

منشی منیر: بلاوجہ نہیں صاحب! بات ہی کچھ ایسی ہے۔ ۱۹۴۷ء کیا آیا ہماری تو گردنیں کٹ گئیں۔ معاشی پریشانی، معاشرتی بدحالی، اخلاقی بحران، ایک کو بناتے ہیں تو دس بگڑتے ہیں ایک کو پکڑتے ہیں تو دس ہاتھ سے نکلتے ہیں۔ جب زمانہ ہی بگاڑنے پر آجائے تو ہم آپ کیا سدھار سکتے ہیں۔ لڑکیاں ہیں کہ اپنی جگہ اڑی جارہی ہیں۔ بھلا لڑکوں لڑکیوں کا ایک

ساتھ ملے جلے تعلیم پانا کس اسلام اور اخلاق نے جائز قرار دیا ہے؟ ایک نیا اسلام پیدا ہو رہا ہے صاحب! ضرورت ہے کہ طوفان کو قوت پکڑنے سے پہلے دبا دیا جائے دراصل۔۔۔

اختر: دبا دیجئے، اگر آپ دبا سکیں۔

عزیر: (تیز ہو کر) حق تو یہ ہے کہ اس نئے زمانے میں آپ کا دقیانوسی وجود ہی نامعقول ہے، آخر آپ پریشان ہیں کیوں؟ اس لئے کہ زمانہ پریشانی کے اسباب دور کرنے کے لئے قدم بڑھا رہا ہے؟

منشی منیر: ڈاکٹر صاحب! میں آپ کی شان میں ایسی نامعقول گستاخی کی جرأت نہیں کر سکتا، البتہ اتنا معروضہ ضرور ہے کہ زمانہ پریشانی کے اسباب دور کرنے کے لئے وہی طریقے اختیار کرتا جا رہا ہے جو آں محترم نے اختیار فرما رکھے ہیں۔

(سب ہنستے ہیں۔)

عزیر: میں آپ کا مطلب نہیں سمجھا۔

منشی منیر: (مسکرا کر) بھلا آپ میرا مطلب کیوں سمجھنے لگے! افلاس، غربت، رشوت، وکیل، ڈاکٹر یہ سب موجودہ دور کی برکات ہیں۔ یہ وہ زمانہ ہے کہ مفلوک الحال مریض کو مرتے دم تک سو دو سوا نجکشن سے کم نہ لگنے چاہئیں۔ میری جوان بچی اسی مصیبت کا شکار ہوئی اور اسے سپرد خاک کرنے کے بعد اب تک ڈاکٹر سے منھ چھپاتا پھرتا ہوں اور وہ قضا کا ہرکارہ برابر بل پر بل بھیجے جاتا ہے۔

اختر: (عزیر کی طرف دیکھ کر) ڈاکٹر صاحب! بات منشی صاحب کی صحیح ہے۔ یہ۔۔۔

عزیر: مجھے منشی صاحب سے کامل ہمدردی ہے۔ ساتھ ہی مجھے اس کی پروا نہیں کہ آپ میرے نظریئے سے کہاں تک متفق ہیں۔ حق تو یہ ہے کہ ناکارہ نفوس کو زندہ رہنے کا حق

ہی حاصل نہیں۔ یہ رینگتی ہوئی زندگیاں کس کام آئیں گی؟

منشی منیر:(ڈاکٹر عزیز کی طرف حیرت سے دیکھتے ہوئے) ماشاء اللہ، معاف فرمائیں، میں آپ کی اس ہمدردی کا ممنون نہیں ہوں۔ اب معلوم ہوا کہ آپ اسی لئے موت کے فرشتے کی نمائندگی فرمارہے ہیں۔ (سب ہنستے ہیں) واللہ ڈاکٹر صاحب! آپ نے اس طرح کتنی زندگیوں کا علاج کر دیا؟

(ڈاکٹر عزیز کی طرف دیکھ کر سب قہقہہ لگاتے ہیں۔)

عزیز:(خفت کو مٹانے کی کوشش میں منشی منیر سے) مجھے افسوس تو یہ ہے کہ میں آپ کا علاج نہ کر سکا۔

منشی منیر:(مسکرا کر) بخشئے حضور، خدا کے فضل سے اس کی نوبت بھی نہ آنے پائے گی۔ (اختر کی طرف دیکھ کر) آپ تو بس اختر صاحب کا علاج کیجئے۔ ایسے مریض کم ہاتھ آتے ہیں۔

(ڈاکٹر عزیز کے چہرے سے کچھ پریشانی ظاہر ہوتی ہے، محمود اور الطاف مسکراتے ہیں۔)

اختر:(بات کا رخ بدلتے ہوئے) منشی صاحب! ایک ڈاکٹر صاحب ہی کو کیوں بدنام کیجئے۔ یہ تو دنیا کے مصائب کی داستان ہے۔

محمود: حقیقت میں دنیا کی مصیبت نہ تو ڈاکٹر ہے اور نہ وکیل، زندگی کے ہر شعبے کو ایمان اور دیانت کی ضرورت ہے۔

منشی منیر: اسی کا تو رونا رو رہا ہوں کہ اگر فرزندان اسلام کو دین فطرت نے ایک روح بخشی ہے تو اس اجتماعیت کی فریب خوردہ جماعت کو اپنا درد محسوس کیوں نہیں ہوتا؟

اختر:(مسکرا کر محمود کی طرف دیکھتا ہے) اس کا جواب تو آپ کو محمود صاحب دے سکیں گے۔ میں نہ تو حکومت الہیہ کا علمبردار ہوں اور نہ اسلام کی فرزندی کا دعوے دار۔

عزیر:(عزیر محمود کی طرف دیکھ کر مسکراتے ہوئے) ان کی خاموشی خود سراپا جواب ہے۔اس کا جواب کسی کے بس میں نہیں ہے۔

محمود:ڈاکٹر صاحب معاف کیجئے معلوم ہوتا ہے کہ آپ مغالطے میں مبتلا ہیں۔(مسکرا کر) یہ بیٹھے بیٹھے آپ قنوطی ذہنیت کا الزام کیوں دینے لگ گئے؟

عزیر:(تیز ہو کر) اس لئے کہ زمانہ آپ کی امیدوں کو پامال کر کے دم لے گا۔

محمود:یہ نہ کہئے۔یہ فقط آپ کی تمنا ہے۔ہاں یہ ایک کشمکش کا دور حاضر ہے اور زندگی کی صحیح تعمیر کشمکش ہی سے شروع ہوتی ہے۔

عزیر:لیکن اس کشمکش کا نتیجہ آپ اپنی توقع سے مختلف پائیں گے۔زمانے کے بدلتے ہوئے تیور اور زندگی کے تقاضے کیا آپ نہیں دیکھتے؟

محمود:جی ہاں، بندہ پرور! اللہ کا بڑا کرم ہے کہ میں اندھا نہیں ہوں، اسی لئے تو میرا ایقان ہے کہ اب زندگی کی ہر حرکت اللہ کے لئے ہو جانی چاہئے۔

الطاف:اور خدانخواستہ ہم نے کفران نعمت سے کام لیا تو یہ بھی یاد رہے کہ قدرت کا انتقام اس عمارت کی اینٹ سے اینٹ بجادے گا۔

منشی منیر:یہ حقیقت ہے کہ زندگی کا چین اسی میں ہے کہ خالق و مخلوق کا صحیح رشتہ قائم ہو جائے۔

عزیر:مولوی اپنے چین کو لئے مر رہا ہے اور دنیا اپنے درد کا درمان چاہتی ہے۔

منشی منیر:(مسکرا کر) معاف کیجئے ڈاکٹر صاحب۔اولاً میں مولوی نہیں ہوں۔گو تھوڑی بہت داڑھی بڑھانے کا گنہگار ضرور ہوں۔(سب مسکراتے ہیں۔) دوم یہ کہ آپ کی تنگ مزاجی سے تو کبھی زندگی چین نصیب نہ ہو جائے گا۔۔۔

(سب ہنستے ہیں۔)

اختر: (محمود سے) یہ جو آپ اللہ کے لئے حرکت، کے قائل ہو کر سارے نظام حیات کو اس کی بندگی میں منسلک کر دینا چاہتے ہیں۔ تو میں اس کے جواب میں صرف یہ عرض کروں گا کہ یہ آپ کا مذہبی جنون ہے۔

منشی منیر: حقیقت میں۔۔۔

اختر: (بات کاٹ کر) میں اس کا جواب محمود صاحب سے چاہتا ہوں۔

محمود: (مسکرا کر) آپ کی اس عنایت کا ممنون ہوں۔ لیکن آپ اس جنون پر مجھ سے بہت زیادہ معرکہ آزما ہو چکے ہیں۔ اب عقل کی باتیں کیجئے۔ بات صرف اتنی ہے کہ انسان کی زندگی خلوص کی محتاج ہے۔

اختر: (مسکراتے ہوئے طنز آمیز لہجے میں) اور یہ خلوص صرف ایمان بالغیب سے حاصل ہو جائے گا؟

محمود: (مسکراتے ہوئے) آپ میری بات تو سنئے۔

اختر: اچھا فرمایئے۔

محمود: ایک دور فرد کی حکمرانی کا تھا، انفرادی حکومت، انفرادی ملکیت، انفرادی برتری، افتخار، اقتدار سب کچھ فرد کے لئے تھا۔ اس میں کچھ پھیلاؤ پیدا ہوا تو یہی صورت رنگ، نسل اور قومیت کی شکل میں جلوہ گر ہوئی جس کا نام جمہوریت قرار پایا۔ یہ نام نہاد جمہوریت قومیت کے نشے سے سرشار ہو کر دنیا کی دیگر اقوام اور جمہور کا خون ایک عرصے تک چوستی رہی۔ اب دنیا کی نظر نے اس سے زیادہ وسعت کا تقاضا کیا تو چاروں طرف بین الاقوامیت کا راگ الاپا جانے لگا۔ آج کل زندگی کی نئی قدروں نے دستور حیات کا بڑا کمال اسے قرار دیا ہے کہ مادی اقتدار سے فرد کو زیادہ سے زیادہ بے دخل کر کے زندگی کو اجتماعیت اور اشتراکیت کا رنگ دیا جائے۔ ظاہر ہے کہ اس نظریئے کا حال ماضی سے بہتر

ہے۔ لیکن۔۔۔

اختر: یہ آپ موحد سے اشتراکی کب بن گئے؟

(سب مسکراتے ہیں۔)

محمود: ابھی آپ صرف سننے کی زحمت فرمائیں۔ (اختر ہنستا ہے۔) لیکن اس نظریئے کی یہ ظاہری وسعت اور اخلاق کی بلندی، طبقاتی عالمی جنگ کو روکنے میں عملاً ناچار رہی ہے۔ وہی انسانی فطرت مختلف زمانوں میں فقط بھیس بدل کر نئے روپ میں جلوہ گر ہوتی رہی ہے۔ تعصب ہمیشہ انسان کے ساتھ لگا ہوا ہے، یہی وجہ ہے کہ انسانی فہم کا قائم کردہ نظام حیات اپنی انتہائی بلندیوں تک پہنچ کر بھی پستیوں سے نہ نکل سکا۔

اختر: جی ہاں، اس وقت آپ کی فہم اسی پستی کا مظاہرہ کر رہی ہے۔

(وہ مسکراتا ہے۔)

محمود: لیکن میں نے آپ کے فہم کو تو اس سے مستثنیٰ نہیں قرار دیا ہے۔ (سب ہنستے ہیں۔) مجھے اس کا اعتراف ہے۔ اسی لئے تو معروضہ یہ ہے کہ مالکیت، حاکمیت، سلطانی، اقتدار، افتخار وغیرہ سب کچھ نہ صرف فرد سے بلکہ تمام بنی انسان سے چھین کر مالک حقیقی کے حوالے کر دینا چاہیئے۔ تا کہ عالمی مساعی میں بنی نوع انسان کا احساس اس کے سوا اور کچھ نہ رہے کہ "جو کچھ ہے وہ رب العالمین کا ہے، اور جو کچھ میرے پاس ہے وہ بھی اسی کا ہے، میرا کچھ بھی نہیں۔ میری عبادت سے لے کر زندگی کی ہر حرکت یہاں تک کہ جینا اور مرنا سب اسی کے لئے ہے۔" کارگاہ حیات میں فقط انھیں نفوس کا وجود رحمت عالم بن کر معرکہ آرا ہو سکتا ہے، ہم نے یہی دستور حیات اللہ کے رسولؐ اور خلفائے راشدینؓ کے تحت جاری کردہ نظام حیات میں دیکھا ہے۔

منشی منیر: سبحان اللہ! جزاکم اللہ۔

عزیز: (مسکرا کر) جو بات کی خدا کی قسم لاجواب کی۔

محمود: (مسکرا کر ڈاکٹر عزیز سے) ڈاکٹر صاحب! یہ آپ شعر خوانی چھوڑیئے اور میری بات سمجھئے۔

عزیز: آپ کی بات خدا ہی سمجھے۔

محمود: (مسکرا کر) گستاخی معاف، اگر آپ اس طرح سمجھ کے دشمن بن جائیں گے تو میں معروضہ کیوں کر پیش کر سکوں گا؟

(سب ہنستے ہیں۔)

اختر: بھائی عقل سے دشمنی کے تو آپ خود ہی دعوے دار ہیں۔ ڈاکٹر غریب کو کیوں پریشان کریں۔

محمود: (مسکرا کر) حاشا و کلا! میرا مطلب قبلہ ڈاکٹر صاحب کو پریشان کرنا ہرگز نہیں ہے۔ میرا معروضہ ان کی خدمت میں صرف یہ ہے کہ عقل ہی کا فیصلہ ہے کہ فقط علم و دانش کی رہنمائی دنیا کے درد درمان نہیں ہو سکتی۔

عزیز: آخر آپ نے عقل کو کیا سمجھ رکھا ہے؟ عقل کو بے اصل قرار دے کر عقلمندی کا دعویٰ تو غلط ہے۔

منشی منیر: عقل بے مایہ امامت کی سزاوار نہیں۔

عزیز: (منشی منیر سے) قبلہ شعر خوانی سے آپ کو کوئی منع نہیں کرتا، لیکن اس میں بھی ذرا عقل کو دخل رہے۔

(سب ہنستے ہیں۔)

منشی منیر: (ڈاکٹر عزیز کی طرف دیکھ کر) میں یہ کہنے کی جرأت نہیں کر سکتا کہ آپ اپنی حد تک اس مطالبے میں حق بجانب نہیں ہیں۔ (ہاتھ جوڑ کر) لیکن عالی جاہ! میرا روئے سخن

فقط اہل ذوق حضرات کی طرف ہے۔ گستاخی معاف کیجئے۔

(سب قہقہہ لگاتے ہیں۔)

اختر:(مسکراتے ہوئے) منشی صاحب!آپ میری بات پر دھیان دیجئے۔ جناب محمود صاحب سے میرا معروضہ یہ ہے کہ فقط انسان کی عقل و دانش نے زندگی کا سامان کیا ہے۔

منشی منیر:اور موت کا سامان بھی تو کیا ہے قبلہ!

اختر:آپ اس کے تعمیری پہلو کو کیوں نظر انداز کئے دیتے ہیں؟انسان کی فہم کے آگے ساری کائنات سہمی ہوئی ہے۔

محمود:شاید میں اپنا عندیہ گوش گذار کرنے سے قاصر رہا کہ جہاں انسانی فہم حیران رہ جاتی ہے وہاں اللہ کی کارسازی ہی کام آتی ہے۔

الطاف:دنیا کی تاریخ گواہ ہے کہ اللہ کی کارسازی نے نظام زندگی کے پراگندہ گیسوؤں کو بارہا سنوارا ہے۔

منشی منیر:اور سچ پوچھئے تو زندگی کے اس انتشار میں انسان کے ضمیر کی صدا یہی ہے کہ الٰہی نظام کے بغیر زندگی کی گتھی سلجھ نہ سکے گی۔

عزیر:(طنز آمیز مسکراہٹ کے ساتھ) اللہ کی کارسازی کے حالیہ تماشے شاید آپ کی نظر نے نہیں دیکھے۔

منشی منیر:شکر ہے کہ میری نظر نے یہ تماشے آپ کی نظر سے نہیں دیکھے۔

اختر:کاشکے۔ آپ کو حق بینی نصیب ہوئی ہوتی۔

منشی منیر:(مسکرا کر) میں آپ کی اس پر خلوص تمنا کا ممنون ہوں اور میری بھی آپ کے لئے یہی دعا ہے۔

(سب ہنستے ہیں۔)

عزیز: نیاز مندی کے تقاضے۔۔۔

اختر: انسان کی یہی نیاز مندانہ ذہنیت اسے عقل سلیم سے محروم کر دیتی ہے۔

عزیز: انسان ٹھوکریں کھا کر بھی غیبی قوتوں کا سہارا ڈھونڈتا ہے۔

الطاف: اصل میں ٹھوکریں کھا کر ہی یہ سہارا ڈھونڈنا پڑتا ہے۔

اختر: جی نہیں، انسان کی فکر و نظر جب مجہول ہو جاتی ہے تو وہ غیبی سہارے ڈھونڈنے لگتا ہے۔(منشی منیر کی طرف دیکھ کر) منشی صاحب آپ کا پسندیدہ شعر مجھے یاد آ گیا:

کارسازِ ما بہ فکر کار ماست
فکر ما در کار آزار ماست

اسی بے بسی اور بے چارگی کے احساس کی توہم پرستی مردے از غیب بروں آید و کارے بکند، کی ذہنیت پیدا کر کے زندگی کو مفلوج بنا دیتی ہے۔

منشی منیر: آپ نے جس شعر کو میری پسند کی طرف منسوب فرمایا ہے اس کا مطلب یا تو میں نہیں سمجھا یا آپ میرا مطلب نہیں سمجھے۔

اختر: مطلب آپ کا میں خوب سمجھا۔ حقیقت یہ ہے کہ ہم اپنے گرد و پیش صرف انسانی توانائیوں کی کار فرمائی دیکھ رہے ہیں، آپ انھیں غیر کے حوالے کرنا چاہتے ہیں۔(محمود کی طرف دیکھ کر) محمود صاحب! آپ کیوں خاموش ہو گئے؟

محمود: (مسکراتا ہے) میں سن رہا ہوں۔

اختر: آپ کو بولنا بھی تو چاہئے۔

(سب مسکراتے ہیں۔)

محمود: میں کیا عرض کروں، آپ اصل بحث سے بہت دور جا پڑے۔

اختر: جی نہیں، ہماری گفتگو کا مرکز خیال وہی ہے۔ میں انسان کی توانائیوں پر ایمان رکھتا

ہوں، آپ اس کی بیچارگی کو رو رہے ہیں۔

محمود: میں یہی تو عرض کر رہا ہوں کہ آپ مجھے اس مقام پر دیکھ رہے ہیں جہاں میں نہیں ہوں۔ اب میں کچھ عرض کرنے سے پہلے آپ کا نقطۂ نظر سمجھنے کی کوشش کروں گا۔

اختر: میرا نقطہ نظر واضح ہے۔ میں انسان کو غیر کی محتاجی سے آزاد دیکھنا چاہتا ہوں۔ آپ اسے کثرت کی غلامی سے آزاد کرکے وحدت کے حوالے کرنا چاہتے ہیں، میں چاہتا ہوں کہ یہ وحدت کا طلسم بھی ٹوٹ جائے اس لئے کہ انسان غیر کی محکومی سے جتنا بھی آزاد ہوتا جائے گا اس کی صلاحیتیں اتنی ہی آشکارا ہوتی جائیں گی۔ اس کی زندگی کا کوئی پہلو خارجی محکومی قبول نہیں کرتا۔ اس کی فطرت آزاد کی سربلندیاں اسے معرکہ وجود میں ہمیشہ غلبہ بخش رہی ہیں۔ کائنات کا ذرہ ذرہ اس کا ادنیٰ خادم بنا ہوا ہے ہم جس تخلیق کو فطرت کی بخشش سمجھتے ہیں، حقیقت میں اس کے تخریبی عنصر کو تعمیر کا رنگ دینے والا فقط انسان ہی ہے اس کی قبیح شکل کو حسن بخشنے والا یہی بحر و بر کا سلطان ہے فطرت کی تخلیق میں تاریک راتیں بھی ہیں جنھیں انسانی لیمپ ہی روشن کر سکتے ہیں۔ اس کی قلم رو میں بڑی بڑی ہیبت ناک چٹانیں بھی ہیں جن کی بے رونقی کو انسانی ہاتھ ہی خوبصورتی بخش سکتا ہے۔ پتھروں سے شیشے کی صنعت گری اور نیش کو نوش کی تاثیر بخشنے کا کرشمہ اسی سے ظہور میں آیا ہے۔

(اختر محمود کی طرف دیکھتا ہے۔)

محمود: (مسکرا کر اختر سے) آپ فرمائیے میں ہمہ تن گوش ہوں۔

(سب مسکراتے ہیں۔)

اختر: میں آپ کی ہمہ تن گوشی کا ممنون ہوں۔

(سب ہنستے ہیں۔)

محمود: یہ آپ کی عنایت ہے۔

اختر: عرض کروں؟

محمود: ارشاد!

اختر: یہ گرجنے والی توپیں، دندناتے ہوئے انجن، زبردست طیارے، سمندر کے سینے کو چیرنے والے جنگی جہاز، برق رفتار آبدوزیں اور اسی نوع کی ہزاروں لاکھوں انسانی کاوشیں اور اس کی تخلیقی صلاحیتیں اپنی قیامت خیز تسخیری قوت کے ساتھ انسان کی خدائی کا اعلان کر رہی ہیں۔ پانی بھی مسخر ہے ہوا بھی ہے مسخر۔ جوہری قوتوں والا انسان آپ کے خدائی تخیل کو دعوت پیکار دے رہا ہے۔۔۔

محمود: (کچھ سکوت کے بعد مسکرا کر) تو آخر آپ نے ختم ہی کر دیا۔ واللہ، آپ کی توپوں کی گرج اور جوہری بم کی ہیبت سے ہم کیا ساری کائنات لرز رہی ہے۔ لیکن آپ نے یہ کیوں فرض کر لیا کہ انسان کی صلاحیتوں کے امکانات پر میرا ایمان آپ کے ایمان سے کمتر ہے۔؟

اختر: اگر میں یہی جانتا ہوتا تو اتنی بکواس کیوں کرتا۔

محمود: (مسکرا کر) اچھا تو اگر آپ تجدید ایمان کا مطالبہ ہی کر رہے ہیں تو یہ لیجئے میں آپ ہی کے ہاتھ پر تجدید بیعت کئے لیتا ہوں۔

(سب ہنستے ہیں۔)

اختر: (مسکرا کر) خوب! تو آپ اپنے اس ایمان کا مظاہرہ فرمایئے۔

محمود: انسان کی عظمت پر میرا ایمان حق الیقینی کا درجہ رکھتا ہے۔ میرا پختہ عقیدہ ہے کہ قدرت کے عطا کردہ اسباب سے انسان سب کچھ کرنے کی صلاحیت رکھتا ہے۔ اس سیمابی پتلے کی سرشت میں کوکبی اور مہتابی شان جلوہ گر ہے۔ عالم ملکوت پر اس کی برتری اس کے

بلند مقام کو ظاہر کر رہی ہے۔ انسانی جلال کے آگے پہاڑوں کی بلندیاں سرنگوں ہیں۔ طوفانی دریا اس کی راہ سے گریزاں ہیں۔ سمندروں کے سینے اس کی ہیبت سے پھٹے جارہے ہیں۔ زمین کا چپہ چپہ اس کے رزق کا سامان کرنے میں اس کا ادنیٰ خادم بنا ہوا ہے۔ آفتاب کی تمازت، ہواؤں کا چلنا اور ابر گہربار کا برسنا، آسمانی بزم کی آراستگی، ستاروں کی جگمگاہٹ اور مہتاب کی ضیا پاشی، یہ سب کچھ اسی کی خاطر ہے۔

منشی منیر: سبحان اللہ۔ آپ نے انسان کی عظمت میں چار چاند لگا دیئے۔

اختر: (مسکرا کر) طرز بیان کی شگفتگی ملاحظہ ہو۔

محمود: (مسکرا کر اختر سے) معاف کیجئے میں طرز بیان کی داد چاہنے کے لئے تیار نہیں ہوں۔ میرا مطالبہ اس سے بلند ہے۔

(اختر مسکراتا ہے۔)

عزیز: یقیناً اور کچھ نہیں تو کم از کم رنگ تقریر ہی جاذب توجہ ہے۔

الطاف: (مسکرا کر) بہر حال رنگ تقریر ہی سہی۔ کچھ تو جاذب توجہ ضرور ہے۔

محمود: (ڈاکٹر عزیر سے مسکرا کر) آپ کی ستایش گری کی داد تو میں نہ دوں گا۔ البتہ اس زحمت فرمائی کا ممنون ضرور ہوں۔

اختر: (محمود سے) تو ارشاد فرمائیں۔ کیوں، ختم کر دیا؟

محمود: (مسکرا کر) جی نہیں مجھے تو آپ کو تھکانا مقصود ہے۔

اختر: آپ یقین کیجئے میں زندگی میں بحث سے کبھی نہیں تھکا۔ آدمی حجتی واقع ہوا ہوں۔

محمود: (مسکرا کر) شکر ہے کہ اس کا آپ کو خود اعتراف ہے۔ اچھا تو اب اطمینان سے سنئے۔

اختر: ارشاد۔

محمود: جب انسان اپنی بے پایاں صلاحیتوں کے ساتھ اپنی جولان گاہ زیر آسمان ہی محدود کر لیتا ہے اور رنگ و بو کی تسخیر میں اندھا بن کر مادیت کے بت پر ہر چیز کو بھینٹ چڑھانے کے لئے آمادہ ہو جاتا ہے تو اس کی تسخیری قوتیں بے معنیٰ اور بے نتیجہ ہو کر رہ جاتی ہیں۔

اختر: اب آپ نے انسان کی سابقہ بیان کردہ عظمت کو مسخ کرنا شروع کر دیا ہے۔

محمود: جی نہیں اگر آپ چاہتے ہیں کہ انسان کی فطرت کے کمال کی داستان آپ اپنی زبان میں سنیں تو لیجئے میں الفاظ کی ترکیب و ترتیب کو بدلے دیتا ہوں۔ انسان کی فطرت بلند نظری کی دعوت دے کر اس کے حوصلوں سے آسمان کے تارے اتار لانے کا مطالبہ کر رہی ہے۔ وہ اسے نیلگوں فضاؤں سے پرے کمندیں ڈالنے کے لئے ابھار رہی ہے جہاں نو کی تسخیر کا جنون انسان کی روح کو مادی آرائشوں سے پاک کر کے حیات سرمدی کی بخشش کے لئے بلند پروازی کا ناقابل تسخیر حوصلہ عطا کرتا ہے۔ جب طائر لاہوتی کے یہ بند کھل جاتے ہیں تو اس کی سلطانی کے حدود بحر و بر کی سطح تک ہی نہیں رہتے۔ اس کی زد میں ساری کائنات آجاتی ہے۔ انسان کی صلاحیتوں کو اس حد تک اجاگر کئے بغیر بلند نظری کے دعوے باطل ہو کر رہ جاتے ہیں۔ زندگی کی اس کیفیت کے بغیر کار ہستی کو زبونی سے مفر نہیں۔ انسان ازلی صداقتوں سے رشتہ جوڑ کر ہی اس بلند مقام کا دعویدار ہو سکتا ہے جس کا وہ واحد حقدار ہے۔

اختر: لیکن یہ ازلی صداقتوں کے پردے میں آپ آزادیِ افکار کا گلا گھونٹ رہے ہیں۔ نیاز مندانہ شان والا انسان "انا" کی توہین کر رہا ہے۔ کسی بارگاہ کی بندگی اس کی تسخیری قوتوں کو بے آبرو کر دیتی ہے۔

عزیز:(اختر کی طرف دیکھ کر)وہ کیا شعر تھا اختر صاحب!

بندگی میں گھٹ کے۔۔۔

(سب ڈاکٹر عزیر کی طرف متوجہ ہوتے ہیں۔)

اختر:(مسکرا کر)

بندگی میں گھٹ کے رہ جاتی ہے اک جوئے کم آب

اور آزادی میں بحرِ بے کراں ہے زندگی

منشی منیر:(مسکرا کر) ماشاء اللہ!ڈاکٹر صاحب، خوب یاددہانی فرمائی۔(اختر کی طرف دیکھ کر)لیکن کم از کم اختر صاحب کو یہ شعر نہیں پڑھنا چاہئے تھا۔

(سب ہنستے ہیں۔)

محمود:(اختر سے) ہاں تو آپ کو بندگی سے بیر ہے، بہت اچھا۔ لیکن انسان کے فہم نے افراط و تفریط میں پڑ کر ہی ہمیشہ دھوکا کھایا ہے۔ دراصل انسان جو چیز اپنے اندر تربیت سے سنوارتا ہے وہ اس کی تخلیق نہیں کہی جاسکتی۔ وہ فقط فطرت کی ودیعت کردہ صلاحیت کا ظہور ہے اور انسان کے یہ پوشیدہ خزینے جتنے کھلتے جائیں گے وہ اتنا ہی ظاہر ہو گا۔ ایک حقیر سا دانہ اپنے اندر برگ و بار پیدا کرنے کی پوری صلاحیت لے کر بھیجا گیا ہے۔ اس صلاحیت کی تخلیق اس دانے کا اپنا فعل نہیں ہے۔ صناعی صرف ایک ہی صانع کا کام ہے۔

منشی منیر: وَحدَہٗ لَاشَرِیکَ لَہٗ۔

محمود: اس ایک صانع کی خدائی کو تسلیم نہ کرنا، حق و صداقت سے منھ موڑنا ہے۔ اگر انسان خدا ہوتا تو اس سے بہتر اور کیا ہوتا؟ لیکن حقیقت یہی ہے کہ یہ غریب خدا نہیں ہے۔

(سب مسکراتے ہیں۔)

منشی منیر: سبحان اللہ۔ جزاکم اللہ۔

اختر: (محمود سے) تو گویا آپ اپنے قتل کے محضر پر دستخط ثبت فرما چکے۔

محمود: (مسکرا کر) ابھی دستخط کا موقع نہیں آیا۔ تھوڑا سا بیان باقی ہے۔

(الطاف اور عزیر مسکراتے ہیں۔)

اختر: تو وہ بھی سنا دیجئے۔ قیاس کن زگلستان من بہار مرا۔

محمود: سارا جھگڑا اسی قیاس کا تو ہے۔ میرا معروضہ یہ ہے کہ جہاں انسان کی برتری کے آگے ساری کائنات سہمی ہوئی ہے، وہاں وہ بھی خود کو قانون فطرت کا زنجیری پاتا ہے۔ اس کی ولادت اور موت کے علاوہ اس کے جسم میں مختلف اعضاء وجوارح کا عمل اس کی بے اختیاری کو ثابت کرنے کے لئے کافی ہے ظاہر ہے کہ انسان اپنی بے پایاں آزادیِ عمل کے باوجود کائنات کے ذرے ذرے کے ساتھ طوعاً و کرہاً قانون فطرت کا پابند بھی ہے۔ اسی لئے اس بے اختیاری کو مد نظر رکھ کر آزادیِ عمل کے بے پایاں امکانات کو کسی بارگاہ کا عطیہ سمجھنا بھی ضروری ہے۔

اختر: آخر لے دے کر آپ نے وہی ایک بات دہرا دی۔ لیکن یہ بھی حقیقت ہے کہ انسان کے ارادوں کی بے پناہ قوتیں قانونی شکنجے توڑ دیتی ہیں۔ اس کی فطرت آزاد پابندیوں کی متحمل نہیں ہو سکتی۔

محمود: انسان کا ہر عمل بے نتیجہ ہے اگر وہ بے لگام ہے۔

اختر: یہ بے لگامی کا لفظ آپ کو کہاں سے مل گیا؟ اس گمراہ کن لفظ کو لغت سے خارج کر دینا چاہئے۔

(سب مسکراتے ہیں۔)

محمود: (مسکراتے ہوئے) یہ لیجئے میں خارج کئے دیتا ہوں انسانی حدود سے باہر اس کی ہر

تدبیر بے نتیجہ ہے۔

(سب ہنستے ہیں۔)

اختر: انسانی تدابیر کی حدیں نہیں ہوتیں۔

محمود: تو ان کے لئے حدیں قائم کرنے کی ضرورت ہے۔ انسانی تدبیر کی ناتربیت یافتہ کاوشوں نے اپنے انتہائی کمال کے باوجود گم کردہ راہی اور زبوں کاری کے سوا کیا پایا۔ اس کی قیامت خیز جد وجہد سے آسمان کانپ اٹھا، زمین تھرا گئی، انسان کے کلیجے ہیبت سے پھٹ گئے۔ لیکن آخر کار انسانی تدابیر کی بے پناہ قوتیں اپنے عمل کے تخریبی نتائج سے خود کو بھی نہ بچا سکیں۔ اسرار حیات کی تاریکیوں کو علم و دانش کے آفتابوں سے روشن کرنے والا انسان غلط بینی کا شکار ہو کر حرمان نصیبی کی آپ اپنی مثال بن کر رہ گیا۔ فطرت انسان کی نظروں سے فریب کے پردے یکے بعد دیگرے اٹھاتی جارہی ہے کہ وہ غور و فکر سے نہیں تو مشاہدے ہی سے انسانی تدابیر کی رسوائیاں دیکھ لے۔

اختر: لیکن اس حقیقت کا بھی انکار نہیں کیا جا سکتا کہ جو قوم اپنی توانائیوں کی ناقابل تسخیر کیفیت کو زندگی کی مصنوعی پابندیوں سے مغلوب کرنا چاہتی ہے، اسے زندہ رہنے کا حق حاصل نہیں ہے۔

محمود: (مسکراتے ہوئے) آپ کے اس نیک خیال سے کس بد بخت کو اختلاف ہے۔

اختر: اس عدم اختلاف کے باوجود اتفاق بھی تو نہیں ہے۔

محمود: یہ ہماری بد قسمتی ہے۔

منشی منیر: (مسکرا کر) اختر صاحب کی نفی میں بھی اثبات کا پہلو نکلتا ہے۔ (اختر سے) اگر اجازت ہو تو ایک شعر عرض کروں۔

اختر: (مسکراتا ہے) آپ کی عنایت کا ممنون ہوں۔ ارشاد۔

منشی منیر: آپ کی قدر دانی کا شکر گذار ہوں۔

(سب مسکراتے ہوئے منشی منیر کی طرف دیکھنے لگتے ہیں۔)

(اختر سے) بھائی سید زادے ہو، برا نہ ماننا۔ شعر عرض کرتا ہوں:

شیخ کو بھی اب بت کافر نے اپنا کر لیا

دین سے کیا ہو سکا ایمان نے کیا کر لیا

(سب قہقہہ لگاتے ہیں۔)

* * *

مقابلے اور فیصلے

ابراہیم یوسف

افراد تمثیل

نجیب: ایک نوجوان۔

نغمہ: نجیب کی بہن۔

مجیب: نجیب کے والد۔

صوفیہ: نجیب کی خاتون دوست۔

نسیم: صوفیہ کے والد۔

منظر: مجیب کے دیہاتی مکان کا بالائی کمرہ، کمرہ صاف ستھرا ہے معمولی مگر نظر آنے والا پرانے فیشن کا فرنیچر ہے۔ دیواروں پر مختلف جانوروں کے سر لگے ہوئے ہیں۔ مغربی جانب ایک کھڑکی ہے جس میں بیٹھنے سے دور تک کا منظر نظر آتا ہے۔ جنگل اور جنگل کے بعد پہاڑ نظر آتا ہے۔ جنگلوں سے گھرا ہوا پہاڑ عجیب پر اسرار معلوم ہوتا ہے۔

جس وقت پردہ اٹھتا ہے تو نجیب اور صوفیہ کھڑکی کے پاس بیٹھے ہوئے نظر آتے ہیں۔ دونوں خاموش ہیں اور کھوئے کھوئے انداز سے پہاڑ کو دیکھ رہے ہیں۔ کبھی کبھی ایک دوسرے کو دیکھتے ہیں نظریں چار ہوتی ہیں تو پھر دونوں جھکا لیتے ہیں۔ جیسے ایک دوسرے سے نظریں ملانا نہیں چاہتے۔ دونوں انتہائی اداس نظر آرہے ہیں کچھ دیر دونوں

یوں ہی خاموش بیٹھے رہتے ہیں پھر صوفیہ کچھ اس انداز سے جیسے وہ اس خاموشی کو توڑنا چاہتی ہو۔

صوفیہ: کبھی آپ اس پہاڑ پر چڑھے ہیں؟

نجیب: ہاں کئی بار۔

صوفیہ: (کچھ دیر خاموش رہ کر) یہ پہاڑ کس قدر پر اسرار معلوم ہوتا ہے۔

نجیب: بچپن میں میں اسے بہت ہی پر اسرار سمجھتا تھا۔

صوفیہ: یہاں سے تو کافی دور ہو گا۔

نجیب: کچھ زیادہ دور نہیں ہے۔ جنگلوں سے گزرنے والی پگڈنڈی کا راستہ نزدیک اور خوبصورت ہے۔

(پھر دونوں خاموش ہو جاتے ہیں اور خیالات میں کھو جاتے ہیں۔ صوفیہ پہاڑ کو دیکھتی رہتی ہے۔ پھر کچھ دیر بعد۔)

صوفیہ: قدرت کے ان عجائبات میں بھی کیا کیا اسرار ہوئے ہیں۔

نجیب: جی ہاں بچپن میں میرا تصور تھا کہ ان پہاڑوں پر پریاں رہتی ہیں۔ خواب میں وہ اکثر مجھے گاتی اور قہقہے لگاتی نظر آتی تھیں۔

(پھر دونوں خاموش ہو جاتے ہیں۔ صوفیہ کچھ دیر بعد)

صوفیہ: آپ کا یہ گاؤں کس قدر خاموش ہے۔

نجیب: جی ہاں لوگ اکثر اس کی تعریف کرتے ہیں (خاموش ہو جاتا ہے کچھ دیر مکمل خاموشی رہتی ہے دونوں کھوئی کھوئی نظروں سے پہاڑ کو دیکھتے رہتے ہیں کچھ دیر بعد نجیب، صوفیہ کو دیکھ کر) اپنی والدہ سے میرا سلام عرض کر دینا۔

(صوفیہ غور سے نجیب کو دیکھتی ہے پھر آہستہ سے)

صوفیہ: کیا آپ ہمارے یہاں کبھی نہیں آئیں گے۔؟

نجیب: کیوں نہیں۔۔۔ مگر۔۔۔

(خاموش ہو جاتا ہے کچھ دیر بعد نغمہ چائے لے کر آتی ہے۔ اس کے چہرے سے اداسی جھلک رہی ہے۔ خاموشی سے کشتی لا کر میز پر رکھ دیتی ہے۔ نجیب اور صوفیہ دونوں اس کو کھوئی کھوئی نظروں سے دیکھتے رہتے ہیں۔ کچھ دیر بعد صوفیہ پھیکی مسکراہٹ سے۔)

صوفیہ: آؤ نغمہ۔۔۔ بیٹھو۔۔۔ (نغمہ خاموشی سے ایک کرسی پر بیٹھ جاتی ہے اور نظریں جھکا کر چائے بنانے لگتی ہے۔ صوفیہ کچھ دیر خاموش رہ کر) کیا بات ہے؟ اس قدر خاموش کیوں ہو۔ (نغمہ کی آنکھوں میں آنسو آجاتے ہیں) ارے تم تو رونے لگیں۔

نغمہ: (دوپٹے کے پلو سے آنسو پونچھ کر) آپ جا رہی ہیں صوفیہ آپا۔ اس کا مجھے بہت دکھ ہے۔

صوفیہ: تم ہمارے یہاں آنا۔ ہم تمہیں شہر گھمائیں گے۔

نغمہ: آپ نے تو ابھی تک دیہات اچھی طرح دیکھا بھی نہیں ہے۔

صوفیہ: تمہارا گاؤں بہت خوبصورت اور حسین ہے۔

نغمہ: ابھی تو آپ پہاڑ پر بھی نہیں چڑھیں۔ ابھی تو آپ نے وہ جگہ بھی نہیں دیکھی جہاں ندی کئی فٹ گہرے کھڈ میں گر کر غائب ہو جاتی ہے اور پھر ایک فرلانگ بعد زمین سے ابل پڑتی ہے۔

صوفیہ: میں نے کئی مرتبہ پہاڑ پر چڑھنے کا سوچا۔ سنا ہے اس پہاڑ پر پریاں رہتی ہیں۔

نغمہ: جی ہاں گاؤں والے ایسا ہی کہتے ہیں اور اب تو میلہ بھی لگنے والا ہے۔

صوفیہ: میلہ!

نغمہ: جی ہاں۔ آدی باسیوں کا میلہ۔ بڑے اچھے کھیل کود اور مقابلے ہوتے ہیں اور

پھر آدی باسیوں کے ناچ تو دیکھنے سے تعلق رکھتے ہیں۔ آپ کچھ دن اور ٹھہر جائیں تو وہ میلہ دیکھ لیتیں۔

(نغمہ چائے کی پیالی صوفیہ کو دیتی ہے۔ صوفیہ پیالی لیتے ہوئے۔)

صوفیہ: تمہاری محبت اور خلوص اور یہ خاطر ہمیشہ یاد رہے گی۔

نغمہ: میں تو کچھ بھی خاطر نہ کر سکی۔ یہ افسوس تو زندگی بھر رہے گا۔

صوفیہ: (مسکرا کر) اور خاطر کیا ہوتی ہے۔

نغمہ: (کچھ دیر خاموش رہ کر) میلے میں پہاڑ پر چڑھنے کا مقابلہ بھی ہوتا ہے۔ سب ہی اس میں حصہ لیتے ہیں۔ مردوں اور عورتوں کے مقابلے الگ الگ ہوتے ہیں۔

نجیب: اس مقابلے کا نام نہ لو نغمہ، مجھے اس سے نفرت ہے۔

نغمہ: مگر مجھے بہت اچھا لگتا ہے۔ اس مرتبہ تو میں اس میں حصہ لوں گی۔

نجیب: مگر مجھے نفرت ہے۔ انتہائی نفرت (نغمہ نجیب کا انداز دیکھ کر سہم سی جاتی ہے) گئے سال میں اس مقابلے میں ہار گیا تھا۔ جب ہی سے مجھے اس سے نفرت ہو گئی ہے۔

نغمہ: آپ نے پہلی بار حصہ لیا تھا۔ لوگ تو سالوں ہارتے ہیں مگر دل چھوٹا نہیں کرتے۔

نجیب: اور اباجان یہ بات نہیں سوچتے (کچھ دیر خاموش رہ کر ٹھنڈی سانس بھر کر) اب تم بھی مقابلے میں حصہ لو اور ہار جاؤ۔ تاکہ اباجان روز تمہیں بھی طعنے دیں اور پھر تمہارا دل توڑیں۔

(نغمہ خاموش ہو جاتی ہے۔ نجیب پھر کھڑکی میں سے باہر پہاڑ کو دیکھنے لگتا ہے۔ صوفیہ کچھ دیر بعد کھڑی ہو کر نغمہ کی طرف دیکھ کر)

صوفیہ: امی تو اپنے کمرے میں ہوں گی۔ میں ان سے مل لوں۔۔۔

نغمہ: جی ہاں۔ اپنے کمرے میں ہیں۔ صبح سے وہ بھی اداس اداس سی ہیں۔ (صوفیہ خاموشی

سے کمرے سے چلی جاتی ہے۔ نغمہ خاموش ہو جاتی ہے۔ نجیب پھر کھڑکی سے باہر دیکھنے لگتا ہے کچھ دیر بعد نغمہ آہستہ سے) بھائی جان! آپ بھی بہت اداس ہیں۔ (نجیب خاموش رہتا ہے۔ نغمہ پھر نجیب کو دیکھ کر) صوفیہ آپا کتنی اچھی ہیں۔ آپ انھیں کچھ دن کے لیے اور کیوں نہیں روک لیتے۔

نجیب: وہ اب نہیں رکے گی۔

نغمہ: کیوں؟ (نجیب خاموش رہتا ہے) میلے کے دنوں میں وہ یہاں رہتیں تو کتنا اچھا معلوم ہوتا (باہر سے آواز نجیب) ابا جان آ گئے۔

(کھڑی ہو کر چائے کے برتن کشتی میں رکھنے لگتی ہے۔ مجیب کمرے میں آتے ہیں۔ انھوں نے شکاری لباس پہن رکھا ہے۔ بڑی بڑی مونچھیں ہیں صحت مند ہیں۔ عمر پچاس سے زیادہ ہے مگر چال اور جسم کی ساخت سے اتنی عمر کے نہیں معلوم ہوتے۔ کمرے میں داخل ہوتے ہیں نغمہ سے۔) مجیب: صوفیہ کہاں ہے؟

نغمہ: امی کے ساتھ ہیں۔

مجیب: اس کے جانے کی تیاری مکمل ہو گئی۔

نغمہ: جی ہاں۔ وہ شاید آپ ہی کا انتظار کر رہی تھیں۔

مجیب: (اک دم جیسے کچھ یاد آ جانے پر نجیب کی طرف دیکھ کر) کل تم نے پھر ایک گولی مس کر دی۔

نجیب: جی ہاں۔ میں نے بھاگتے ہوئے جانور پر گولی چلائی تھی۔

مجیب: جانور کا بھاگنا قدرتی ہے مگر شکاری کو نہیں بھاگنا چاہئے۔ مجھے معلوم ہوا ہے کہ تم اس کے پیچھے دوڑے اور پھر گولی چلائی۔

نجیب: میں نے صرف چند گز دوڑ کر اسے رینج میں لینے کی کوشش کی تھی۔

مجیب: اور اس بھاگ دوڑ میں تمہاری سانس پھول گئی اور تم نے گولی مس کر دی۔ جب تک شکاری کو اپنے جسم پر قابو نہ ہو وہ شکار کو اپنے قابو میں نہیں کر سکتا۔ (نغمہ کی طرف دیکھ کر جو خاموش کھڑی ہے) تم کو کیا ہو گیا ہے جو تم یوں رونی شکل بنائے کھڑی ہو۔

نغمہ: کچھ نہیں ابا جان۔

(مجیب کچھ دیر خاموش رہتا ہے پھر ٹھنڈی سانس بھر کر)

مجیب: میں جانتا ہوں کہ تم کیوں اداس ہو (بندوق کا ندھے سے اتار کر دیوار سے ٹکا دیتا ہے اور کھڑکی سے باہر پہاڑ کو دیکھنے لگتا ہے پھر کچھ دیر بعد) تم صوفیہ کے جانے پر اداس ہو۔

نغمہ: (آنکھوں سے آنسو پونچھ کر) جی ہاں۔ وہ کس قدر اچھی ہیں۔

مجیب: بلا شبہ اچھی ہے۔ اس سے اچھی لڑکی میں نے کبھی نہیں دیکھی۔

نغمہ: تو پھر آپ انھیں روک کیوں نہیں لیتے۔ بھائی جان بھی کس قدر اداس ہیں اور وہ بھی کچھ کم غمگین نہیں۔

مجیب: (چند سکنڈ رک کر) اسے میں نہیں روک سکتا۔ (پھر چند سکنڈ رک کر) اچھا تم اسے ذرا میرے پاس بھیج دو۔ (نغمہ چائے کے برتن لے کر کمرے سے چلی جاتی ہے۔ مجیب کھڑکی کے پاس ایک کرسی پر بیٹھ جاتے ہیں اور پہاڑی کو دیکھنے لگتے ہیں۔ کچھ دیر خاموش رہ کر نجیب کی طرف دیکھ کر) تم پہاڑ کی چوٹی پر لہراتے ہوئے اس جھنڈے کو دیکھ رہے ہو۔؟

نجیب: جی ہاں۔

مجیب: اور یہ بھی جانتے ہو گے کہ وہ وہاں کیوں لہرا رہا ہے۔

نجیب: جی ہاں۔

مجیب: ہر نوجوان کی خواہش ہوتی ہے کہ وہ اسے جیتے اور وہ اسکے گھر پر لہرائے۔

نجیب:: جی ہاں۔

مجیب۔: میں نے تمہاری صوفیہ سے شادی سے انکار کیا ہے جانتے ہو کیوں۔

نجیب:: جی ہاں۔ اس لیے کہ گئے سال میں اس جھنڈے کو نہ جیت سکا تھا۔

مجیب: ہاں اسی لئے۔

نجیب: (کسی قدر تند لہجے میں) مگر ہر نوجوان اسے نہیں جیت سکتا اور جو نہیں جیت سکتا کیا اس کی شادی نہیں ہوتی۔

مجیب: ہوتی ہے۔ مگر انسان کی کچھ تمنائیں اور خواہشیں ہوتی ہیں اور میری یہ خواہش تھی کہ وہ جھنڈا میرے گھر پر لہرائے (ٹھنڈی سانس بھر کر) مگر گئے سال تم نے میری تمام تمناؤں پر پانی پھیر دیا۔

نجیب: مگر یہ تو اسپورٹ ہیں ہمیں اپنی ہار کو اسپورٹس مین اسپرٹ میں قبول کر لینا چاہئے۔

(مجیب طنزیہ مسکراتے ہیں اور آنکھیں بند کر کے سگار کے لمبے لمبے کش لیتے ہیں۔ کچھ دیر بعد)

مجیب: تم مجھے اسپورٹس مین اسپرٹ کا سبق دے رہے ہو (آنکھیں کھول کر نجیب کو دیکھ کر) میں نے جس اسپورٹس مین اسپرٹ کا ثبوت دیا ہے تم اس کا تصور بھی نہیں کر سکتے۔ (پھر آنکھیں بند کر کے خاموش ہو جاتے ہیں نجیب خاموش کھڑا رہتا ہے کچھ دیر خاموشی رہتی ہے۔ مجیب پھر آنکھیں کھول کر نجیب کو دیکھ کر) بیٹھ جاؤ (نجیب خاموشی سے بیٹھ جاتا ہے مجیب کچھ دیر خاموش رہ کر) تم صوفیہ سے محبت کرتے ہو۔ (نجیب نظریں جھکا لیتا ہے) میں جب تمہاری عمر کا تھا اس وقت ایک لڑکی سے محبت کرتا تھا۔

نجیب: (غور سے مجیب کا چہرہ دیکھ کر) آپ!

مجیب: ہاں۔ (مسکرا کر) تمہیں حیرت کیوں ہے نوجوانی میں سب ہی ایک نہ ایک سے محبت ضرور کرتے ہیں اور اسی لیے مجھے تمہاری محبت پر بھی کوئی اعتراض نہیں ہے۔

نجیب: مگر آپ۔۔۔

مجیب: اس پر بھی میں تمہیں صوفیہ سے شادی کی اجازت نہیں دے سکتا۔

نجیب: مگر میں بھی صوفیہ کے علاوہ کسی اور سے شادی نہیں کر سکتا۔

مجیب: اس سے میری نسل ختم ہو جائے گی۔ ہو جائے۔ یہ میرا پکا ارادہ ہے یوں سمجھ لو کہ میری قسم ہے۔

نجیب: مگر ابا جان۔

مجیب: (بات کاٹ کر) گئے سال مجھے تم سے بڑی امیدیں تھیں مگر تم ہار گئے۔ مجھے ہار کا تو اتنا افسوس نہیں ہوا مگر جب اس جھنڈے کو میں کسی اور کے مکان پر لہراتا ہوا دیکھتا ہوں تو جی چاہتا ہے کہ اس جھنڈے کو گولی مار دوں۔ پچیس تیس سال سے میں اس ذہنی الجھن میں مبتلا ہوں اور اندر ہی اندر جلا جا رہا ہوں۔

نجیب: لیکن یہ کوئی ضروری نہیں ہے کہ میں اس مقابلے میں حصہ لوں اور وہ جھنڈا جیت ہی لوں۔

(مجیب خاموش رہتے ہیں اور خاموشی سے پہاڑ پر لہراتے ہوئے جھنڈے کو دیکھتے رہتے ہیں۔ سگار کا کش لیتے ہیں پھر نجیب کو دیکھ کر جو گردن جھکائے بیٹھا ہے۔)

مجیب: میں آج تم کو وہ راز بتلائے دیتا ہوں جو کسی کو نہیں بتلایا (خاموش ہو جاتے ہیں اور سگار کا کش لے کر) میرا ایک دوست تھا۔ بہت ہی گہرا دوست (آنکھیں بند کر کے بہت ہی آہستہ سے) ہم دونوں ایک ہی لڑکی سے محبت کرتے تھے۔

نجیب: ایک ہی لڑکی سے!

مجیب: ہاں۔ مسئلہ یہ تھا کہ دونوں میں سے کون اس سے شادی کرے۔ (آنکھیں کھول کر نجیب کو دیکھ کر) پھر جانتے ہو کیا ہوا۔

نجیب: جی نہیں۔

مجیب: ہم نے طے کیا کہ ہم دونوں اس مقابلے میں حصہ لیں اور جو جیت جائے وہی اس سے شادی کر لے اور دونوں ہار جائیں تو دونوں میں سے کوئی بھی اس سے شادی نہ کرے۔

نجیب: اور شاید آپ مقابلے میں ہار گئے۔

مجیب: شاید نہیں یقیناً ہار گیا۔ یہ سخت مقابلہ تھا۔ ہم نے طے کیا تھا کہ ہم دونوں اپنی اپنی بندوقیں ساتھ لیں گے اور اگر دونوں میں سے کوئی بھی جیت جائے تو دوسرا اپنی بندوق سے ہوائی فائر کر کے اس کی جیت اور اپنی ہار کا اعلان کر دے۔

نجیب: اچھا۔

مجیب: ہاں! مقابلہ شروع ہوا اور ہم دونوں نے ایک ہی راستے سے پہاڑ پر چڑھنا شروع کیا۔ ہم دونوں ایک دوسرے سے بازی لے جانے کے لیے جان توڑ کوشش کر رہے تھے۔ کبھی وہ آگے ہوتا اور کبھی میں۔ ہم دونوں اس چھوٹے سے مندر کے پاس پہنچ گئے جہاں ندی پہاڑ کی اس گہرائی میں گرتی ہے جہاں کئی سو فٹ گہرا کھڈ ہے کہ اس کا پاؤں پھسل گیا میں نے اس کے گرنے کی آواز سنی اور پلٹ کر دیکھا اس کا رخ کھڈ کی طرف تھا اور وہ جان بچانے کے لیے کسی بھی سہارے کی تلاش کر رہا تھا۔

نجیب: اور پھر آپ نے سہارا نہیں دیا۔

مجیب: کیوں نہیں۔ وہ میرا کوئی دشمن تو نہیں تھا آخر دوست تھا۔ ایسے مقابلے تو دوستوں میں اکثر ہوا ہی کرتے ہیں۔

نجیب: پھر۔؟

مجیب: میں پلٹا اور اسے سہارا دیا وہ مسکرا کر کھڑا ہوا گیا۔ ہم گلے ملے اور پھر اپنی اپنی جیت کے لئے جد وجہد کرنے لگے اور کچھ دیر بعد ہم پہاڑ کی چوٹی پر پہنچ گئے۔ وہاں بیس پچیس گز چوڑا میدان ہے کھلے میدان میں ہم دونوں میں دوڑ شروع ہوگئی لیکن اس دوڑ میں اس نے مجھے ہرا دیا۔ اب جھنڈا اس کے ہاتھ میں تھا۔ میں نے بندوق کاندھے سے اتار لی اور جانے کیوں اس کی نالی میرے دوست کے سینے کی طرف ہوگئی۔

نجیب: (گھبرا کر) جی۔۔۔

مجیب: یہ سچ ہے مگر وہ مرحوم بچے کی طرح اپنی کامیابی پر غیر معمولی خوشی سے میری طرف دوڑا چلا آ رہا تھا اسے خیال بھی نہیں تھا کہ میری بندوق اس کے سینے کا نشانہ لے چکی ہے۔

نجیب: اور آپ نے گولی چلادی۔

مجیب: ہاں۔۔۔ (مسکرا کر) مگر اس کے سینے پر نہیں ہوا میں۔ میری گولی اس کے خوشیوں بھرے سینے کو نہ چھید سکی۔ وہ مجھ سے معصوم بچوں کی طرح خوشی سے لپٹ گیا۔ اتنے میں وہ آدی باسی نوجوان بھی آ گئے جو اس مقابلے میں حصہ لے رہے تھے۔ انھوں نے اپنے وہ مخصوص تیر جو ہوا میں چھوٹتے ہی جل اٹھتے ہیں چھوڑے اور پہاڑ کے نیچے ڈھول پٹنے لگے جو مقابلہ ختم ہونے کا اعلان تھا۔ ہم بہت دیر تک پہاڑ پر گاتے اور ناچتے رہے پھر میں نے اپنے دوست کو اپنے کاندھے پر بٹھلایا اور ہم لوگ پہاڑ سے نیچے اتر آئے۔ رات بھر خوب جشن منایا گیا۔ (چند سکنڈ خاموش رہ کر) جانتے ہو وہ میرا دوست کون تھا؟

نجیب: (غور سے مجیب کا چہرہ دیکھ کر) جی نہیں۔۔۔ کون تھا۔

مجیب: (آنکھیں بند کر کے) صوفیہ کا باپ نسیم اور وہ لڑکی تھی صوفیہ کی ماں سلمیٰ۔

نجیب: (غصہ سے کھڑے ہو کر) اور آپ اپنی ہار کا بدلہ ان کی اولاد سے لے رہے ہیں۔ یہ کہاں کا انصاف ہے۔

مجیب: میں بدلہ نہیں لے رہا ہوں ویسا دوست تو مجھے آج تک نصیب ہی نہیں ہوا۔ جانتے ہو اس نے جیتے ہوئے جھنڈے کا کیا کیا۔

نجیب: جی نہیں۔ میں صرف اتنا جانتا ہوں کہ آپ بھی میری طرح مقابلے میں ہارے ہیں اور اپنی ہار پر ہماری خوشیاں چھین لینا چاہتے ہیں۔

مجیب: (بہت ہی سخت لہجے میں) نہیں۔ (کچھ دیر خاموش رہ کر) وہ جھنڈا نسیم نے کبھی اپنے گھر پر نہیں لگایا۔

نجیب: اپنے گھر پر نہیں لگایا!

مجیب: ہاں صرف میری خاطر۔

نجیب: مگر۔۔۔

مجیب: (بات کاٹ کر) یہ گاؤں کی رسم کے خلاف تھا۔ گاؤں والے اس کو برداشت نہ کر سکے اور وہ گاؤں چھوڑ کر چلا گیا اور پھر کبھی اس گاؤں میں نہیں آیا۔

نجیب: وہ جھنڈا اپنے گھر پر کیوں نہیں لگایا۔

مجیب: اس لیے کہ وہ میری ہار کا نشان تھا۔ اسی وقت میں نے عہد کر لیا تھا کہ میری اولاد میں صرف وہی اپنی مرضی کی شادی کرے گا جو اس مقابلے میں جیتے گا۔۔۔ تم یہ مقابلہ ہار چکے ہو۔

نجیب: یہ انصاف نہیں ہے کہ آپ کے فضول سے عہد پر میں اپنی زندگی تباہ کر دوں۔

مجیب: میں بے انصاف سہی مگر اپنے فیصلے پر اٹل ہوں۔

نجیب: مگر آپ کا فیصلہ۔۔۔

(صوفیہ کمرے میں داخل ہوتی ہے اور نجیب خاموش ہو جاتا ہے۔ صوفیہ بہت ادب سے جھک کر سلام کرتی ہے۔)

مجیب: جیتی رہو بیٹی!۔۔۔ آؤ۔۔۔ (اپنے سامنے والی کرسی کی طرف اشارہ کر کے) بیٹھو۔۔۔ (صوفیہ کرسی پر بیٹھ جاتی ہے۔) تمہارے جانے کی تیاری مکمل ہوگئی؟

صوفیہ: جی ہاں۔۔۔ میں آپ ہی کا انتظار کر رہی تھی۔

مجیب: ادھر کچھ دنوں سے ایک مین ایٹر نے گاؤں والوں کی زندگی اجیرن کر رکھی ہے اسی کی تلاش میں نکل گیا تھا ارادہ تو نجیب کو بھی ساتھ لے جانے کا تھا مگر سوچا کہ آج تم جا رہی ہو اس لیے اس کا یہاں رہنا ضروری ہے۔ (نجیب کی طرف دیکھ کر) دیکھو گھوڑے تیار ہو گئے۔ (نجیب جانے کے لئے مڑتا ہے) اور ہاں جنگل کے راستے سے نہ جانا۔

نجیب: مگر دوسرے راستے سے جانے کے لیے پورے سات میل کا چکر لگانا پڑے گا۔

مجیب: کوئی بات نہیں۔ پتہ چلا ہے کہ وہ مین ایٹر ابھی جنگل ہی میں موجود ہے۔

نجیب: میں بندوق ساتھ لے جاؤں گا اور پھر کئی آدمی بھی ساتھ میں ہوں گے۔

مجیب: صوفیہ بیٹا کا ساتھ ہو گا کسی بھی قسم کا رسک لینا ٹھیک نہیں ہے قطعی جنگل کے راستے سے جانے کی ضرورت نہیں واپسی میں تم یہ راستہ اختیار کر سکتے ہو۔

نجیب: بہت اچھا۔

(نجیب کمرے سے چلا جاتا ہے۔ کچھ دیر خاموشی رہتی ہے پھر مجیب صوفیہ کو دیکھ کر)

مجیب: بیٹی! تمہیں میرے فیصلے پر دکھ ہو رہا ہے۔

صوفیہ: (نظریں جھکا کر) بزرگوں کے فیصلے پر مجھے دکھی ہونا نہیں سکھایا گیا۔

مجیب: مجھے تمہاری اس سعادت مندی سے خوشی ہوتی ہے مگر میری بھی کوئی مجبوری ہے۔

صوفیہ: میں نے بزرگوں کے فیصلے کو کبھی ان کی مجبوری نہیں سمجھا ہے ایک حکم سمجھا ہے

جس کا ماننا ہر حالت میں فرض ہے۔

مجیب: (غور سے صوفیہ کو دیکھ کر) بیٹی! ایسی باتیں نہ کہو جن کے سننے سے مجھے خود سے نفرت ہو جائے۔ (صوفیہ کے ہونٹ اس طرح ہلتے ہیں جیسے وہ کچھ کہنا چاہتی ہے مگر پھر خاموش رہتی ہے) نغمہ کی خواہش ہے کہ تم میلے تک یہاں رک جاتیں۔

صوفیہ: وہ میرے جانے پر بہت دکھی ہے مگر اب پندرہ دن ہو گئے ہیں پاپا اور ممی یاد کرتے ہوں گے۔

مجیب: مجھے بھی یہی خیال ہے ورنہ میں تم کو جانے کی ہرگز اجازت نہیں دیتا۔ (کچھ دیر رک کر) تمہارا اور نجیب کا کتنے سال کالج میں ساتھ رہا ہے۔

صوفیہ: ہم فرسٹ ایر سے ہی ساتھ رہے ہیں۔

(باہر گھوڑا دوڑنے کی آواز)

مجیب: شاید گھوڑے تیار ہو گئے (کھڑے ہو جاتے ہیں ان کے ساتھ صوفیہ بھی کھڑی ہو جاتی ہے) خدا حافظ اور دیکھو اپنے پاپا اور ممی سے میرا سلام کہنا اور ہاں۔۔۔ گھر پہنچتے ہی فوراً خط لکھنا۔

صوفیہ: جی۔ بہت اچھا۔

(محبت سے صوفیہ کے سر پر ہاتھ پھیرتے ہیں۔ اسی وقت نجیب گھبرایا ہوا سا کمرے میں داخل ہوتا ہے اور جلدی سے۔)

نجیب: ابا جان۔ نسیم صاحب۔

مجیب: نسیم صاحب!

نجیب: جی ہاں صوفیہ کے والد آئے ہیں۔

مجیب: (گھبرا کر) کہاں ہیں؟ (تیزی سے بندوق اٹھا کر دروازے کی طرف بڑھتے ہیں کہ

نسیم کمرے میں داخل ہوتے ہیں ان کے کاندھے پر بھی بندوق لٹکی ہوئی ہے بہت وجیہہ با رعب اور قد آور ہیں چال ڈھال سے فوجی معلوم ہوتے ہیں۔ کچھ دیر تو دونوں ایک دوسرے کو دیکھتے رہتے ہیں پھر ایک دم دوڑ کر بغل گیر ہوتے ہیں اور دونوں کی آنکھوں سے آنسو بہنے لگتے ہیں۔ پھر مجیب نسیم کے دونوں بازو پکڑ کر انھیں سر سے پیر تک دیکھ کر) تیری صحت اب پہلی جیسی نہیں رہی۔

نسیم:(اپنا ہاتھ مجیب کی طرف بڑھا کر) آ۔ پنجہ لڑا کر دیکھ لے کس کی صحت اچھی ہے۔(دونوں قہقہہ مار کر ہنستے ہیں) میری بینائی تک میں فرق نہیں آیا ہے۔ ابھی بھی میں سوئی پر نشانہ لگا سکتا ہوں۔

مجیب: یہ بات ہے !ہو جائے مقابلہ۔

نسیم: ہو جائے (دونوں اپنی اپنی بندوقیں کاندھے پر سے اتار کر کھڑکی کے پاس کھڑے ہو جاتے ہیں) بول کہاں نشانہ لگاؤں۔

مجیب:(چند سکنڈ سوچ کر) وہ میرے باغ کا پھاٹک نظر آرہا ہے اس پر دو گول گول لکڑی کے لٹو ہیں ایک تو اڑا ایک میں۔ منظور ہے؟

نسیم: منظور ہے۔(نسیم نشانہ باندھ کر گولی چلاتے ہیں اور پھر مسکرا کر مجیب کو دیکھتے ہیں۔ مجیب مسکرا کر ان کی پیٹھ تھپ تھپاتے ہیں اور پھر خود نشانہ باندھ کر گولی چلاتے ہیں اور مسکرا کر نسیم کو دیکھتے ہیں۔ اس کے بعد دونوں ایک دوسرے سے ہاتھ ملاتے ہیں۔ صوفیہ اور نجیب تالیاں بجانے لگتے ہیں)۔۔۔ تم دونوں یہاں کیوں کھڑے ہو۔

نجیب: ہم دونوں آپ لوگوں کی نشانہ بازی دیکھ رہے تھے۔

نسیم: بھاگ جاؤ شریر بدمعاشو۔

(صوفیہ اور نجیب مسکراتے ہوئے بھاگ جاتے ہیں جس پر نسیم اور مجیب قہقہہ لگاتے ہیں۔

مجیب: (نسیم کا ہاتھ پکڑ کر ایک کرسی پر بٹھلاتے ہوئے۔)
مجیب: بھلے آدمی اپنے آنے کی اطلاع تو دی ہوتی۔
نسیم: میں بلا اطلاع ہی آنا چاہتا تھا۔۔۔ گاؤں تو اب بالکل بدل گیا ہے۔
مجیب: تم گاؤں شاید تیس سال بعد آئے ہو۔
نسیم: ہاں اتنا ہی زمانہ ہو گیا ہو گا۔۔۔ کیا اب میلہ نہیں لگتا۔
مجیب: کیوں نہیں لگتا۔ ابھی آٹھ دن باقی ہیں۔ تیاریاں شروع ہو چکی ہیں۔
نسیم: میں تو یہ سوچ کر آیا تھا کہ میلہ لگ چکا ہو گا۔ (کچھ دیر خاموش رہ کر) تمہیں میری لڑکی پسند آئی؟
مجیب: بہت پسند آئی۔ ایسی سعادت مند، خوش سلیقہ اور سمجھ دار لڑکی میں نے اپنی زندگی میں نہیں دیکھی۔ میں تمہیں اس قدر اچھی لڑکی کا باپ ہونے پر مبارک باد دیتا ہوں۔
نسیم: شکریہ! مجھے نجیب بھی اسی قدر پسند ہے جس قدر تمہیں میری لڑکی۔ کس قدر مردانہ وجاہت ہے اور کھیلوں میں تو وہ اپنے کالج کا سب سے اچھا کھلاڑی تھا۔
مجیب: یہ بالکل غلط ہے۔ کل جانتے ہو کیا ہوا؟ (نسیم سوالیہ نظروں سے مجیب کو دیکھتے ہیں) ایک بارہ سنگھے پر گولی مس کر دی۔
نسیم: اتفاق رہا ہو گا۔ ویسے دو ایک مرتبہ میرے ساتھ شکار پر بھی گیا ہے۔ میں نے اس کو اچوک نشانہ باز پایا ہے۔
مجیب: ممکن ہے تمہارا خیال درست ہو مگر وہ اچھا شکاری نہیں ہے۔ جانور کے پیچھے دوڑ کر اس پر گولی چلانا انتہائی حماقت ہے اور یہ حماقت کرنے میں وہ نمبر ایک ہے۔
نسیم: خیر۔ (کچھ دیر خاموش رہ کر) تم نے دونوں کے بارے میں کیا فیصلہ کیا۔
مجیب: کن دونوں کے بارے میں؟

نسیم: نجیب اور صوفیہ کے بارے میں۔ (نسیم خاموش ہو جاتے ہیں۔ پھر کچھ دیر بعد) میں تمہارا یہی فیصلہ سننے آیا ہوں۔

مجیب: (ٹھنڈی سانس بھر کر) وہ گئے سال پہاڑ پر چڑھنے کے مقابلے میں ہار گیا تھا۔

نسیم: اس سے کیا فرق پڑتا ہے۔

مجیب: میرا یہ عہد ہے کہ میرے خاندان کا وہی مرد اپنی پسند کی شادی کرے گا جو اس مقابلے کو جیتے۔

(نسیم کچھ دیر خاموش رہتے ہیں اور پہاڑ کو دیکھتے رہتے ہیں۔ پھر مجیب کی طرف دیکھ کر)

نسیم: دنیا تیس چالیس سال آگے بڑھ گئی ہے بوڑھے کھونسٹ۔ آج کے نوجوان تمہارے ان احمقانہ فیصلوں اور عہدوں کو ٹھکرا کر آگے بڑھ جائیں گے۔

مجیب: تو میں صبر کرلوں گا۔ مگر اس کے ساتھ نجیب کو یہ گھر بھی چھوڑ دینا ہو گا۔

نسیم: میں نے تم سے زیادہ بڑی دنیا دیکھی ہے۔ جنگ کے دوران دوسرے ملکوں کو دیکھا ہے۔ ہر جگہ کے نوجوانوں سے ملا ہوں ان کے خیالات کو سمجھا ہے اور ان کے جذبات کو پرکھا ہے۔ (کچھ دیر خاموش رہ کر) ورنہ اس قدر احمق نہیں تھا کہ اپنی نوجوان لڑکی کو یوں تمہارے لڑکے کے ساتھ تنہا بھیج دیتا۔

مجیب: کچھ بھی ہو مگر میں اپنے فیصلے پر اٹل ہوں۔

(نسیم کچھ دیر خاموش رہتے ہیں پھر جیسے کچھ یاد آجانے پر)

نسیم: تو پھر ہو جائے پہاڑ پر چڑھنے کا مقابلہ۔ جو جیت جائے۔ فیصلہ اس کے ہاتھ میں ہو۔ کہو منظور ہے۔

مجیب: (چند سکنڈ رک کر) منظور ہے۔

(دونوں مسکرا کر ہاتھ ملاتے ہیں۔)

نسیم:(بلند آواز سے) نجیب !صوفیہ !(خاموش ہو جاتے ہیں۔ مجیب پہاڑ کو دیکھنے لگتے ہیں۔ کچھ دیر بعد نجیب اور صوفیہ کمرے میں آتے ہیں۔ نسیم دونوں کو مسکرا کر دیکھ کر مجیب کی طرف اشارہ کرتے ہوئے) کل ہم دونوں میں پہاڑ پر چڑھنے کا مقابلہ ہو گا۔

نجیب:(حیرت سے).جی آپ دونوں میں۔

نسیم:اس بوڑھے کھونسٹ اور بے وقوف کو سبق پڑھانا ہے۔ ہم دونوں میں سے جو جیت جائے تم دونوں کی شادی کا فیصلہ اسی کے ہاتھ میں ہو گا(اپنی جیب سے ایک بوسیدہ جھنڈا نکال کر نجیب کو دے کر) یہ لو اسے اپنے مکان پر چڑھادو۔

مجیب: یہ جھنڈا!

نسیم:ہاں۔ یہ میرا جیتا ہوا جھنڈا ہے۔

مجیب: مگر گاؤں میں دو جھنڈے ایک ساتھ نہیں لہرائے جا سکتے یہ گاؤں کی رسم کے خلاف ہے۔

نسیم: مگر یہ جھنڈا میں نے جیتا ہے اور آج تک کبھی اپنے گھر پر نہیں لہرایا۔ مجھے ایک سال تک اسے اپنے گھر پر لہرانے کا حق ہے۔

مجیب:(غصہ سے) یہ نہیں ہو سکتا۔ تمہارا جیتا ہوا جھنڈا میرے گھر پر نہیں لہرا سکتا۔

نسیم: یہ ہو گا۔ میں اپنی بیٹی کو جہیز میں کوئی بھی چیز دے سکتا ہوں۔ جس دن میں نے یہ جھنڈا جیتا تھا یہ عہد کیا تھا کہ اپنی لڑکی کی شادی تیرے لڑکے کے ساتھ کروں گا اور یہ جھنڈا اسے جہیز میں دوں گا۔

مجیب: مگر تم ابھی مقابلہ نہیں جیتے ہو۔ تمہیں فیصلہ کرنے کا ابھی حق نہیں ہے۔

نسیم: اور وہ میں جیت کر رہوں گا۔ میں نے خدا سے دعا کی کہ میرے یہاں خوبصورت لڑکی پیدا ہو اور خدا نے وہ دعا منظور کی۔ میں نے اس کو اچھی تعلیم دلوائی اچھی تربیت دی

کہ تم کوئی عذر نہ کر سکو مگر تم جہالت پر اتر آئے۔ (کھڑے ہو کر اپنی بندوق کاندھے پر لاد کر) چلو ابھی مقابلہ ہو جائے۔

مجیب: (چند سکنڈ رک کر) مقابلہ کل ہو گا۔ تم ابھی تھکے ہوئے ہو کہوگے تھکے ہوئے کو ہرا دیا۔ کل صبح آٹھ بجے۔ منظور ہے۔؟

نسیم: منظور ہے۔ (دونوں پھر مسکرا کر ہاتھ ملاتے ہیں۔ نسیم نجیب کی طرف دیکھ کر) جاؤ گھر پر یہ جھنڈا لہرا دو۔ جیت میری ہو گی۔

(پہاڑ کی طرف دیکھنے لگتے ہیں۔)

۔۔۔پردہ۔۔۔

* * *

محلے کی ہولی

اطہر پرویز

ڈرامے میں کام کرنے والے

سوتردھار:

نٹی:

لالہ تیج رام، شہباز خان: دو دوست

سوشیلا: لالہ تیج رام کی بیٹی

خالدہ: شہباز خان کی بیٹی

لالہ جی کی بیوی:

خالدہ کی امی:

ننھا بچہ: لالہ تیج رام کا سب سے چھوٹا بیٹا

میر صاحب: شہباز خاں کے مخالف

حافظ جی: شہباز خاں کے درپردہ مخالف

پنڈت جی:

ٹھاکر گوبند رام، پنڈت رام سرن، محمود میاں

ایک لڑکا اور بوڑھا دادا حلوائی

ایک تماشائی، ایک لڑکا

پہلا سین

(پردہ کھلتا ہے۔ سوتر دھار بیٹھے ہوئے پنڈت نہرو کی وصیت پڑھ رہے ہیں۔)

سوتر دھار: گنگا تو خاص بھارت کی ندی ہے۔ جنتا کی پیاری ہے۔ ہندوستان میں مختلف نسلوں کا آباد ہونا، ان کی امیدیں اور ان کے اندیشے، ان کی ہار اور جیت کی کہانی، گنگا کے سینے میں چھپی ہوئی ہے۔ گنگا تو ہندوستان کی پرانی تہذیب کی نشانی ہے سدا بدلتی، سدا بہتی، پھر وہی گنگا کی گنا۔۔۔ وہ مجھے یاد دلاتی ہے۔ ہمالیہ کی برف سے ڈھکی ہوئی چوٹیوں کی، گہری وادیوں کی، جن سے مجھے پیار ہے۔ ان کے نیچے زرخیز میدانوں کی، جہاں کام کرتے میری زندگی گزر رہی ہے۔ میں نے صبح کی روشنی میں گنگا کو مسکراتے، اچھلتے کودتے دیکھا ہے اور دیکھا ہے شام کے سائے میں اداس، کالی سی چادر اوڑھے ہوئے، جاڑوں میں سمٹی ہوئی آہستہ آہستہ بہتی سندر دھارا، اور برسات میں دوڑتی ہوئی، سمندر کی طرح چوڑا سینہ لئے اور سمندروں کی سی برباد کرنے کی طاقت لئے ہوئے۔ یہی گنگا، میرے لئے نشانی ہے، بھارت کی قدیم تہذیب کی، جو آج تک بہتی ہوئی آئی ہے اور جو زمانۂ حال میں سے گزرتی ہوئی مستقبل کے مہان ساگر کی طرف بہتی چلی جارہی ہے۔

(نٹی تیزی سے داخل ہوتی ہے۔)

نٹی: ارے یہ کیا گیتا کا پاٹھ ہو رہا ہے۔

سوتر دھار: یہ گیتا کا پاٹھ ہے یا پنڈت نہرو کی وصیت ہے۔ کبھی پڑھی ہو تو جانو بھی۔ تمہیں تو لڑنے سے ہی فرصت نہیں۔

نٹی: جی ہاں۔ پڑھے لکھے تو بس تم ہی ہو میں تو جاہل ہوں۔۔۔ مہمان ڈراما دیکھنے آرہے ہیں

اور تم وصیت کا پاٹھ کر رہے ہو۔

سوتر دھار: مہمان! مہمان!!

نٹی: جی، ڈراما دیکھنے آرہے ہیں، جس کا آپ نے اشتہار کیا ہے۔

سوتر دھار: یہ تم بھی کیا بات کر رہی ہو۔ کیسا ڈراما؟

نٹی: تم اپنے دماغ کا علاج کراؤ۔

سوتر دھار: پھر وہی جھگڑے کی بات۔

نٹی: خیر اب اس بحث کو چھوڑو۔ ڈرامے کا فیصلہ کرو۔

سوتر دھار: کون سا؟

نٹی: کوئی تاریخی ڈراما کرو اپنے دیش کے بارے میں۔

سوتر دھار: تاریخی ڈرامے میں تو دقت ہو گی۔ میرا خیال ہے کہ خاں صاحب اور لالہ جی کی دوستی کا ناٹک کریں۔

نٹی: اچھا تم ذرا دیکھنے والوں سے کچھ باتیں کرو۔ میں ایکٹروں کو جمع کرتی ہوں۔

سوتر دھار: ایکٹروں کو جمع کرو گی!!

نٹی: جی ہاں ایکٹروں کو جمع کروں گی۔ تم تو جیسے کچھ جانتے ہی نہیں۔ میں نے کئی بار تم سے کہا ہے کہ بڑوں کے لئے ڈراما کھیلا کرو۔ مگر تم بھلا ماننے والے ہو۔ بچوں کے ڈرامے میں کتنی مصیبت ہوتی ہے۔ ایک بچے کو پکڑ کر لاؤ تو دوسرا نکل جاتا ہے۔

سوتر دھار: اور پھر ذرا ذرا سی بات پر رونے بھی تو لگتے ہیں۔

نٹی: اور کیا اب انھیں مناؤ۔ ہر ڈرامے میں انھیں منانے کے لئے کھلونے اور مٹھائی پر اور روپیہ خرچ کرو۔

سوتر دھار: اور کیا!

نٹی: اور کیا!... مزے میں کہتے ہو، لیکن ڈراما کرو گے بچوں کا ہی۔ پنڈت نہرو نے بچوں سے محبت کی، کہ سب ہی کو شوق ہو گیا۔

سوتر دھار:... چاہے سارے دن بچوں کو پیٹیں، انھیں ننگا پھرائیں، اسکولوں میں انھیں اچھی تعلیم نہ دیں، لیکن جلسے میں دیکھو، تقریر سنو تو گویا سارا دیش بچوں سے پریم کرتا ہے۔

نٹی: خیر چھوڑو تمہیں کون سمجھائے۔ میں تو اب بچوں کو گھیرنے جاتی ہوں۔
(نٹی چلی جاتی ہے۔)

سوتر دھار: (حاضرین کو مخاطب کرتے ہوئے) آپ نے ٹیگور کا نام سنا ہے۔

ایک تماشائی: جی ہاں۔

سوتر دھار: شاعر اعظم ٹیگور نے اپنی کتاب "گریٹر انڈیا" میں بڑی پتے کی بات کہی ہے کہ ہندوستان کی تاریخ صرف ہندوؤں کی تاریخ نہیں ہے۔ صدیوں پہلے مسلمان اپنی مذہبی اور تہذیبی میراث لے کر آئے۔ (اس درمیان میں کچھ عورتیں آ کر بیٹھ جاتی ہیں) اور یہاں کی تاریخ کا ایک حصہ ہے۔ اب انگریز اپنا سرمایہ لے کر آئے ہیں اور اس کا جزو بن رہے ہیں۔ نیا ہندوستان کسی ایک مذہب یا نسل کے لوگوں کی جاگیر نہیں ہے۔ یہاں مختلف مذہبوں اور تہذیبوں کو مل کر امن اور محبت کی زندگی بسر کرنا ہے۔

نٹی: ہٹ جاؤ۔ خاں صاحب کے گھر کی عورتیں آ رہی ہیں لالہ جی کے یہاں کی عورتوں سے ملنے۔

(نٹی اور سوتر دھار ایک طرف ہو جاتے ہیں۔ لالہ جی کے گھر کی عورتیں کھڑی ہو کر استقبال کرتی ہیں۔ خاں صاحب کے یہاں کی عورتیں برقع اتارتی ہیں۔)

سوشیلا: آؤ خالدہ! آؤ۔ دو دن سے تمہارا انتظار ہو رہا ہے۔ آنکھیں پتھرا گئیں ڈیوڑھی

دیکھتے دیکھتے۔

خالدہ: ارے کیا بتاؤں۔ دو روز سے اس سویٹر میں لگی ہوئی ہوں۔ اسی لئے نکلنا نہیں ہوا۔

سوشیلا: کس کا سویٹر؟

خالدہ: اس وقت بھی میں تو اسی کام سے آئی ہوں۔ کہاں ہیں لالہ چچا۔

لالہ جی: (اندر سے نکلتے ہوئے) ارے بھائی یہ کس کی آواز آ رہی ہے۔ کہیں خالدہ تو نہیں؟

خالدہ کی امی: ہاں آپ ہی کا ذکر تھا۔ آپ کی بڑی عمر ہو۔ ابھی خالدہ آپ کو یاد کر رہی تھی۔

خالدہ: جی چچا! میں سویٹر کا ناپ دیکھنے آئی ہوں۔

(خالدہ سویٹر کے ایک پلے کو لالہ جی کے پاس آ کر ناپتی ہے۔)

لالہ جی: ارے بیٹی! یہ کیا کر رہی ہو۔ ہم تو روئی کی بنڈی پہننے والے ہیں۔

خالدہ: کل سے آپ روئی کی بنڈی نہیں پہنیں گے۔

لالہ جی کی بیوی: ارے جس کی بھتیجی اتنا اچھا سویٹر بنتی ہو۔ وہ پھر روئی کی بنڈی کیوں پہنے۔

خالدہ کی امی: اور کیا! بڑے شوق سے بن رہی ہے۔ کہہ رہی ہے کہ اسی رنگ کا ابا کا سویٹر بھی بنوں گی تاکہ دونوں بھائیوں کے سویٹر ایک رنگ کے ہو جائیں۔

لالہ جی: اچھا یہ بات ہے۔ جیسے بیلوں کی جوڑی پر ایک ہی رنگ کی جھول ڈالی جاتی ہے۔

خالدہ کی امی: بھائی صاحب! آج وہ کہہ رہے تھے۔

لالہ جی کی بیوی: وہ کون؟ بھابی!

خالدہ کی امی: تمہارے بھیا۔

(سب ہنستے ہیں۔)

لالہ جی: ہاں تو شہباز خاں کیا کہہ رہے تھے؟

خالدہ کی امی: کل اتوار ہے۔ نہر پر پکنک کے لئے جانا ہے۔ تیار ہو جایئے گا۔

لالہ جی: یہ شہباز خاں کی اتوار والی پکنک بھی خوب ہے۔ آندھی آئے، طوفان آئے، اس کی پکنک کو کوئی نہیں ٹال سکتا۔ مجھے تو کام ہے۔ اس بار میرا جانا تو مشکل ہے۔

لالہ جی کی بیوی: ارے بس اپنے نخرے چھوڑو۔ بڑا کام ہے۔ اب بھیا تمہارے کام کی وجہ سے پکنک پر بھی اکیلے جائیں گے۔ خالدہ کہہ دینا بھیا سے کہ تمہارے چچا ضرور جائیں گے۔

لالہ جی: اچھا اگر بھیجنا ہے تو پوری ترکاری ضرور تیار کر دینا۔

لالہ جی کی بیوی: وہ تو تیار ہو ہی جائے گی، مجھے خود خیال ہے۔

خالدہ: ابا کو آپ کے ہاتھ کی ترکاری اتنی پسند ہے کہ جب آپ بھیج دیتی ہیں تو وہ اور کچھ کھاتے ہی نہیں۔

خالدہ کی امی: بھابی کے ہاتھ کی ترکاری تو خیر اچھی ہوتی ہی ہے لیکن سب سے مزے کی چیز تو اچار ہے۔ ہاں ہم لوگوں نے اس ترکیب سے کتنی بار اچار ڈالا۔ پر وہ مزا نہ آیا۔

سوشیلا: بس بس خالدہ رہنے بھی دو۔ اتنا رائی کا پربت نہیں بناتے۔

ننھا بچہ: (توتلاتے ہوئے) اچال میں لائی تو پلتی ہی ہے۔

(سب لوگ ہنستے ہیں۔۔۔ خالدہ بچے کو گود میں اٹھا کر پیار کرتی ہے۔)

پردہ گرتا ہے

دوسرا سین

(پردہ کھلتا ہے۔ لالہ تیج رام کا گھر ہے۔)

لالہ تیج رام: ارے سوشیلا۔ وہ میرا سویٹر نہیں ملا۔

سوشیلا: یہاں تو کہیں دکھائی نہیں دیتا۔

لالہ تیج رام: ارے تجھے کیوں ملنے لگا۔ ارے بھئی سنتی ہو نا۔ ذرا دیکھنا میرا سویٹر کہاں رکھا ہے؟

لالہ جی کی بیوی: اے لو۔۔۔ وہ تو یہ سامنے پڑا ہے۔ تمہاری آنکھیں ہیں کہ بٹن۔ ٹھیک سے دیکھو تو ملے بھی۔

لالہ جی: اچھا لو۔ تم تو بھاشن دینے لگیں۔ یہاں کام سے جانا ہے۔

(لالہ جی سوئیٹر پہنتے ہیں۔۔۔ اس درمیان میں کوئی دروازہ کھٹکھٹاتا ہے۔)

لالہ جی: (باہر نکلتے ہوئے) ارے سنتی ہو، میں آج ذرا دیر سے لوٹوں گا۔ ارے میر صاحب تم کہاں! مجھ سے کچھ کام ہے؟ اس وقت کہاں نکل پڑے۔

میر صاحب: ارے لالہ جی! کیا بتاؤں۔ تمہارے لنگوٹیا یار شہباز خاں سے ٹھن گئی ہے اس کو بھیک نہ منگوادی تو میرا نام بھی میر فراست علی نہیں ہے۔ بڑا پٹھان بنا پھرتا ہے۔

لالہ جی: ارے بھئی، چھوڑو اس جھگڑے کو۔ آپس کے تعلقات ٹھیک کر لو۔

میر صاحب: اب تو معاملہ عدالت میں طے ہو گا۔ کہہ دینا شہباز خاں سے۔

لالہ جی: ارے بھائی، شہباز خاں سے ہمارے بڑے گہرے تعلقات ہیں۔ وہ آدمی بڑا شریف ہے۔ تم بلاوجہ اس کے پیچھے پڑ گئے ہو۔

میر صاحب: یہ تو میں ہی کیا سارا محلہ جانتا ہے کہ آپ کے اس سے بڑے گہرے تعلقات ہیں اور شہباز خاں نے آپ کو شیشے میں اتار لیا ہے اور لالہ جی ٹھہرے سیدھے سادے آدمی۔ اس کی گھات سے واقف نہیں۔ اب یہ حافظ جی آرہے ہیں۔ ان سے پوچھ لیجئے۔

(حافظ جی داخل ہوتے ہیں۔)

حافظ جی: کیا بات ہے؟ لالہ جی بڑا زوردار سوئیٹر نکالا ہے۔

لالہ جی: ارے بھائی۔ وہ ہماری بچی خالدہ ہے نا۔ شہباز خاں کی لڑکی۔ اسی نے بنا ہے بچی کا شوق ہے اور اس کی ضد ہے کہ قمیض کے اوپر پہنوں۔ اب تم جانتے ہو بچوں کی ضد تو رکھنا ہی پڑتی ہیں۔

حافظ جی: ہاں کیوں نہیں۔ لیکن میر صاحب سے کیا باتیں ہو رہی ہیں۔

میر صاحب: حافظ صاحب! سچ سچ کہنا کہ شہباز خاں کیسا آدمی ہے۔

حافظ صاحب: بھائی میں تم دونوں کے معاملے میں نہیں پڑنا چاہتا۔

لالہ جی: بھئی میر صاحب! میں شہباز خاں کے خلاف ایک لفظ بھی نہیں سننا چاہتا۔

میر صاحب: ہاں ہاں کیوں سننے لگے۔ وہ بھی تمہارے خلاف کب سنتا ہے یہ اور بات ہے کہ پان والے سے تمہارے بارے میں کہہ رہا تھا۔۔۔

لالہ جی: پان والے سے کہہ رہا تھا! کیا کہہ رہا تھا؟

میر صاحب: اب چھوڑو بھی۔ تمہارا دوست ٹھہرا۔ تمہارے بارے میں جو جی چاہے کہے۔

لالہ جی: تمہیں بتانا پڑے گا میر صاحب!

حافظ جی: اماں چھوڑو۔ تم جاؤ اپنے کام پر لالہ جی۔

لالہ جی: نہیں، میں سننا چاہتا ہوں، کیا کہتے ہیں شہباز خاں۔

میر صاحب: بتا دوں۔۔۔ وہ۔۔۔ وہ کہتا ہے کہ۔۔۔ لالہ جی! تم ہی ہو، جو برداشت کرتے ہو، ہم تو ایک دن میں مزا چکھا دیں۔

لالہ جی: ارے بتاؤ گے بھی یا پہلیاں ہی بجھاؤ گے۔

میر صاحب: وہ کہتا ہے کہ لالہ تیج رام کے گھر کا آدھا خرچ برداشت کرتا ہوں۔

لالہ جی: میرے گھر کا خرچ۔

میر صاحب: اور کیا! اس کے تعلقات میرے گھر سے ہیں۔ میرے یہاں سے عورتیں اس کے گھر جاتی ہیں۔ میں ان کے گھر میں اچار کے گھڑے بھجواتا ہوں اور میں سوئیٹر۔۔۔ خیر چھوڑو بھی۔۔۔ مجھے کیا پڑی ہے کہ تمہارے معاملات میں دخل دوں۔

لالہ جی: ارے یہ تم کیا کہہ رہے ہو؟

میر صاحب: ٹھیک کہہ رہا ہوں۔ یاد رکھو۔ زیادہ میٹھے میں کیڑے پڑتے ہیں اور پھر وہ آدمی اچھا نہیں۔

لالہ جی: مجھے شہباز خاں سے یہ امید نہ تھی۔ میں نے ہمیشہ اس کے ساتھ بھائی جیسا سلوک کیا ہے۔

میر صاحب: یہی تو کہتا ہوں لالہ! تم گائے ہو گائے۔۔۔ ورنہ مجال ہے کہ وہ کسی اور کو کوئی بات کہہ کر نکل جائے اور یہ بھی ہماری بیوقوفی ہے جو کہہ دیا ہے۔ ورنہ محلے میں کسے دلچسپی ہے جو تم سے کہنے جائے گا اور پھر تم بھی کیوں یقین کرنے لگے۔

لالہ جی: اگر بات سچی ہو گی تو کیسے یقین نہ کروں گا۔

میر صاحب: لالہ جی! تمہارا چپ رہنا ہی تو ہمارے حق میں زہر کا کام کرتا ہے۔ تم بولتے نہیں اور لوگ سمجھتے ہیں کہ جہاں گڑھا ہوتا ہے، وہیں پانی مرتا ہے۔

لالہ جی: مجھے آج بہت دکھ ہوا۔ میں شہباز خاں کو ایسا دشٹ آدمی نہیں سمجھتا تھا۔ اب حافظ جی! تم ہی کہو۔ برسوں کا ساتھ ہے۔ تم نے کبھی ہماری زبان سے شہباز خاں کے خلاف ایک لفظ بھی سنا۔

حافظ جی: لالہ جی! مجھے اسی لئے تو اور بھی حیرت ہے۔ اس محلے میں آپ کی اور خاں صاحب کی دوستی تو ایک مثال ہے۔

میر صاحب: ارے حافظ جی، آپ کو کیا خبر۔۔۔ شہباز خاں تو مل کر گلا کاٹنے والوں میں

سے ہے۔

لالہ جی: تو بھائی میں آج کہیں نہیں جاؤنگا۔

(لالہ جی گھر کے اندر چلے جاتے ہیں۔)

میر صاحب: (قہقہہ لگاتے ہوئے) اب معلوم ہو گا شہباز خاں کو۔۔۔ وہ ابھی میر فراست علی کے ہتھکنڈوں سے واقف نہیں۔

حافظ جی: میر صاحب! ذرا میں جلدی میں ہوں۔ پھر ملوں گا۔

پردہ گرتا ہے

تیسرا سین

(پردہ کھلتا ہے۔ لالہ جی کے گھر کا منظر۔۔۔ لالہ جی غصے میں ٹہل رہے ہیں، چہرے سے پریشانی ظاہر ہو رہی ہے۔ گھر میں سناٹا ہے۔)

لالہ جی کی بیوی: ارے کیا بات ہے؟ کیسی طبیعت ہے۔

لالہ جی: کچھ نہیں!

لالہ جی کی بیوی: تم تو کام سے جا رہے تھے۔

لالہ جی: آج نہیں جاؤں گا۔

لالہ جی کی بیوی: کیا بات ہے، کچھ طبیعت خراب ہے؟

لالہ جی: ہاں خراب ہی سمجھو (کچھ ٹھہر کر) سوشیلا کی ماں! بڑے دکھ کی بات ہے کیا بتاؤں؟

لالہ جی کی بیوی: ارے جلدی بتاؤ۔ تم تو اور دہلائے دے رہے ہو۔

لالہ جی: ارے کیا بتاؤں۔ شہباز خاں نے ایسی بات کہہ دی کہ بس کچھ نہیں کہہ سکتا۔

لالہ جی کی بیوی: ارے کہتے بھی ہو یا یوں ہی پہیلیاں بجھاؤ گے۔ ابھی انھوں نے کچھ کہا ہے کیا؟

لالہ جی: مجھ سے کیا کہے گا! مجھ سے کہتا تو میں منہ دہرا کر دیتا۔ سارے محلے میں کہتا پھرتا ہے کہ لالہ جی کے گھر کا آدھا خرچ میں برداشت کرتا ہوں۔

لالہ جی کی بیوی: اونھوں۔۔۔ تو اب وہ ہمارے گھر کا خرچ بھی برداشت کریں گے۔

سوشیلا: اماں۔۔۔ چاچا ایسی بات نہیں کہہ سکتے۔ مجھے تو کسی کی لگائی بجھائی معلوم ہوتی ہے۔

لالہ جی: بس تو چپ رہ۔ ہم نے تو اپنے کان سے سنا ہے۔ میں نے بھی اسے محلے بھر میں ذلیل نہ کیا تو میرا نام بھی تیج رام نہیں ہے۔ (دروازے پر کسی کے کھٹکھٹانے کی آواز آتی ہے) ارے بھائی آیا۔ ذرا دیکھنا تو باہر کون ہے۔ کہیں پنڈت جی تو نہیں آ گئے۔ صبح آنے والے تھے۔

(سوشیلا سر جھکائے جاتی ہے۔)

سوشیلا: (باہر سے آتی ہے) ہاں پنڈت جی ہی آئے ہیں۔ کہتے ہیں کہ اگر وقت ہو تو آج ہولی کے چندے کے سلسلے میں دو چار جگہ ہو لیں۔

لالہ جی: اچھا بھئی۔۔۔ یہ ہولی کمیٹی کا سکریٹری ہونا بھی مصیبت ہو گیا۔ پانچ سال سے کہہ رہا ہوں کہ کسی دوسرے کو چن لو۔ مگر لوگ مانتے ہی نہیں۔

(لالہ جی باہر آتے ہیں۔)

پنڈت جی: لالہ رام رام۔ بھئی اگر آپ کو تکلیف نہ ہو تو ذرا دو چار آدمیوں سے مل لیں۔

لالہ جی: ہاں ہاں ضرور۔۔۔ تم اچھا ہوا آ گئے۔۔۔ تم سے کچھ بات بھی کرنا ہے۔

پنڈت جی: لالہ جی۔ تم ذرا دیر ٹھہرو۔ میں اتنے میں خاں صاحب کو بلا لاؤں پھر تینوں

ساتھ چلیں گے۔

لالہ جی: خاں صاحب کو بلانے کی کوئی ضرورت نہیں۔ ان کے بغیر کوئی کام نہیں رکتا۔ بڑا آیا سیٹھ ساہوکار کہیں کا۔ میرے گھر کا خرچ برداشت کرتا ہے۔ اس کو مزا نہ چکھا دوں تو لالہ شیو رام کی اولاد نہیں۔

پنڈت جی: کیا بات ہوگئی، لالہ جی۔

(پنڈت جی کا منہ کھلے کا کھلا رہ جاتا ہے۔)

لالہ جی: چلو ابھی سب بتائے دیتا ہوں۔

پردہ گرتا ہے

چوتھا سین

(پردہ اٹھتا ہے۔۔۔ اسٹیج پر لکڑیوں کا ڈھیر ہے۔۔۔ سوتردھار گھبرایا ہوا آتا ہے۔)

سوتردھار: یہ نٹی کہاں گئی۔ نٹی نٹی۔ ارے بھئی سنتی ہو۔

نٹی: (دوڑتی ہوئی آتی ہے) کیا بات ہے کیوں پریشان ہو۔ مجھے بھی پریشان کرتے ہو۔ تمہاری چیخ سن کر میک اپ روم سے آرہی ہوں۔

سوتردھار: گڑبڑ ہوگیا۔۔۔ سارا کھیل گڑبڑ ہوگیا۔

نٹی: کیا بات ہے۔ کیا کوئی ایکٹر ناراض ہو کر چلا گیا۔

سوتردھار: اجی نہیں۔۔۔ ایکٹر ناراض ہو کر کیا جائے گا۔ یہاں تو بنا بنایا تماشا خراب ہوگیا۔ تم سے کہا تھا کہ قومی یک جہتی کا ڈرامامت کرو مگر تم ٹھہریں پنڈت نہرو کی چیلی۔

نٹی: آخر کیا بات ہوئی۔

سوتر دھار: تمھیں پتہ ہی نہیں۔۔۔ کھیل کی فکر ہو تو معلوم بھی ہو۔

نٹی: بات بتاتے نہیں، اپنی لگائے ہوئے ہو۔

سوتر دھار: کچھ سنا بھی تم نے۔ لالہ جی اور خاں صاحب میں بڑے زور کا جھگڑا ہوا اور یہی ہمارے اصل ایکٹر ہیں۔

نٹی: تم پاگل تو نہیں ہو گئے۔

سوتر دھار: ابھی تک تو نہیں ہوا، لیکن اب ہو جاؤں گا۔ شہباز خاں نے لالہ جی کو کچھ کہہ دیا۔ اس پر انھوں نے نہ صرف یہ کہ انھیں ہولی کمیٹی سے الگ کر دیا۔ بلکہ اس سال ہولی کا چندا بھی نہیں لیا۔

(اس درمیان میں اسٹیج کے پیچھے داہنے کونے سے شہباز خاں کی گھر کی عورتیں برقعہ پہن کر خاموشی سے آہستہ آہستہ گزرتی ہیں اور بائیں راستے سے لالہ جی کے گھر کی عورتیں اسی خاموشی کے ساتھ داہنے راستے کی طرف چلی جاتی ہیں۔ بیچ اسٹیج پر دونوں کا آمنا سامنا ہوتا ہے لیکن وہ ایک دوسرے کو دیکھ کر منھ پھیر کر چلی جاتی ہے۔)

نٹی: ارے یہ کہاں جا رہی ہیں۔

سوتر دھار: جاتی کہاں۔۔۔ یہی تو کہہ رہا ہوں کہ ان کے تعلقات اتنے خراب ہو گئے ہیں کہ عورتوں نے بھی ایک دوسرے سے بات چیت بند کر دی ہے۔

نٹی: (سر پیٹ کر) میں کہتی ہوں تم کوئی دوسرا کام کرو۔ یہ ناٹک تمہارے بس کا روگ نہیں۔ بس تم مونگ پھلی بیچو۔ اتنی سی بات نہیں سمجھتے۔۔۔ یہ ناٹک ہے ناٹک۔۔۔ اچھا تو اب اسٹیج چھوڑو۔ (سوتر دھار کی سمجھ میں کچھ نہیں آتا تو نٹی کان پکڑ کر پردے کے پاس لے جا کر بٹھا دیتی ہے اور اس کے ہاتھ میں رسی دے دیتی ہے۔) اب چپ چاپ یہاں بیٹھے رہو۔ ہلنا مت یہاں سے اور ایسے بیٹھو کہ تماشا دکھنے والے تمھیں نہ دیکھ سکیں۔

(نٹی چلی جاتی ہے اور فوراً ہی اسٹیج پر لوگ چیختے ہوئے آتے ہیں۔ سب کے ہاتھ میں چھوٹے چھوٹے ڈنڈے ہیں اور چلا رہے ہیں۔۔۔ ''ہولی ہے۔۔۔ ہولی ہے'' اتنے میں میر صاحب اور لالہ تیج رام داخل ہوتے ہیں۔)

میر صاحب: ہاں بھئی لالہ! ہولی جلانے کا کیا سمے طے ہوا ہے۔

لالہ جی: بس اب آگ دیتے ہیں۔۔۔ کیوں میر صاحب دیکھا تم نے، کیسا خاں صاحب کو چت کر دیا، یاد کرے گا۔

میر صاحب: لالہ جی! کمال کیا ہے۔ سنا ہے کہ مرزا صاحب کے سامنے رو گا رہے تھے کہ مجھ سے ہولی کا چندا نہیں لیا گیا۔

لالہ جی: چلو اس بہانے ان کے آٹھ آنے بچے۔

(لالہ ہنستے ہیں۔)

میر صاحب: اور تم کو خوب گالیاں دے رہے تھے۔

لالہ جی: میر صاحب! تم کو معلوم نہیں۔ ان کے چندے کے لئے میرے اوپر کتنا زور پڑا ہے۔ لیکن میں نے کہہ دیا ہے کہ جب تک لالہ تیج رام سکریٹری ہیں، ہولی کا چندا شہباز خان سے نہیں لیا جائے گا۔ اگر پیسہ کم پڑا تو میں اپنی جیب سے دوں گا۔

میر صاحب: اس سے چندا لینے کے لئے کس کس نے زور دیا۔

لالہ جی: ارے یہی محمود میاں، ٹھاکر گوبند سنگھ، پنڈت رام سرن۔۔۔ غرض اس زمانے میں شہباز خاں کے بہت سے حمایتی نکل آئے۔ کہتے تھے کہ باپ دادا سے ہوتا آیا ہے کہ تیوہار میں محلے کا ہر آدمی شریک ہوتا ہے۔ شہباز خاں کو الگ کرنا ٹھیک نہیں ہے۔

(شہباز خان غصے میں بھرے ہوئے داخل ہوتے ہیں۔)

شہباز خاں: ہولی نہیں جلے گی۔

ایک آدمی: کیوں خان صاحب کیا بات ہے؟

شہباز خاں: بات مجھ سے پوچھتے ہو۔ تمہیں جو کچھ پوچھنا ہے لالہ تیج رام سے پوچھو۔

حافظ جی: ارے خاں صاحب! بات تو بتاؤ۔

شہباز خاں: میں پوچھتا ہوں کہ یہ محلے کی ہولی ہے یا لالہ تیج رام کے گھر کی۔

ٹھاکر گوبند سنگھ: محلے کی ہولی ہے خاں صاحب۔

شہباز خاں: تو پھر میرا چندا کیوں نہیں لیا گیا۔ (مونچھوں پر تاؤ دیتے ہوئے) اسی لئے تو ہولی نہیں جلنے دوں گا پہلے یہ قصہ طے کرو۔

ٹھاکر گوبند سنگھ: بھئی خاں صاحب بات تو ٹھیک کہتے ہو۔

شہباز خاں: ٹھاکر صاحب! تم خود انصاف کرو۔ آج تک کبھی ایسا ہوا ہے؟

میر صاحب: کیسے نہیں جلے گی۔۔۔ اب تک تمہارے ہی پیسے سے تو جلتی تھی۔۔۔ بڑے آئے رستم کہیں کے۔

(خاں صاحب غصے میں آگے بڑھتے ہیں اور جوتا اٹھا کر میر صاحب کو مارنا ہی چاہتے ہیں کہ لالہ تیج رام شہباز خاں کا ہاتھ پکڑ لیتے ہیں۔)

لالہ جی: کمزور پر ہاتھ اٹھاتے ہو شہباز خاں۔۔۔ مجھ سے بات کرو۔ یہ میرا معاملہ ہے میر صاحب کا اس سے کیا سمبندھ۔۔۔ ہولی جلے گی اور ضرور جلے گی۔

شہباز خاں: آگ ڈالو تو دیکھیں۔۔۔ لالہ جی تمہارے کہنے پر اگر ہولی جلے گی تو اس کے ساتھ میری لاش بھی جلے گی۔ میرے جیتے جی تو کسی میں اتنا دم نہیں کہ اس میں چنگاری بھی ڈال دے۔

ٹھاکر گوبند سنگھ: بھائی سنو۔۔۔ ذرا ٹھنڈے دل سے سنو۔ اس جھگڑے کا کچھ فیصلہ ہونا چاہئے۔

میر صاحب: اس کا فیصلہ یہ ہو گا کہ خاں صاحب اپنی اٹھنی سے اپنے گھر میں ہولی جلائیں۔ محلے کی ہولی تو ابھی جلے گی۔

حافظ جی: جی اور کیا۔۔۔ ایک آدمی کے چندانہ دینے سے بھلا کہیں ہولی کی ساعت ٹالی جائے گی۔

میر صاحب: اور کیا۔۔۔ لالہ جی تم ہولی جلاؤ۔

شہباز خاں: ذرا ہم بھی تو دیکھیں کیسے جلاتے ہو۔

ٹھاکر گوبند سنگھ: تھوڑی دیر کے لئے سب خاموش ہو جاؤ۔ میں ایک بات پوچھتا ہوں کہ لالہ تیج رام اور شہباز خاں کے آپسی جھگڑے سے محلے کی ہولی کا کیا تعلق ہے۔

میر صاحب: جی ہاں تعلق ہے۔ لالہ تیج رام ہولی کمیٹی کے سکریٹری ہیں۔

شہباز خاں: سکریٹری ہیں تو اٹھنی لیں۔

(جیب سے اٹھنی نکالتے ہیں۔)

میر صاحب: تو ڈال دو اپنی اٹھنی ہولی کی آگ میں۔

(شہباز خاں اک دم گھبرا جاتے ہے۔)

شہباز خاں: میرا مطلب ہے کہ اس اٹھنی کی لکڑی لاؤ۔

پنڈت رام سرن: ہاں بھئی اس کی ایک اور شکل ہے کہ شہباز خاں اپنی اٹھنی کے بجائے لکڑی کا انتظام کریں۔

محمود میاں: لیکن اتنی رات گئے لکڑی کہاں ملے گی۔

میر صاحب: ملے چاہے نہ ملے لیکن اٹھنی تو نہیں جلے گی۔

(شہباز خاں چپ چاپ سر جھکائے چلے جاتے ہیں۔ آوازیں آتی ہیں۔۔۔ ہولی ہے، ہولی ہے۔)

ایک آدمی: شہباز خاں کہاں گئے ہیں۔

دوسرا آدمی: رات زیادہ ہوگئی ہے۔ سونے گئے ہیں۔

میر صاحب: بڑے پٹھان بنتے ہیں!

لالہ تیج رام: میر صاحب! ابھی خاں صاحب لالہ تیج رام کی گھاتوں سے واقف نہیں ہیں۔ دیکھا کیسی پٹخنی دی ہے۔

میر صاحب: ہاں بھائی لالہ جی! ہم بھی تمہارے قائل ہوگئے۔

ٹھاکر گوبند سنگھ: اب یہ سوچو، کرنا کیا چاہئے۔

میر صاحب: کرنا کیا ہے۔ ہولی میں آگ دینا چاہئے۔

پنڈت رام سرن: مگر یہ بات کچھ اچھی نہیں معلوم ہوئی۔

ٹھاکر گوبند سنگھ: ہاں پنڈت جی۔ اس ہولی میں بغیر شہباز خاں کے کیا مزا۔

ایک لڑکا: ٹھاکر صاحب! کیا خاں صاحب اس بار رنگ بھی نہ کھیلیں گے۔

(میر صاحب لڑکے کو چپت لگاتے ہیں۔)

میر صاحب: بس بس چپ رہ بڑا آیا ہولی کھیلنے والا۔

(سہم کر لڑکا پیچھے ہٹ جاتا ہے۔)

لالہ جی: ہاں تو میر صاحب اب کیا کرنا چاہئے۔

میر صاحب: کرنا کیا ہے۔ اب دیر ہی کس بات کی۔ آگ کا انتظام کرو۔

(شہباز خاں اسٹیج پر داخل ہوتے ہیں۔ سر پر لکڑی کا بوجھ ہے جس میں دروازوں کی توڑی ہوئی جوڑی ہے۔ کرسیاں اور میز کے ٹکڑے ہیں۔۔۔ گھریلو استعمال کا لکڑی کا سامان۔)

ٹھاکر گوبند سنگھ: ارے یہ کیا۔۔۔ مجھے تو ایسا لگتا ہے کہ خاں صاحب گھر کا سامان توڑ کر لا رہے ہیں۔

لالہ جی: ارے یہ تو نئی کرسیاں توڑ لائے۔
پنڈت جی: دروازے کی جوڑی بھی توہے۔
لالہ جی: (آنکھوں میں آنسو آ جاتے ہیں۔ پونچھتے ہیں) ارے اس میں تو خالدہ کا جھولا بھی ہے۔۔۔(بھرائی ہوئی آواز میں) یہ کیا کیا تم نے۔
(شہباز خاں اس گٹھر کو ہولی کی لکڑیوں میں ڈال دیتے ہیں۔)
شہباز خاں: (لالہ جی کے ہاتھ میں ماچس دیتے ہوئے) لالہ! اب جلاؤ ہولی۔ میر اچندا اداہو گیا۔
(لالہ تیج رام کے ہاتھ سے ماچس گر پڑتی ہے۔ شہباز خاں مونچھوں پر تاؤ دیتے ہیں۔ محلے کا بوڑھا حلوائی لٹھیا ٹیکتا ہوا آتا ہے۔)
بوڑھا حلوائی: بس ہو چکا جھگڑا۔ اب دونوں ہاتھ ملاؤ۔ آپس کی لڑائی اچھی نہیں۔ (دونوں کا ہاتھ ملا دیتا ہے۔ دونوں گلے ملتے ہیں اور رونے لگتے ہیں) میر صاحب! تم بھی آ جاؤ۔۔۔ اور آج تک کے تمام جھگڑے اور کپٹ ہولی کی آگ میں جلاؤ۔
(میر صاحب، خاں صاحب سے گلے ملتے ہیں۔۔۔ تالیوں کی آواز "ہولی ہے۔۔۔ ہولی ہے" کا شور)
پردہ گرتا ہے

پانچواں سین

(لالہ جی اور شہباز خاں کے گھر کی عورتیں ایک دوسرے سے گلے مل رہی ہیں۔ خالدہ اور سوشیلا ایک دوسرے کے آنسو پونچھتی ہیں۔ لالہ جی دروازے سے باہر نکلتے ہیں کہ ٹھاکر

گو بند سنگھ ملتے ہیں۔)

ٹھاکر گو بند سنگھ : ارے لالہ جی! بڑا رنگین سویٹر نکالا ہے اور وہ بھی اس گرمی میں۔

لالہ جی: ارے بھائی، وہ ہماری بھتیجی ہے نا خالدہ۔۔۔ اسی نے بنا ہے کہتی ہے آج تو پہنو چاہے کل اتار دینا۔۔۔ تم جانتے ہو کہ بچوں کی ضد تو رکھنا ہی پڑتی ہے۔

ٹھاکر گو بند سنگھ : اور کیا۔۔۔ بچوں کا معاملہ تو ایسا ہی ہوتا ہے۔

لالہ جی: ٹھاکر صاحب! آج ہم لوگ پکنک پر جا رہے ہیں۔ تمہیں بھی چلنا ہو گا۔

ٹھاکر گو بند سنگھ : ارے بھائی۔ میں کہاں پکنک پر جاؤں گا۔ مجھے اتنی فرصت کہاں۔

لالہ جی: آج تو تمہیں چلنا ہی ہو گا۔ (گھر میں آواز دیتے ہیں) ارے سوشیلا کی ماں ذرا کھانا جلدی تیار کر دینا پکنک پر جانا ہے اور اچار رکھنا نہ بھولنا میں ابھی شہباز کے پاس سے ہو کر آتا ہوں۔ (شہباز خان بھی آجاتے ہیں اسی رنگ کا سوئیٹر پہنے ہوئے) لو میں تو تمہارے یہاں جا رہا تھا اور تم یہاں چلے آئے۔

(دونوں گلے ملتے ہیں۔)

سوتر دھار: (داخل ہوتا ہے گھبرایا ہوا) بس بس ہو گئی دوستی۔ اب تماشا ختم ہوتا ہے۔ آپ لوگ جاسکتے ہیں۔

نٹی: تم پردہ گراتے ہو یا تماشا دیکھنے والوں کو بھگا رہے ہو۔۔۔ جلدی گراؤ پردہ۔

(سوتر دھار دوڑ کر پردہ گراتا ہے۔)

✲ ✲ ✲

روشنی اے روشنی

منظر کاظمی

کردار:

خادم

قیوم خان

طاہرہ

پپو

رحمت اللہ خان

نرس

ڈاکٹر

منظر: (فضا میں گہر اسناٹا چھایا ہوا ہے، ایسا معلوم ہوتا ہے پوری کائنات کی سانس رک گئی ہے۔ اسٹیج پر اندھیرا ہے۔ ہلکی سی روشنی میں ایک آدمی کا ہیولا دکھائی پڑتا ہے۔ اس گہرے سناٹے میں ایک آواز سنائی دیتی ہے جیسے کوئی جھاڑیوں میں الجھ الجھ کر چل رہا ہو۔ اسی کے ساتھ روشنی کچھ تیز ہو جاتی ہے اور اس آدمی کا چہرہ اب صاف دکھائی دیتا ہے۔ یہ خادم ہے۔ عمر ۴۵ سال سے کچھ اوپر ہو گی۔ گٹھا ہوا جسم اور بھاری آواز کا مالک، جو یہاں روپوش ہے۔ جھاڑیوں میں کسی کے الجھ الجھ کر چلنے کی آواز پر وہ چونکتا ہے۔۔۔۔)

خادم: کون ہے ؟

(سر گوشی کا انداز، لیکن بہت تیزی لئے ہوئے)

قیوم خاں: میں ہوں۔۔۔ قیوم خاں (انداز یہاں بھی سر گوشی کا ہے۔ لیکن وضاحتی لہجہ کے ساتھ)۔۔۔ کھانا لے کر آیا ہوں۔

(خادم کے چہرے کا تناؤ کم ہوتا ہے۔ روشنی اب اتنی پھیلتی ہے کہ خادم کے پاس آکر بیٹھنے والے قیوم خان کی صورت بھی دکھائی دیتی ہے۔)

خادم: اوہ۔۔۔ کہو، شہر کا کیا حال ہے ؟

قیوم خان: ایک دم سناٹا ہے۔ لگتا ہے، کوئی وبا پھیل گئی ہے۔

خادم: تم معظم جاہی تک گئے تھے ؟

قیوم خان: ہاں، گیا تھا۔ لیکن تم دو دنوں سے بھوکے ہو، پہلے کھالو۔۔۔ باتیں ہوتی رہیں گی۔

خادم: کھالوں گا۔۔۔ مگر تم آس پاس دیکھتے رہو۔ ہم اس وقت بہت زیادہ خطرے میں گھرے ہوئے ہیں۔

(ایک ہلکا سا وقفہ قیوم خان تھیلے سے کاغذ کی پوٹلی نکالتا ہے اور خادم کی طرف بڑھاتا ہے۔)

خادم: اور۔۔۔ طاہرہ کیسی ہے ؟

قیوم خان: (کھانا جو کاغذ میں لپٹا ہوا ہے، خادم کے ہاتھ میں دے کر) اچھی ہے۔ اس نے تمہارے نام ایک خط دیا ہے۔ (جیب سے خط نکالتا ہے)۔۔۔ لو پڑھ لو۔

خادم: (کھانا ایک طرف رکھ دیتا ہے۔ وہ شروع میں قیوم خاں کی آمد پر چونک کر اٹھ بیٹھا تھا۔ اب دوبارہ ایک درخت کی جڑ سے ٹیک لگا دیتا ہے) پڑھ کے سناؤ۔ لیکن اپنی آواز دھیمی رکھو۔

قیوم خان: اس نے لکھا ہے۔۔۔

(وقفہ)

۔۔۔ڈیئر خادم، بہت دنوں کے بعد آج تمہارے بارے میں کچھ معلوم ہوا، اس سے قبل عجیب عجیب افواہیں آتی رہیں۔ ایک بار تو ایسا بھی ہوا (اب یہ خط قیوم خاں کی آواز کے بجائے ایک نسوانی آواز میں پڑھا جاتا ہے۔ اشارہ ہے خادم کی بیوی طاہرہ کی جانب)۔۔۔ کہ میں نے اپنی چوڑیاں توڑ ڈالیں (قیوم خاں کی نگاہیں خط پر لگی ہیں۔ ظاہری انداز ایسا ہے۔ گویا وہ خط پڑھ رہا ہے۔ مگر پس منظر سے نسوانی آواز کا سلسلہ جاری ہے۔ خادم کے چہرے پر بدلتی ہوئی کیفیتوں کے اثرات نمایاں ہیں) اب سوچتی ہوں تو اپنے یقین و اعتماد کی لغزشوں پر شرم آتی ہے۔ فصل کی کٹائی کب شروع ہوگی۔ تم ایسا کیوں نہیں کرتے کہ کسانوں اور مزدوروں کو سمجھا بجھا کر ایک قابل قبول سمجھوتہ ان کا کرادو۔ آخر یہ ظلم اور صعوبتیں اپنے اوپر کب تک برداشت کرتے رہوگے۔ کیا ایسا نہیں ہو سکتا کہ خون کا ایک بھی قطرہ نہ بہے اور حالات سنبھل جائیں۔ بندوق کی گولیوں سے مسئلے حل نہیں ہوتے، یہ بات میں نہیں کہتی، کچھ دنوں پہلے تم خود کہا کرتے تھے۔ بہر حال میں تو صرف یہ چاہتی ہوں کہ ویرانوں میں زندگی گزارنے کا یہ سلسلہ اب ختم ہونا چاہئے۔ پپو دن بھر تمہارے نام کی رٹ لگایا کرتا ہے اور گئی رات تک پولیس مکان کا چکر کاٹتی رہتی ہے میں نے ان سے کہہ دیا ہے کہ تم سیر و تفریح کی غرض سے دلی کی طرف چلے گئے ہو۔ تمہارا سگریٹ ختم ہو گیا ہوگا۔ بھجوا رہی ہوں۔ قیوم بھیا جلدی میں ہیں اس لئے اب خط بند کرتی ہوں۔ اپنی صحت کا خیال رکھوگے۔ دن رات کی محنت، ذہنی پریشانیاں اور مسلسل فاقوں سے تمہارے دل پر برا اثر پڑے گا۔ سنا ہے کہ دس دنوں سے تمہیں سونے کا موقع نہیں مل سکا۔ ایسا کیوں کرتے ہو؟ کیا تم کو پپو یاد نہیں آتا؟

(ایک ہلکا سا وقفہ)

خادم: سب یاد آتے ہیں (لہجہ بھاری، آواز میں گونج جیسی کیفیت اور ٹھہراؤ ہے۔ وہ اب کھڑا ہو جاتا ہے اور انتہائی جذباتی انداز میں بولتا ہے)۔۔۔ پپو بھی یاد آتا ہے۔۔۔ اور۔۔۔ اور تم بھی۔۔۔ مگر یہ ظلم کا سلسلہ کب بند ہو گا؟ اندھیری رت کے پہلو میں لیٹنے والا سورج انگڑائی کیوں نہیں لیتا؟ ہماری زندگی کی شام اتنی لمبی کیوں ہوگئی؟ ہم زندہ ہیں صرف اس لئے کہ آنے والی صبح کے ہاتھوں میں چھلکتا ہوا جام دیکھنا چاہتے ہیں۔ رات کی یہ زنجیر بکھر جائے تو اجالوں کے سلام کرنے کا انداز دیکھنا۔۔۔ قیوم خان۔۔۔ تم تو جانتے ہو کہ ظالم اور مظلوم دونوں کی نگاہیں مجھ پر لگی ہیں۔ لیکن دونوں کا تیور الگ ہے۔ ایک کی زمین ہے اور دوسرے کی محنت۔ ایسے موقعوں پر مجھے کیا کرنا چاہئے میں نے اس پر بہت سوچا ہے۔ جوانوں کی سوکھتی ہوئی ہڈیاں، بوڑھوں کے لرزتے ہوئے ہاتھ، عورتوں کے مرجھائے ہوئے چہرے اور بچوں کی بلکتی ہوئی آنکھیں، مجھ سے بہت کچھ مانگتی ہیں، بہت کچھ۔ میں انھیں کیسے فراموش کر دوں۔ یہ مجھ سے نہیں ہو سکتا۔ واپسی ناممکن ہے۔ ناممکن ہے واپسی۔۔۔

قیوم خان: خادم۔۔۔

خادم: ہوں۔

قیوم خان: دوسرے ساتھی کہاں ہیں؟

خادم: سب ہیں۔ اپنی اپنی جگہوں پہ وہ سب کے سب لوہے کی دیوار بنے ہوئے ہیں۔ کوئی بھی آدمی ہم سے سو گز سے زیادہ دور نہیں۔

قیوم خان: (خود کلامی کا انداز۔۔۔) یہاں دھان کی بالیوں میں کیسی خوشبو ہے، کتنی سرمستی ہے۔ کاش ہم یہاں اطمینان کی سانس لے سکتے۔ اپنی اس دھرتی کو سینے سے لگا سکتے۔۔۔

خادم: (ہلکی سی ہنسی کے ساتھ) ارے قیوم خاں، تم تو شاعری کرنے لگے۔

قیوم خان: نہیں خادم، یہ میری شاعری نہیں، یہ تو آزادی کے متوالوں کا ایک گیت ہے، جسے تم نے تخلیق کیا ہے۔ میں اسے اپنی ٹوٹی پھوٹی زبان میں دہرا رہا ہوں۔

خادم: آزادی کے متوالے۔۔۔ (خود کلامی، انداز میں تاسف بھی ہے، اور تمنا بھی) قیوم خان، اب ایسا کرو، تھوڑا کھانا دوسرے ساتھیوں کو بھی پہنچا دو۔

قیوم خان: (کھانے کا تھیلا اٹھائے ہوئے) وہ۔۔۔ کدھر ہیں؟

خادم: بائیں جانب، پچیس تیس گز کی دوری پر چلے جاؤ۔ وہاں لوگ مل جائیں گے۔

قیوم خان: اچھی بات ہے۔

(یہ کہتے ہوئے وہ آگے بڑھتا ہے۔)

خادم: اور ہاں، ان سے کہہ دینا، ہتھیار کا استعمال بہت سنبھل کر کریں۔ خون کسی کا بھی ہو لیکن خون، خون ہے۔ میں آج بھی بندوق کی گولیوں کو انسانیت کا سب سے بڑا دشمن سمجھتا ہوں۔

(اسی لمحہ اچانک گولی چلنے کی آواز آتی ہے اور ساتھ ہی ایک چیخ بلند ہوتی ہے، پھر دوسرا فائر ہوتا ہے، پھر لگاتار کئی فائر ہوتے ہیں۔ لگتا ہے دو گروہوں کے درمیان گولیوں کا تبادلہ ہو رہا ہو۔ بھاگ دوڑ کی آواز بھی سنائی دیتی ہے پھر فضا میں دھیرے دھیرے سناٹا چھا جاتا ہے اور کسی کے کراہنے کی آواز ابھرتی ہے پھر یہ آواز بھی دم توڑ دیتی ہے۔ ہلکی موسیقی کی ایک دردناک لہر کے ساتھ۔۔۔ گولی چلنے کی پہلی آواز کے ساتھ ہی اسٹیج پر اندھیرا ہو جانا چاہیئے۔ ہدایت کار حسب ضرورت روشنی کے ذریعہ تبدیلی پیدا کر سکتا ہے۔ اب اسٹیج پر ڈرائنگ روم کا منظر ہے، جہاں خادم کی بیوی طاہرہ اور بچہ پپو موجود ہے۔ طاہرہ کی عمر ۳۵ کے آس پاس ہے۔ پپو دس برس کا ہو گا۔ دروازہ کھٹکھٹانے کی آواز کے ساتھ ہی اسٹیج روشن ہوتا ہے۔ طاہرہ سوئیٹر بن رہی ہے۔ پپو البم کی تصویریں الٹ پلٹ کر رہا ہے۔)

طاہرہ: پپو! دیکھ تو بیٹا، اتنا سویرے کون آیا ہے؟
(پپو آگے بڑھ کر دروازہ کھولتا ہے اور وہیں سے آواز لگاتا ہے۔)
پپو: امی، امی، قیوم چا آئے ہیں۔
(وہ دونوں ونگ سے اسٹیج پر آجاتے ہیں۔)
قیوم خان: ارے بیٹے، ذرا آہستہ بول۔۔۔
طاہرہ: (کھڑی ہو جاتی ہے) آؤ بھیا۔۔۔ آؤ۔ (آواز میں نرمی لیکن درد سے بھری ہوئی) دن رات بس تمہارا ہی انتظار تھا۔
قیوم خان: میں جانتا تھا بھابی۔۔۔ اسی لئے تو آگیا (ایک ذرا رک کر) بیٹے پپو، ذرا دروازہ بند کر دے۔
طاہرہ: بھیا۔۔۔؟ (انداز سوالیہ ہے۔ آواز میں تھرتھراہٹ پیدا ہو گئی ہے۔ پھر ایک معمولی سے وقفہ کے بعد وہ چیخ اٹھتی ہے)۔۔۔ بھیا۔۔۔
(یہ آواز دیر تک گونجتی رہتی ہے۔)
قیوم خان: ارے۔۔۔ بھابی۔۔۔ بھابی۔۔۔ ارے یہ تم کو کیا ہو گیا؟
طاہرہ: (آواز میں خوف کا جذبہ شامل ہے)۔۔۔ یہ۔۔۔ یہ۔۔۔ تمہارے کپڑوں پر۔۔۔ یہ خون کیسا ہے؟
قیوم خان: ہاں۔۔۔ ہاں بھابی یہ خون ہے۔۔۔ مگر یہ ایک دوسرے ساتھی کا ہے۔ رات کی جھڑپ میں وہ زخمی ہو گیا تھا۔ اسے اٹھا کر شہر لایا ہوں، تم ڈرو نہیں۔ ایسا مت کرو، ورنہ سب چوپٹ ہو جائے گا۔ خادم اچھا ہے ایک دم اچھا۔۔۔ (طاہرہ کا چہرہ دھیرے دھیرے پر سکون ہوتا جا رہا ہے) رات بہت اندھیری تھی۔ چلتے وقت ملاقات نہ ہو سکی مگر وہ ٹھیک ہو گا۔ اس کو کچھ نہیں ہو سکتا۔ کچھ ہونا بھی نہیں چاہئے۔۔۔
(قیوم خان جلدی جلدی بول رہا ہے، انداز سمجھانے کا ہے مگر لہجہ کی بے اعتمادی خود اس

کی گھبراہٹ کو ظاہر کر رہی ہے۔ درمیان میں ہلکی ہلکی سسکیوں کی آواز۔ کبھی پپو کی، کبھی طاہرہ کی۔۔۔)

پپو: چاچا۔۔۔ چاچا۔۔۔ پھر آپ ڈیڈی کو کیوں نہیں لائے؟

قیوم خان: ارے بیٹے (پیار کرنے کا انداز) وہ کوئی بچہ ہیں جو میں انھیں اپنے کندھے پر بیٹھا کر لاتا۔ وہ خود ہی آجائیں گے۔

پپو: پھر آئے کیوں نہیں؟

قیوم خان: ابھی انھیں کچھ ضروری کام ہے بیٹے، کام ختم ہو جائے تو آجائیں گے۔

(اس دوران طاہرہ نصف بنے ہوئے سوئیٹر اور اون کے گولے کو میز پر اٹھا کر رکھتی ہے اور پھر کرسی پر پڑے البم کو اٹھا کر کہیں پر سلیقہ سے رکھنے کے لئے آگے بڑھتی ہے۔۔۔)

پپو: یہاں بھی تو بہت کام ہے۔

قیوم خان: اچھا۔۔۔؟

(ہلکی سی مسکراہٹ کے ساتھ)

پپو: ہاں۔۔۔ وہ دودھ والا ہے نا۔۔۔ اس نے دودھ بند کر دیا ہے۔

طاہرہ: (ہاتھ میں البم لئے ہوئے) پپو۔۔۔

(انداز ڈانٹنے کا ہے۔)

پپو: اور اس نے۔۔۔ (آواز کانپنے لگتی ہے) چاچا۔۔۔ کل اس نے ہم لوگوں کو بہت برا بھلا کہا۔

طاہرہ: (زور سے) پپو۔۔۔

قیوم خان: دیکھو بیٹے، تم جاؤ کھیلو، میں دودھ والے کو ماروں گا۔۔۔ ٹھیک ہے۔۔۔؟

پپو۔: (کمرے سے باہر جاتے ہوئے) ہاں ڈیڈی کو بھی کہہ دیجئے گا۔۔۔ ضرور کہہ دیجئے گا۔

طاہرہ: (ایک کرسی پر نڈھال سی بیٹھ جاتی ہے) میں کیا کروں۔۔۔ اف، کچھ سمجھ میں نہیں آتا۔

قیوم خان: سب ٹھیک ہو جائے گا بھابی۔۔۔ سب ٹھیک ہو جائے گا۔۔۔ گھبراؤ مت۔۔۔ صبر سے کام لو۔

طاہرہ: بھیا، صبر تو میں نے اس دن کر لیا تھا، جب وہ اڑتالیس گھنٹے کا بھوکا تھا۔۔۔ اس نے دو روٹیاں کھائیں اور چھ گھنٹے تک سویا رہا۔۔۔ پھر اس کی آنکھیں کھلیں تو میں نے اس کا ہاتھ پکڑ لیا، اور آج تک اس کے ہاتھوں پر میری گرفت ڈھیلی نہیں ہو سکی۔

قیوم خان: ہاں بھابی۔۔۔ (اچانک وہ چونکتا ہے)۔۔۔ مگر یہ آواز۔۔۔

(ملی جلی آوازوں کے سہارے "انقلاب زندہ باد" کا نعرہ سنائی دیتا ہے۔ یہ آواز کمزور ہے۔ دور سے آتی ہوئی معلوم ہوتی ہے، پھر دوسری آواز ابھرتی ہے اور یہ بہت صاف سنائی دیتی ہے۔ گویا بہت قریب سے آ رہی ہو کوئی شخص دردناک آواز میں پڑھ رہا ہے، ترنم کے ساتھ۔۔۔)

سدا میرے گاؤں پو غربت کا موسم
نہ فاقوں سے فرصت نہ دم سچ ہے دم

(اب ملی جلی آواز پھر سنائی دیتی ہے۔ بہت صاف۔۔۔)

انقلاب زندہ باد، انقلاب زندہ باد۔

(ترنم سے پڑھنے کا سلسلہ پھر ابھرتا ہے۔)

یاں لنگی بھی گت نئیں واں ان کو ریشم
ارے ناما دیشم ارے ناما دیشم

(آخیر میں ادے ناما دیشم اور انقلاب زندہ باد کی تکرار کے ساتھ دونوں آوازیں، عروج پر پہنچ جاتی ہیں اور اسی دوران گولیوں کے چلنے کی آواز سنائی دیتی ہے۔ اسٹیج پر اندھیرا چھا

جاتا ہے اور کافی دیر تک گولیوں اور انسانی بھاگ دوڑ چیخ و پکار کی آواز سنائی دیتی رہتی ہے۔ اس عرصہ میں اسٹیج پر معمولی سی ترمیم کر کے ایک ایسا کمرہ تیار کرنا ہے جو شہر کے ایک بڑے تاجر رحمت اللہ خان کا ڈرائنگ روم ہے۔ روشنی آتے ہی وہ ایک کرسی پر نیم دراز دکھائی دیتا ہے۔۔۔ دروازہ کھٹکھٹانے کی آواز سن کر چونکتا ہے اور وہیں سے پکارتا ہے۔)

رحمت اللہ خان: کون صاحب ہیں؟

باہر کی آواز: (یہ خادم کی آواز ہے)۔۔۔ میں ہوں بھائی، دروازہ کھولو۔

(آواز بھاری ہے، لہجہ سے تکان کا اندازہ ہوتا ہے۔)

رحمت اللہ خان: ارے (کرسی سے اٹھتے ہوئے) یہ تو خادم معلوم ہوتا ہے۔۔۔ ہاں بھائی آ رہا ہوں۔ (دروازہ کھلنے کے ساتھ وہ زور دار لہجے میں بات کرتا ہے۔ یہ شخص اپنے لہجہ سے بڑا جہاندیدہ، تیز اور کسی حد تک عیار معلوم ہوتا ہے) ارے میری جان خادم۔۔۔ افوہ۔۔۔ ظالم تم نے کتنے دنوں بعد اپنی صورت دکھائی ہے۔ خدا کی قسم جی چاہتا ہے تمہاری گردن دبوچ دوں، کہاں تھے، اتنے دنوں تک۔۔۔ چلو اندر آؤ۔۔۔ ارے آؤ اندر۔۔۔ آج جی بھر کے تم سے بدلہ لوں گا۔۔۔ اور یہ۔۔۔ یہ تم نے کیا صورت بنا رکھی ہے؟ (خادم کے لباس بے ترتیب ہیں۔ بال الجھے ہوئے ہیں، اور چہرے پرت کان ہے) ہونہہ۔۔۔ یہاں نہیں۔۔۔ وہاں بیٹھو۔۔۔ صوفے پر آرام سے لیٹ جاؤ۔۔۔ ہاں اب بتاؤ۔۔۔ کیسے ہو؟

خادم: کیا بتاؤں، رحمت اللہ صاحب، ٹھیک ہوں۔

(آواز میں ٹھہراؤ اور لہجہ کی تکان برقرار ہے۔)

رحمت اللہ: ارے۔۔۔؟ میری تمام بکواس کا تمہارے پاس یہی جواب ہے؟ کم بخت اپنے بارے میں سب کچھ بتا۔ بہت دنوں سے تمہاری کوئی نظم نہیں سنی۔ ظالم کیوں اپنی نعمتوں

سے محروم رکھتا ہے۔ واللہ سچ کہتا ہوں، تمہاری نظموں کو سن کر خون کی گردش تیز ہو جاتی ہے، ذہن کے دروازے کھل جاتے ہیں تاریکیوں سے پردے ہٹ جاتے ہیں، مگر۔۔۔ مگر تم ہو ایک نمبر کے چغد۔ یہ ہڑتال وڑتال کے چکر میں کیا رہتے ہو؟ جب دیکھو، ایک جھنڈا ہاتھ میں اٹھایا اور ناک کی سیدھ میں نکل گئے۔ میں تو کہتا ہوں تم اپنا وقت خواہ مخواہ برباد کر رہے ہو۔ ارے میاں ملک کا کاروبار ایسے ہی چلتا ہے۔ تمہارے جیسے ہزاروں آدمی اپنی جان بھی دے دیں تو کچھ نہیں ہو گا۔ دیش کی بھلائی دوسرے لوگ کر لیں گے۔ تم اپنا گھر دیکھو۔۔۔ یہ سب چکر بہت برا ہے۔۔۔ اور ہاں، وہ کیا شروع کر دیا ہے تم نے۔۔۔ زمین، فصل، کسان، مزدور، مالک۔۔۔ چھی چھی چھی۔۔۔ اتنے بڑے جنیئس ہو کر جنگلوں میں مارے مارے پھرتے ہو۔۔۔ گنواروں کے ساتھ رہتے ہو۔۔۔ تمہارا فن تباہ ہو جائے گا، تمہاری شاعری دم توڑ دے گی۔ خیر چھوڑو۔۔۔ سناؤ آج کوئی پھڑکتی ہوئی چیز۔۔۔ مگر ٹھہرو۔۔۔ بیگم (زور سے پکارنے کا انداز) ذرا چائے کی دو گرم گرم پیالیاں بھیجئے۔ (پھر وہ خادم کی طرف مخاطب ہوتا ہے اور بغیر کسی وقفہ کے بولتا ہے) تو سناؤ بھائی کوئی گرما گرم نظم۔۔۔ سناؤ۔۔۔ ذہن میں دھماکہ ہو جائے۔۔۔

خادم: (جواب تک نہایت پرسکون اور پروقار انداز میں صبر و تحمل کے ساتھ رحمت اللہ کی باتیں سن رہا تھا، پوچھتا ہے) رحمت اللہ صاحب، پہلے یہ بتایئے کہ آپ کا کاروبار، یعنی بارود کا کارخانہ کیسا چل رہا ہے؟

رحمت اللہ: (تقریباً سر پیٹنے کے انداز میں) ارے میاں، تم نے تو میرے ذہن کا دھواں اڑا دیا۔ میں تمہاری نظم سننے کو بے تاب ہوں، اور تم۔۔۔ یہ خرافات لے کر بیٹھ گئے۔۔۔ چل رہا ہے۔۔۔ کارخانہ مزے میں چل رہا ہے۔

خادم: مجھے کچھ سامان چاہئے۔۔۔ اور پیسے۔۔۔ پیسے بعد میں دے دیئے جائیں گے۔

رحمت اللہ: (وہ اچانک بے چین سا ہو جاتا ہے اور اسی عالم میں کرسی سے اٹھ کھڑا ہوتا

ہے) یہ کیسے ہو سکتا ہے؟ یہ تو بالکل غیر قانونی ہے illegal - Absolutely illegal۔

خادم:(صوفے سے اٹھتے ہوئے) وہ تو میں بھی جانتا ہوں۔۔۔ لیکن کوئی چیز ہماری تقدیر بن جائے تو جھیلنا پڑتا ہے۔۔۔ رحمت اللہ صاحب، جھیلنا پڑتا ہے۔۔۔ کم از کم آپ تو واقف ہیں کہ illegal کو Legal کیسے بنایا جاتا ہے۔

رحمت اللہ:وہ۔۔۔ وہ ٹھیک ہے۔۔۔ مگر تم بہت تھکے ہوئے ہو۔۔۔ تم آرام کرو۔۔۔ ممکن ہے تمہاری طبیعت زیادہ خراب ہو جائے۔ تمہیں مکمل آرام کی ضرورت ہے۔ شہر کی محفلوں اور گھر کے عیش و آرام کو چھوڑ کر جنگلوں میں مارے مارے پھرتے ہو۔ ویرانوں سے جی نہیں گھبراتا۔۔۔؟

خادم: بالکل نہیں۔

رحمت اللہ: حیرت ہے۔

خادم: میں کبھی تنہا نہیں رہتا۔ میری محبوبہ ہمیشہ میرے ساتھ رہتی ہے۔

رحمت اللہ: محبوبہ؟

خادم:ہاں، میری محبوبہ۔ وہ ہر وقت میرے ساتھ رہتی ہے۔ میں نے اس سے بے پناہ عشق کیا ہے۔ دنیا کی تمام مسرتیں اس کا پرتو ہیں۔ میری بیوی، میرا پپو، یہ شہر، چاند کی کرنیں، سورج کی شعاعیں، آپ۔۔۔ اور ہم۔۔۔ اور سب کچھ۔۔۔ آنے والی صبح کا دامن اس نے اپنی انگشت حنائی میں تھام رکھا ہے۔ رات کے پیالے میں سیاہی کی تھوڑی سی تلچھٹ اور رہ گئی ہے۔ کوئی متوالا اسے پی جائے۔۔۔ تو پھر دیکھئے گا وہی انگشت حنائی صبح کے دامن کو کس طرح لہراتی ہے۔۔۔ اجالوں کی خاطر ہم تو چنبیلی کے منڈوے تلے بھی جلتے رہے۔

رحمت اللہ: تمہاری باتیں مجھے سمجھ میں نہیں آتیں۔۔۔

خادم: اس سے کیا فرق پڑتا ہے۔ شام کو ہمارے ساتھی آئیں گے، سامان تیار رہنا چاہئے۔

رحمت اللہ: نہیں، نہیں۔

خادم: ہاں، کہئے رحمت اللہ صاحب، ہاں۔ میں بہت تھک گیا ہوں۔۔۔ بہت زیادہ۔۔۔

(یہ کہتے ہوئے خادم وہاں سے باہر نکل آتا ہے۔ رحمت اللہ اس کے پیچھے پیچھے جاتا ہے اور پھر واپس مڑتا ہے۔ اب وہ مرے ہوئے قدموں کے ساتھ کمرے کی دوسری جانب جانے لگتا ہے۔ تاریکی اس کے قدموں سے لپٹ کر چل رہی ہے، اور جیسے ہی وہ کمرے سے باہر ہوتا ہے۔ اسٹیج پر پھیلی روشنی پورے طور پر ختم ہو جاتی ہے۔ اس درمیان پردے اور روشنی کے ذریعہ اسٹیج تبدیل کیا جا چکا ہے۔ اسٹیج روشن ہوتا ہے۔ یہ ایک ایسا کمرہ ہے جسے دیکھتے ہی ایک نرسنگ ہوم کا تصور سامنے آ جاتا ہے۔ سارا انتظام وہی ہے۔ صرف صوفہ بدل کر کرسیاں ڈال دی گئی ہے۔ سامنے کراس کا نشان لٹکا ہوا ہے۔ بستر پر ایک مریض اس طرح نیم بے ہوشی کے عالم میں لیٹا ہوا ہے کہ ناظرین اسے دیکھتے ہی پہچان لیتے ہیں۔ یہ خادم ہے۔ پاس ہی ایک نرس بیٹھی ہوئی ہے کہ اس دوران ڈاکٹر کمرے داخل ہوتا ہے جسے دیکھ کر نرس کھڑی ہو جاتی ہے۔۔۔)

نرس: ڈاکٹر، یہ بہت زیادہ بکنے لگا ہے۔

ڈاکٹر: ٹھیک ہو جائے گا۔ تم نے انجکشن لگا دیا تھا۔

نرس: یس، ڈاکٹر۔

خادم: (ہذیان بکتا ہوا)۔۔۔ میں بہت تھک گیا ہوں، پپو، ارے او پپو۔۔۔ اچھی اچھی کتابیں پڑھا کرو بیٹے۔ تمہاری امی بہت اچھی ہے۔ ڈاکٹر۔۔۔ پپو۔۔۔ بھوک کا نشہ بہت خراب ہوتا ہے، جس کو یہ نشہ چڑھتا ہے وہ کچھ نہیں دیکھتا۔ ٹکرا جاتا ہے۔۔۔ چور ہو جاتا ہے۔ اس کی زنبیل میں کیمیائے محبت کا کوئی نسخہ نہیں۔ تمہاری امی کتنی اچھی ہے۔ شیشے کا بدن چور۔۔۔ چور۔۔۔ ایک دم چور۔۔۔

ڈاکٹر: سسٹر، تم اسے پہچانتی ہو؟
نرس: نو سر، میں نہیں جانتی۔
ڈاکٹر: یہ بہت بڑا شاعر ہے۔ کالج میں یہ میرا ساتھی تھا، تم نے خادم کا نام سنا ہے؟
نرس: اوہ، یس ڈاکٹر۔
خادم: (ہذیان) قیوم خان۔۔۔ طاہرہ کو دیکھتے رہو۔ پہلی بار جب بھوک لگی تو اس نے پہلی روٹی کھلائی۔ پپو کا دودھ کیا ہوا۔۔۔ دھرتی کا خون، وہ دودھ پلائے گی۔۔۔ میری دھرتی۔۔۔۔

نرس: ڈاکٹر۔۔۔If you suggest ایک انجکشن اور دے دوں؟
ڈاکٹر: ہاں، ایک اور۔۔۔۔ بہت کمزور ہو گیا ہے۔
نرس: اوکے سر۔

(وہ خادم کو ایک انجکشن دیتی ہے۔ خادم کی ہذیانی کیفیت اور بڑھ گئی ہے۔ ڈاکٹر اس دوران کمرے سے باہر نکل جاتا ہے۔۔۔)

خادم: رحمت اللہ صاحب (چیخ کر)۔۔۔ آپ نے بہت مایوس کیا۔ خیر آپ سلامت رہیں۔ قیوم خان۔۔۔ تم روتے کیوں ہو؟۔۔۔ کیا سوچتے ہو۔۔۔ سب مر جائیں گے۔۔۔؟ نہیں۔۔۔۔ نہیں (چیخ کر) میں بھی نہیں مروں گا۔۔۔ کل رات بہت برا ہوا۔ کس نے گولی چلائی تھی؟ خون سب کا ایک ہے۔۔۔ قیوم خان، سب کا خون ایک ہے۔۔۔ پپو، یہ کیا کر دیا تم نے۔۔۔ کھیل کود میں اپنے ہاتھ گندے کر لیتے ہو۔ اسی ہاتھ سے نقشے کو پلٹتے ہو۔۔۔ کتنا گندہ ہو رہا ہے تمہارا اٹلس۔۔۔ ایسا کھیل مت کھیلو۔۔۔ ڈاکٹر۔۔۔ قیوم خان۔۔۔

(تھوڑی دیر تک اسٹیج پر سناٹا رہتا ہے۔ نرس بہت یکسوئی کے ساتھ خادم کو دیکھ رہی ہے۔ روشنی کی گردش سے وقت گزرنے کا احساس ہوتا ہے۔۔۔ خادم دھیرے دھیرے اپنی

آنکھیں کھولتا ہے۔ ادھر ادھر دیکھتا ہے۔۔۔ گویا ایک اجنبی ماحول میں اپنے آپ کو دیکھ کر حیران ہو رہا ہو۔ نرس کے چہرے پر شگفتگی اور اطمینان کی لہریں پیدا ہوتی ہیں۔۔۔)

نرس: اب آپ کی طبیعت کیسی ہے؟

خادم: اوہ۔۔۔ تو یہ کوئی نرسنگ ہوم ہے؟

(آواز میں نقاہت موجود ہے۔)

نرس: جی، آپ کی طبیعت خراب ہو گئی تھی۔ ایک صاحب آپ کو بے ہوشی کے عالم میں یہاں لائے تھے۔ لیکن اب آپ بالکل اچھے ہیں۔ کہئے آپ کو کیسا محسوس ہو رہا ہے؟

خادم: میرا ساتھی واپس چلا گیا تھا؟

نرس: جی ہاں، وہ اس وقت واپس چلے گئے تھے۔ ڈاکٹر زیدی نے آپ کا علاج بہت توجہ سے کیا ہے۔ کالج میں وہ آپ کے ساتھی رہ چکے ہیں۔

خادم: کون زیدی؟

(نقاہت بدستور موجود ہے۔)

ڈاکٹر: (کمرے میں داخل ہوتا ہوا) جناب، اس خاکسار کا نام زیدی ہے۔

خادم: اوہ۔۔۔ تم۔۔۔ تم۔۔۔ (سوچنے کا انداز)۔۔۔ اچھا اچھا (ہنستے ہوئے) ارے تم ڈاکٹر ہو گئے۔ واہ، بہت اچھے۔۔۔ کیوں کیسے ہو؟

ڈاکٹر: تم کہو، تمہاری طبیعت کیسی ہے؟

خادم: زیدی، پرانے رشتوں کے معاملات بڑے حسین ہوتے ہیں۔ جتنی بلند عمارت بنانا چاہو گے، بنیاد اتنی ہی مضبوط دینی ہو گی۔ یہ بہت اچھا ہوا کہ میں تمہارے ہاتھ آ گیا۔۔۔ ورنہ دوسرے لوگ، پتہ نہیں میرا کیا استعمال کرتے۔

ڈاکٹر: ہاں خادم۔۔۔ اور جب کبھی ان رشتوں کے درمیان شگاف پڑ جاتا ہے تو اس زمین کے سینے پر کیسے خطرناک سمندر جاگ پڑتے ہیں۔ گلی گلی میں آگ کا دریا بہتا ہے۔ اپنے

ہی آئینے میں اپنی صورت نظر نہیں آتی۔ کیسا دھند چھا جاتا ہے۔

خادم: (آواز میں قدرے بشاشت پیدا ہوگئی ہے) ٹھیک کہتے ہو، لیکن ہماری نگاہیں دھوکا نہیں کھا سکتیں۔ تم تو جانتے ہو، یہ دونوں رشتے ایک ڈور سے بندھے ہوتے ہیں۔ ہم اگر اس کے درمیانی حصہ پر کبھی اپنی گرفت مضبوط کر دیتے ہیں تو ہمارا مقصد ان کی طاقت آزمائی نہیں ہوتا۔ ہم تو ان کے آپسی توازن اور اعتماد کو دیکھنا چاہتے ہیں۔ کوئی ایسا سمجھ لے کہ ان سے طوفانی ندیاں سر اٹھاتی ہیں۔ ہم کیا کر سکتے ہیں۔

ڈاکٹر: خادم، تم کو یہاں آئے ہوئے ۴۸ گھنٹے ہو چکے ہیں۔ تمہیں معلوم کہ اس عرصہ میں رشتوں کی آپسی ڈور درمیان سے غائب ہو چکی ہے۔

خادم: (لہجہ تیز ہو جاتا ہے) کیا کہہ رہے ہو؟

ڈاکٹر: پچھلی رات، لہلہاتی ہوئی فصلوں کے بیچ سے آگ کا ایک دریا ابل پڑا۔ آج کا اخبار دیکھ لو۔

خادم: یہ نہیں ہو سکتا۔۔۔ یہ نہیں ہو سکتا۔ (لہجہ تیز ہو جاتا ہے) بہت برا ہوا۔۔۔ یہ تو بہت برا ہوا۔۔۔ میں ابھی جاؤں گا۔۔۔ ڈاکٹر میں ابھی جاؤں گا۔۔۔

(بستر سے اٹھتے ہوئے۔)

ڈاکٹر: (گھبراہٹ کے ساتھ) نہیں خادم۔۔۔ تم بہت کمزور ہو۔۔۔ تم نہیں جا سکتے۔

خادم: (لہجہ میں تیزی، لیکن ٹھہراؤ بھی موجود ہے) ڈاکٹر! تم میری جان لے سکتے ہو، لیکن مجھے جانے سے نہیں روک سکتے۔۔۔ میں جا رہا ہوں۔

ڈاکٹر: خادم۔۔۔ اپنے آپ پر اتنا ظلم مت کرو۔۔۔

خادم: تمہارا شکریہ ڈاکٹر۔۔۔ تمہارے علاج کا شکریہ۔۔۔ بہت بہت شکریہ۔۔۔

(یہ کہتا ہوا خادم اسٹیج سے چلا جاتا ہے۔ نرس اور ڈاکٹر دم بخود ایک دوسرے کو دیکھنے رہتے ہیں الوداعی موسیقی کے ساتھ دھیرے دھیرے اسٹیج پر اندھیرا چھا جاتا ہے، اور جب

روشنی ہوتی ہے تو اسٹیج رہائشی کمرے جیسا ہو جاتا ہے۔ ایک صوفہ پر طاہرہ بیٹھی ہوئی ہے اور پپو اسٹیج کے دوسرے سرے پر اپنی کتابیں الٹ پلٹ کر رہا ہے۔ یہاں صرف اتنی تبدیلی کرنی ہے کہ کراس کا نشان اور بیڈ ہٹا دینا ہے۔ میز پر دواؤں کے بدلے کتابیں نظر آ رہی ہیں جہاں پپو کھڑا ہے، ایک صوفہ خالی ہے۔ اگر روشنی اور آواز کی بنیاد پر بدلتے موسموں کا منظر پیش کرنا ممکن ہو تو اور بھی بہتر ہے۔ گرمی، برسات اور جاڑے کے دن آتے ہیں اور جاتے ہیں۔ اسٹیج پر اندھیرا اور کبھی اجالا ہوتا رہتا ہے۔ ہر بدلے ہوئے منظر کے ساتھ طاہرہ اور پپو کی مصروفیات بھی بدلی ہوئی دکھائی دیتی ہیں۔ مقصد اس کا صرف یہ ہے کہ خادم موسموں کی گرانی سے بے نیاز گھر سے دور اپنے آئیڈیل کی جنگ میں کہیں مصروف ہے۔ پھر وہ منظر دکھائی دیتا ہے۔ جہاں طاہرہ ایک صوفے پر بیٹھی نٹنگ میں لگی ہے اور پپو اپنی کتابوں کو الٹ پلٹ کر رہا ہے۔ اس دوران دروازہ کھٹکھٹانے کی آواز سنائی دیتی ہے۔ پپو دروازے کی طرف لپکتا ہے۔ دوسرے ہی لمحہ وہ چیخنے کے انداز میں پکارتا ہے۔۔۔)

پپو: ممی۔۔۔ ممی۔۔۔

(طاہرہ گھبرا کر صوفے سے اٹھتی ہے اسی دوران خادم سامنے آتا ہے۔ ایک طرف قیوم خان اور دوسری طرف پپو نے سہارا دے رکھا ہے۔ وہ بیمار سا نظر آتا ہے لیکن اس کا سبب کوئی مرض نہیں، حد درجہ تھکا دینے والی جد و جہد نے اسے جسمانی طور پر چور چور کر دیا ہے۔۔۔)

طاہرہ: میرے اللہ یہ سب کیا ہو گیا؟

(یہ کہتے ہوئے وہ بھی خادم کی طرف لپکتی ہے اور پپو کو ہٹا کر سہارا دیتے ہوئے صوفے کی طرف لاتی ہے۔)

خادم: پپو۔۔۔

(آواز میں بھاری پن اور لہجہ کا وقار موجود ہے۔)

پپو: ہاں، ڈیڈی۔۔۔

خادم: طاہرہ۔۔۔

طاہرہ: یہ تم نے کیا کر لیا۔۔۔؟

خادم: میں۔۔۔ مجھے۔۔۔

(بہت دقتوں کے بعد ان الفاظ کی ادائیگی ہو رہی ہے۔ طاہرہ اور قیوم خان اسے بہت احتیاط سے صوفے پر بیٹھاتے ہیں۔ خادم نڈھال سا نیم بے ہوشی کی کیفیت میں گرفتار ہے۔ طاہرہ اس کے قدموں میں بیٹھ جاتی ہے۔ پپو اس کے کاندھے پر ہاتھ رکھے کھڑا ہے۔ قیوم خان کی فکر مندی بھی دیکھنے کے لائق ہے۔۔۔)

خادم: طاہرہ۔۔۔

(طاہرہ جواب میں اپنے چہرے کے اتار چڑھاؤ سے جاننا چاہتی ہے کہ خادم کیا چاہتا ہے۔ کسی متوقع المیہ کے خوف نے اسے غمزدہ بنا دیا ہے۔۔۔)

خادم: میرے پاؤں کانپ رہے ہیں۔

(طاہرہ اس کے جوتے کھولتی ہے اور صوفے کے پیچھے ڈال دیتی ہے۔)

قیوم خان: بھابی، میں ڈاکٹر کو لے کر آتا ہوں۔۔۔

(طاہرہ اثبات میں سر ہلاتی ہے، لیکن خاموش ہے۔ قیوم خان کی یہ آواز گویا خادم نے سنی نہیں۔ قیوم خان باہر چلا جاتا ہے۔)

خادم: پپو کے پاس ہندوستان کا نقشہ ہے نا۔۔۔؟ اسے لے آؤ، میری آنکھوں کے سامنے (یہ تمام مکالمے گویا کوئی آدمی اپنی زندگی کے آخری لمحوں میں ادا کر رہا ہو) بندوق کی گولیاں۔۔۔ طاہرہ۔۔۔ بڑی دشمن ہیں۔۔۔ تمہارا خط مل گیا تھا۔۔۔ پپو نقشہ۔۔۔ گندا مت کرو بیٹے۔۔۔ کتنا بھدا ہو گیا ہے۔۔۔ طاہرہ۔۔۔ دروازہ کھول دو۔ (طاہرہ اور پپو کی

سسکیاں سنائی دے رہی ہیں)۔۔۔پپو۔۔۔روشنی۔۔۔روشنی۔۔۔
(خادم کی آنکھیں پتھرا جاتی ہیں۔ اس کی گردن صوفے پر ایک طرف لڑھک جاتی ہے۔ پپو، خادم کے کاندھے پر سر رکھے رو رہا ہے اور طاہرہ اس کے گھٹنے پر سر کو ٹیکے ہوئے ہے۔ غم و اندوہ سے بھرپور موسیقی ابھرتی ہے۔ دھیرے دھیرے اسٹیج پر سرخ رنگ کی روشنی پھیلتی ہے اور پورا اسٹیج سرخ ہو جاتا ہے۔ وائلن کی دھن بجتی رہتی ہے۔ پھر ہلکی سی نیلے رنگ کی روشنی کی ایک لکیر پپو کے جسم پر پڑتی ہے اور اسی روشنی کی لکیر کے ساتھ وہ آہستہ آہستہ ماں کی طرف بڑھتا ہے اور اپنے دونوں ہاتھ اس کے سر پر رکھ کر کھڑا ہو جاتا ہے۔۔۔اس منظر کے ساتھ پردہ گرتا ہے۔)

* * *